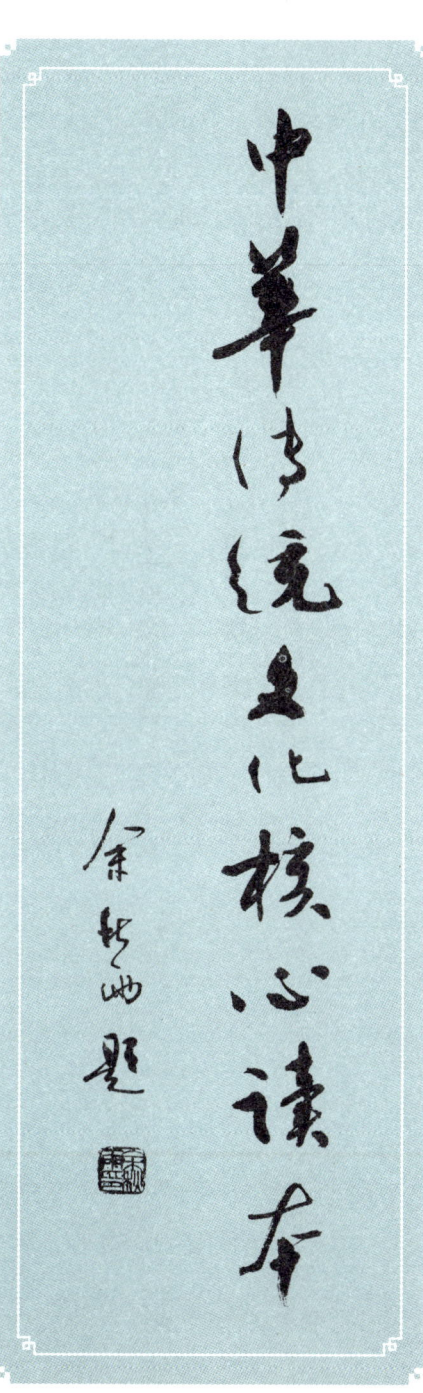

传承中华文化精髓

建构国人精神家园

中华成语故事

乙力／编

天地出版社 TIANDI PRESS

图书在版编目（CIP）数据

中华成语故事/乙力编.—成都:天地出版社，2019.9
（2021年11月重印）
（中华传统文化核心读本：精选插图版）
ISBN 978-7-5455-4861-7

Ⅰ.①中… Ⅱ.①乙… Ⅲ.①汉语－成语－故事－通俗读物 Ⅳ.①H136.31-49

中国版本图书馆CIP数据核字（2019）第076169号

ZHONGHUA CHENGYU GUSHI

中华成语故事

出 品 人	杨　政
编　　者	乙　力
责任编辑	张秋红
装帧设计	思想工社
责任印制	王学锋

出版发行	天地出版社
	（成都市槐树街2号 邮政编码：610014）
	（北京市方庄芳群园3区3号 邮政编码：100078）
网　　址	http://www.tiandiph.com
电子邮箱	tianditg@163.com
经　　销	新华文轩出版传媒股份有限公司

印　　刷	河北鹏润印刷有限公司
版　　次	2019年9月第1版
印　　次	2021年11月第4次印刷
开　　本	710mm×1000mm 1/16
印　　张	23
字　　数	490千字
定　　价	39.80元
书　　号	ISBN 978-7-5455-4861-7

版权所有◆违者必究

咨询电话：(028) 87734639（总编室）
购书热线：(010) 67693207（营销中心）

如有印装错误，请与本社联系调换。

出版说明

中华文明历史悠久，源远流长。五千年的中华文明光辉灿烂，硕果累累，对后世产生了积极而深远的影响。作为华夏儿女，这是值得我们每一个人骄傲和自豪的地方。

中华传统文化，是中华文明在五千年的发展历程中诞生的成果之一，它以儒、道文化为主体，包含政治、经济、思想、艺术等各类物质和非物质文化。具体而言，中华传统文化包括诗、词、曲、赋、古文、书法、对联、灯谜、成语、中医、国画、传统节日、民族音乐等等，可谓博大精深，形式多样。

习近平总书记指出，中华优秀传统文化是我们最深厚的文化软实力，也是中国特色社会主义植根的文化沃土。中华优秀传统文化，滋养了中华民族的民族精神，赋予了中华民族伟大的生命力和凝聚力，是中华文明成果的创造力源泉。继承和发展中华优秀传统文化，学习、掌握其中的各种思想精华，不仅对我们树立正确的世界观、人生观、价值观大有裨益，而且也能为我们处理各种社会事务提供有益的启发和指导。

为弘扬中华优秀传统文化，满足广大读者对优秀传统文化的阅读需求，我们遴选了这套"中华传统文化核心读本·精选插图版"丛书。本丛书分"贤哲经典""历史民俗""文学菁华"三个系列，每个系列精选代表性的书目若干，基本涵盖了传统文化的各个类别。

为便于广大读者对传统经典的学习和吸收，本丛书对涉及古文的品种基本采用了注译和白话两种处理方式，以消除读者阅读的障碍。另外，本丛书每个品种都配有大量精美的古画插图，这些插图与内容互为补充，相得益彰，让读者在阅读中获得艺术的享受。

前言

　　汉语言文字，是我国劳动人民的伟大创造。数千年来，它作为中华灿烂文化的载体，是世界上使用、传播最广的语言文字之一。而成语，主要是来源于古代的典籍以及民间的口语，是我们中华民族语言宝库中经过长期锤炼而形成的精练、形象而又富于表现力的固定词组或短语。

　　成语是在中华民族社会发展、人际交往的历史长河中，逐渐形成和积累起来的一种特有的语言文字表达方式。它是以历史典故、传奇故事、寓言故事、历代典籍、诗词歌赋为基础；以简洁的词语，生动活泼地表达人们丰富多样的思想感情、言行举止的一种定型的汉语词组或短句。

　　成语在汉语文化中，是最睿智、最精粹而又最丰富的。说它最睿智，因为每一则成语都是历史的缩影，凝聚了祖先的智慧精华，闪烁着古人的思想光芒；说它最精粹，因为它们经过千锤百炼，言简意赅，形成了固定的字词搭配，沿相习用，可以完美准确地表达深邃的思想情感；说它最丰富，因为每一则成语的背后，都有一个富有哲理的故事，发人深省，耐人寻味。成语故事包含的内容极为丰富，涉及政治、军事、文化、民间风尚、习俗、道德和理想等诸多方面。人们可以通过成语故事来了解中华民族悠久的历史、宝贵的文化遗产、高超的智慧和历久弥新的语言文字。

　　我们学习成语，要从读故事开始。成语的精练和精辟与故事的生动和形象是统一的。我们只有了解这个故事产生的时代和反映的历史事件，才能更好地理解和掌握从故事中概括出来的真正含义。学习成语最忌讳单单从字面上来理解它的意思了。比如，"高山流水"这则成语，能理解成"山很高，水在流"吗？其实不然，它真正的含义是乐曲高妙，也比喻知音难得。再比如"破釜沉舟"，从词面上看是打破饭锅凿沉船只，但真正意义是指做事情痛下决心，牺牲一切，以求胜利。很多成语仅从词面上加以理解，是不能反映出它们的真正含义的。再者，因为成语大多数都是源自生动的故事或者寓言，所以多数成语带有很浓烈的或褒或贬的感情色彩，比如，"励精图治""大义灭亲""乐此不疲"等都是褒义的成语，表示赞扬；而"狐假虎威""狼狈为奸"等就属于贬义的成语，表示否定。两者情感色彩相反，不可误用。

　　正确地运用成语，可以增强语言的感染力和说服力，但如果运用不当，会贻笑大方。因此，我们必须正确学习成语，充分了解中华成语的原意、引申成语记录的历代王朝兴替、自古英雄成败以及可歌可泣、可悲可叹的历史事件，这对于我们现代人来说，仍具有极强的参考价值和现实意义。

　　在语言表达中恰当合理地运用成语，不仅可以使语句精练，条理清晰，形象生动，迅速提高语言能力，而且还能丰富、充实、增长历史知识，也不失为秉承中华智慧的一种巧妙而简捷的方式。鉴于此，我们编选了这部《中华成语故事》，本书取材广泛，体例新颖，编排合理，并注重知识性、准确性和趣味性的高度统一。在条目方面，着重选取了实用性强，同时对广大读者具有启发教育意义的成语故事；在内容上，做到了深入浅出，语言通俗易懂，通过文字、插图、版式的有机结合,将一个个脍炙人口的成语故事呈现给读者。

　　本书选择了常用的、故事性较强的成语三百余条,如:沧海桑田、画饼充饥、江郎才尽、逐鹿中原、四面楚歌,等等。每条成语都分为"解释""出处"和"故事"三部分。对于书中成语的"解释"和"出处",都以新版《辞海》和《辞源》为依据,从浩繁的古代文化典籍中撷取原始材料以保证其准确、可靠;故事则在不违背历史的前提下,做适当的文学加工、铺陈一些故事情节,使之变得通俗、生动,饶有趣味。在篇目的次序编排上,按照汉语拼音字母次序排列,以方便读者查阅。希望本书能成为广大读者理想的语言工具书,并能成为读者学习中华文化的良师益友。

　　本书编排严谨,校点精当,并配以精美的插图,以达到图文并茂、生动形象的效果。此外本书版式新颖,设计考究,双色印刷,装帧精美,除供广大读者阅读欣赏外,更具有极高的研究、收藏价值。

目 录

爱屋及乌……………… 001	不堪回首……………… 024
安步当车……………… 002	不求甚解……………… 025
安然无恙……………… 003	不学无术……………… 026
安如泰山……………… 004	不遗余力……………… 027
按图索骥……………… 005	不自量力……………… 028
拔苗助长……………… 006	才高八斗……………… 029
百步穿杨……………… 007	残杯冷炙……………… 030
百折不挠……………… 009	草船借箭……………… 031
班门弄斧……………… 010	草菅人命……………… 032
半途而废……………… 011	草木皆兵……………… 033
抱薪救火……………… 012	朝三暮四……………… 034
杯弓蛇影……………… 013	车水马龙……………… 035
背水一战……………… 014	乘风破浪……………… 036
鞭长莫及……………… 015	乘兴而来……………… 037
宾至如归……………… 016	惩前毖后……………… 039
兵不厌诈……………… 017	程门立雪……………… 040
病入膏肓……………… 018	出类拔萃……………… 041
捕风捉影……………… 019	出奇制胜……………… 042
不耻下问……………… 020	唇亡齿寒……………… 043
不寒而栗……………… 021	从容不迫……………… 044
不拘一格……………… 022	打草惊蛇……………… 045

大公无私	046	高屋建瓴	070
大逆不道	047	功亏一篑	071
呆若木鸡	048	苟延残喘	072
箪食瓢饮	049	孤注一掷	073
党同伐异	050	刮目相待	075
道不拾遗	051	管中窥豹	076
道听途说	053	骇人听闻	077
得陇望蜀	054	邯郸学步	078
东施效颦	055	汗流浃背	079
杜渐防萌	056	沆瀣一气	081
对牛弹琴	057	鹤立鸡群	081
多多益善	058	鸿鹄之志	082
尔虞我诈	059	后生可畏	083
废寝忘食	060	囫囵吞枣	084
分道扬镳	061	狐假虎威	085
奋不顾身	062	怙恶不悛	086
风声鹤唳	063	画饼充饥	087
负荆请罪	064	画虎类犬	088
负隅顽抗	065	画龙点睛	089
赴汤蹈火	066	画蛇添足	090
覆水难收	067	黄粱一梦	091
改过自新	068	讳疾忌医	092
肝脑涂地	070	击楫中流	093

鸡鸣狗盗	094	开天辟地	118
鸡犬不宁	095	侃侃而谈	119
鸡犬升天	096	克己奉公	120
寄人篱下	097	克勤克俭	121
渐入佳境	098	刻舟求剑	122
江郎才尽	099	空前绝后	123
骄奢淫逸	100	空中楼阁	124
狡兔三窟	101	口蜜腹剑	125
矫枉过正	102	口若悬河	126
嗟来之食	103	脍炙人口	127
竭泽而渔	104	旷日持久	128
近水楼台	105	滥竽充数	129
噤若寒蝉	106	狼狈不堪	130
惊弓之鸟	107	狼狈为奸	131
精疲力尽	108	劳而无功	132
精卫填海	109	老当益壮	133
居安思危	110	老莱娱亲	134
鞠躬尽瘁	111	老马识途	135
举案齐眉	112	老牛舐犊	136
举足轻重	114	老生常谈	137
卷土重来	115	乐不可支	138
开诚布公	116	乐不思蜀	139
开卷有益	117	乐此不疲	140

李代桃僵	141	明哲保身	165
力不从心	142	明珠暗投	166
厉兵秣马	143	摩肩接踵	167
励精图治	144	目不识丁	168
连篇累牍	145	南柯一梦	169
梁上君子	146	南辕北辙	170
两袖清风	147	囊萤映雪	171
量力而行	148	鸟尽弓藏	172
量体裁衣	149	怒发冲冠	173
令行禁止	149	呕心沥血	175
流言蜚语	151	攀龙附凤	176
柳暗花明	152	旁若无人	177
鹿死谁手	153	抛砖引玉	178
洛阳纸贵	154	鹏程万里	179
马革裹尸	155	披坚执锐	180
买椟还珠	156	披荆斩棘	181
满城风雨	157	疲于奔命	182
毛遂自荐	158	匹夫之勇	183
每况愈下	159	平易近人	184
门可罗雀	160	萍水相逢	185
门庭若市	161	破釜沉舟	186
名落孙山	162	破镜重圆	188
明察秋毫	163	扑朔迷离	189

七步之才	190	罄竹难书	216
欺世盗名	192	穷兵黩武	217
漆身吞炭	193	茕茕孑立	219
其貌不扬	194	秋毫无犯	220
奇货可居	195	趋炎附势	221
骑虎难下	196	群策群力	222
旗鼓相当	198	人人自危	223
杞人忧天	199	人言可畏	224
起死回生	200	忍辱负重	225
千金市骨	201	任人唯贤	226
千钧一发	202	如火如荼	227
千人所指	202	如释重负	228
千载难逢	204	如鱼得水	230
前车之鉴	205	孺子可教	231
前功尽弃	206	入木三分	232
前倨后恭	208	塞翁失马	233
黔驴技穷	209	三顾茅庐	234
强弩之末	210	三令五申	235
巧取豪夺	211	三人成虎	236
锲而不舍	212	三生有幸	237
秦晋之好	213	丧家之犬	238
倾国倾城	214	丧心病狂	239
请君入瓮	215	杀身成仁	240

姗姗来迟	241	谈笑自若	263
神机妙算	242	叹为观止	264
生灵涂炭	243	探骊得珠	265
声名狼藉	244	探囊取物	266
声色俱厉	245	螳臂当车	266
盛气凌人	246	螳螂捕蝉	267
世外桃源	247	天罗地网	268
势如破竹	248	天衣无缝	270
视死如归	249	同仇敌忾	271
舐犊情深	250	同工异曲	271
手不释卷	251	痛定思痛	272
守株待兔	252	痛心疾首	274
首鼠两端	253	投笔从戎	275
熟能生巧	253	投鞭断流	276
束之高阁	255	投鼠忌器	277
数典忘祖	256	图穷匕见	278
水滴石穿	256	推心置腹	279
吮痈舐痔	257	退避三舍	280
死灰复燃	258	外强中干	281
四面楚歌	259	完璧归赵	282
贪得无厌	260	玩物丧志	283
贪生怕死	261	亡羊补牢	284
贪天之功	262	惘然若失	285

望尘莫及	286	胸有成竹	310
望梅止渴	287	栩栩如生	311
望洋兴叹	288	言不由衷	311
危如累卵	289	掩耳盗铃	312
为虎作伥	290	叶公好龙	313
韦编三绝	291	夜郎自大	314
围魏救赵	292	一鼓作气	315
未雨绸缪	293	一箭双雕	316
畏首畏尾	295	一鸣惊人	317
闻鸡起舞	296	一诺千金	319
刎颈之交	297	一字千金	320
卧薪尝胆	298	一字之师	321
无出其右	299	以卵投石	322
吴下阿蒙	300	饮鸩止渴	322
惜墨如金	301	庸人自扰	323
洗耳恭听	302	愚公移山	324
先声夺人	303	鹬蚌相争	325
相敬如宾	304	缘木求鱼	326
削足适履	305	越俎代庖	327
笑里藏刀	306	运筹帷幄	328
心旷神怡	307	凿壁偷光	329
信口雌黄	308	债台高筑	330
信誓旦旦	309	招摇过市	331

枕戈待旦	332	忠言逆耳	340
郑人买履	333	众志成城	341
纸上谈兵	334	重蹈覆辙	342
指鹿为马	335	专心致志	343
趾高气扬	336	捉襟见肘	344
至死不悟	337	纵虎归山	345
炙手可热	338	走马看花	346
置之度外	339		

爱屋及乌

【解释】

"爱屋及乌"这则成语的意思是由于爱某个人而连带地爱护停留在他屋上的乌鸦。比喻非常喜爱某人,从而也连带爱及和他有关的人或物。

【出处】

这个成语来源于《尚书大传·大战》：纣死,武王皇皇,若天下之未定。召太公而问曰："入殷奈何？"太公曰："臣闻之也：爱人者,兼其屋上之乌；不爱人者,及其胥余。何如？"

【故事】

商朝末年,纣王穷奢极欲,残暴无道。西方诸侯国的首领姬昌决心推翻商朝统治,积极练兵备战,准备东进,可惜他没有实现愿望就逝世了。姬昌死后,他儿子姬发继位称王,世称周武王。周武王在军师姜尚（太公）及弟弟姬旦（周公）、姬奭（召公）的辅佐下,联合诸侯,出兵讨伐纣王。双方在牧野交兵。这时纣王已经尽失人心,军队倒戈,最终大败。武王的军队很快占领了商朝都城朝歌。纣王自焚,商朝灭亡。

纣王

纣王死后,武王心中并不安宁,感到天下还没有安定。他召见姜太公,问道："进了殷都,对旧王朝的士众应该怎么处置呢？"

"我听说过这样的话：如果喜爱那个人,就连同他屋上的乌鸦也喜爱；如果不喜欢那个人,就连带厌恶他家的墙壁篱笆。那么,杀尽全部敌对分子,一个也不留下。大王你看怎么样？"太公说。

武王认为这样不行。这时召公上前

说：“我听说过：有罪的，要杀；无罪的，让他们活。应当把有罪的人都杀死，不让他们留下残余力量。大王你看怎么样？”武王认为也不行。这时周公上前说道："我看应当让各人都回到自己的家里，各自耕种自己的田地。君王不偏爱自己旧时的朋友和亲属，用仁政来感化普天下的人。"武王听了非常高兴，心中豁然开朗，觉得天下可以从此安定了。

后来，武王就照周公说的办，天下果然很快安定下来，民心归附，西周也更强大了。

安步当车

【解释】

"安步当车"这则成语的意思是慢慢地走，当作坐车。

【出处】

这个成语来源于《战国策·齐策四》，曰："斶愿得归，晚食以当肉，安步以当车，无罪以当贵，清静贞正以自虞。"

【故事】

战国时，齐国有位高士，名叫颜斶。齐宣王听说了他的好名声，把他召进宫来。颜斶随随便便地走进宫内，来到殿前的阶梯处，见宣王正等待他拜见，就停住脚步，不再前进。宣王见了很奇怪，就呼唤说："颜斶，走过来！"不料颜斶还是一步不动，呼唤宣王说："大王，走过来！"宣王听了很不高兴，左右的大臣见颜斶目无君主、口出狂言，都说："大王是君主，你是臣民，大王可以叫你过来，你怎么能叫大王走过来呢？"颜斶说："我如果走到大王面前去，说明我羡慕他的权势；如果大王走过来，说明他礼贤下士。与其让我羡慕大王权势，还不如让大王礼贤下士的好。"宣王恼怒地说："到底是君王尊贵，还是士人尊贵？"颜斶不假思索地说："当然是士人尊贵，君王并不尊贵！"宣王说："你说这话有根据吗？"颜斶神色自若地说："当然有。从前秦国进攻齐国的时候，秦王曾经下过一道命令：有谁敢在高士柳下季坟墓五十步以内的地方砍柴的，格杀勿论！他还下了一道命令：有谁能砍下齐王的脑袋，就封他为万户侯，赏金千镒。由此看来，一个活着的君主的头，竟然连一个死了的士人的坟墓都不如啊。"齐宣王无言以对，满脸不高兴。大臣们赶忙解围:"颜斶,过来!颜斶,过来!我们大王拥有千乘(一千辆战车)之国,东西南北谁敢不服?大王想要什么就有什么,老百姓没有不俯首听命的。你们士人太卑鄙了!"颜斶驳斥道:"你们说得不对!从前大禹的时候,诸侯有万国之多。这是为什么呢?因为他尊重士人。到了商汤时代,诸侯有三千之多。如今,称孤道寡的才二十四个。由此看来,重视士人与否是得失的关键。从古到今,没有能以不务实事而成名于天下的。所以君王要以不经常向人请教为耻,以不向地位低的人学习而惭愧。"宣王听到这里,才觉得自己理亏,说:"我是自讨没趣,听了您的一番高论,茅塞顿开。请您当我的老师。今后您就住在我这里,我保证您饮食有肉吃,出门必有车乘,您夫人和子女个个会衣着华丽。"颜斶却辞谢说:"玉,原来产于山中,如果一经匠人加工,就会破坏,虽然仍很宝贵,但毕竟失去了本来的面貌。士人生在穷乡僻壤,如果被选拔上来,就会享有利禄,不是说他不能高贵显达,但他外在的风貌和内心世界会遭到破坏。所以我希望大王让我回去,每天到点吃饭,像吃肉那样香;安稳而慢慢地走路,足以当作乘车;平安度日,并不比权贵差;清静无为,纯正自守,乐在其中。命我讲话的是大王您,而尽忠直言的是我颜斶。"颜斶说罢,向宣王拜了两拜,就告辞而去。

安然无恙

【解释】

"安然无恙"这则成语的意思是平安无事,没有患染疾病或发生意外灾祸。恙,疾病,借指灾祸。

【出处】

这个成语来源于《战国策·齐策四》:齐王使使者问赵威后,书未发,威后问使者曰:"岁亦无恙耶?民亦无恙耶?"使者不悦,曰:"臣奉使使威后,今不问王而先问岁与民,岂先贱而后尊贵者乎?"威后曰:"不然。苟无岁,何以有民?苟无民,何以有君?故有舍本而问末者耶?"

【故事】

公元前266年,赵国国君赵惠文王去世,他的儿子太子丹接位为赵孝成王。由于孝成王还年轻,国家大事由他的母亲赵威后负责处理。

赵威后是一个贤明而有见识的中年妇女。她刚刚主持国事的时候，秦国加紧了对赵国的进攻。赵国危急，向齐国求救，齐国要赵威后把她的小儿子长安君送到齐国做人质，然后再出兵。赵威后舍不得小儿子离开，但是被大臣触龙说服，还是把长安君送到齐国了。齐国出兵帮助赵国打退了秦军。

有一次，齐王派使者带着信到赵国问候赵威后。威后还没有拆信，就问使者："齐国的收成不坏吧？老百姓平安吗？"齐国使者听了心里很不高兴，说："我受齐王派遣来问候您，而您不先问齐王，却先问收成和百姓，难道可以把低贱的放在前面，把尊贵的放在后面吗？"威后微微一笑，说："不是的。如果没有收成，怎么会有百姓？如果没有百姓，怎么会有君主？难道问候时可以舍弃根本而只问枝节吗？"齐国使者听了，一时说不出话来。

这则"无恙"的典故，后来演化出成语"安然无恙"。

安如泰山

【解释】

"安如泰山"这则成语的意思是像泰山一样安稳，不可动摇。形容事或物的根基十分稳固。

【出处】

这个成语来源于西汉·枚乘《上书谏吴王》：能听忠臣之言，百举必悦。必若所欲为，危于累卵，难于上关；变所欲为，易于反掌，安于泰山。

【故事】

枚乘，字叔，西汉淮阴（今属江苏）人，是汉代著名的文学家。汉景帝时，他在吴王刘濞府中担任郎中。

吴国是当时诸侯中的大国，吴王刘濞野心很大，一直觊觎中央政权，暗中图谋叛乱。汉景帝任用富有才能的政治家晁错为御史大夫，晁错主张削减各诸侯国的领地，加强中央的权力和威信，巩固国家的统一。刘濞看到一些诸侯王纷纷被削减了领地，知道自己也在所难免，于是联络楚、赵、胶西、胶东等国的诸侯王阴谋策划叛乱。

枚乘清醒地看到刘濞阴谋反叛的祸害，写了《上书谏吴王》，对刘濞进行劝谏。在谏书中，他说："您要是能够听取忠臣的话，一切祸害都可以避免。

如果一定要照自己所想的那样去做，那是比把鸡蛋垒在一起还要危险，比上天还要艰难的；不过，如果能尽快改变原来的主意，这比翻一下手掌还容易，也能使自己的地位比泰山还稳固。"但刘濞执迷不悟，加紧进行阴谋反叛活动。于是，枚乘只得离开吴国，投奔了梁孝王。

公元前154年，刘濞联络楚、赵、胶西、胶东等诸侯王，以"清君侧、杀晁错"为名，起兵叛乱。历史上称"吴楚七国之乱"。

汉景帝听信谗言，杀了晁错，向诸侯王表示歉意。这时，枚乘又写了《上书重谏吴王》，劝刘濞罢兵。刘濞还是不肯回头。不久，汉朝大将周亚夫率领军队打败了吴楚叛军。楚王刘戊自杀，吴王刘濞逃到东越被杀，其余五个诸侯王也落得自杀或被杀的下场。这场叛乱只有三个月就彻底失败了。

七国之乱平定之后，枚乘因写了《上书谏吴王》，显示出远见卓识而名声大振。

后来汉武帝即位，派人征召他进京做官，可惜他还没到京城就死于途中。

按图索骥

【解释】

"按图索骥"这则成语的意思是按图上画的样子去寻找好马，比喻做事拘泥于成法，不能灵活变通。现在也用于按照线索去寻找人或事物。索：寻找，觅求。骥：好马。

【出处】

这个成语来源于明代杨慎的《艺林伐山》卷七：伯乐《相马经》有"隆颡蛈日，蹄如累麹"之语，其子执《马经》以求马。出见大蟾蜍，谓其父曰："得一马，略与相同，但蹄不如累麹尔。"

伯乐相马

【故事】

孙阳，春秋时秦国人，相传是我国古代最著名的相马专家，他一眼就能看出一匹马的好坏。因为传说伯乐是负责管理天上马匹的神，所以人们都把孙阳叫作伯乐。

据说，伯乐把自己丰富的识马经验，编写成一本《相马经》。在书上，他写了各种各样的千里马的特征，并画了不少插图，供人们作识马的参考。

伯乐有个儿子，智商很差，他也很想出去找千里马。他看到《相马经》上说"千里马的主要特征是高脑门、大眼睛、蹄子大"，便拿着书，往外走去，想试试自己的眼力。

走了不远，他看到一只大癞蛤蟆，忙捉回去告诉他父亲说："我找到了一匹好马，和你那本《相马经》上说得差不多，只是蹄子不够大！"伯乐看了看儿子手里的大癞蛤蟆，不由得感到又好气又好笑，说："这'马'爱跳，没办法骑呀！"

拔苗助长

【解释】

"拔苗助长"这则成语的意思是将苗拔起，帮助它生长。比喻不顾事物发展的规律，强求速成，结果反而把事情弄得更糟。

【出处】

这个成语来源于《孟子·公孙丑上》：宋人有闵其苗之不长而揠之者，芒芒然归，谓其人曰："今日病矣！予助苗长矣！"其子趋而往视之，苗则槁矣。

【故事】

《孟子》是一部儒家经典，记载了战国时期著名思想家孟轲的政治活动、政治学说和哲学伦理教育思想。这部书中有个故事十分有名：宋国有一个农夫，他担心自己田里的禾苗长不高，就天天到田边去看。

可是，一连好几天过去，禾苗好像一点儿也没有往上长。他在田边焦急地转来转去，自言自语地说："我得想办法帮助它们生长。"一天，他终于想出了办法，急忙奔到田里，把禾苗一棵棵地往上拔高一大截，从早上一直忙到太阳落山，弄得精疲力尽。

他回到家里，十分疲劳，气喘吁吁地说："今天可把我累坏了！力气总算没白费，我帮禾苗长高了一大截。"他的儿子听了，急忙跑到田里一看，禾苗全都枯死了。孟轲借用这个故事，向他的学生们说明：违反事物发展的客观规律而主观地急躁冒进，就会把事情弄糟。

百步穿杨

【解释】

"百步穿杨"这则成语与成语"百发百中"意思相近。形容射术或枪法非常高明，并引申为本领非常高强。

【出处】

这个成语来源于《战国策·西周策》：楚有养由基者，善射，去柳叶百步而射之，百发百中。

【故事】

秦国的名将白起，领兵前去攻打魏国。有个名叫苏厉的谋士获悉后，赶紧去见周朝的国君，提醒他说："如果魏国被秦军占领，您的处境就危险了。"原来，这时周朝的国君名义上是天子，实际上对各诸侯国已没有管辖权。魏国如被秦国攻灭，秦国的势力将更强大，对周天子的威胁也更大。周天子问苏厉该怎么办，苏厉建议周天子赶快派人去劝说白起停止进攻，并给白起讲一个故事。这个故事是这样的：楚国有个著名的射箭手，名叫养由基。此人年轻时就勇力过人，练成了一手好箭法。当时还有一个名叫潘虎的勇士，也擅长射箭。一天，两人在场地上比试射箭，许多人都围着观看。

靶子设在五十步外，那里撑起一块板，板上有一个红心。潘虎拉开强弓，一连三箭都正中红心，博得围观的人一片喝彩声。潘虎也洋洋得意地向养由基

养由基

拱拱手，表示请他指教。

养由基环视一下四周，为了显示自己的功力决定射百步外的柳叶，他指着百步外的一棵柳树，叫人在树上选一片叶子，涂上红色作为靶子。接着，他拉开弓，"嗖"的一声射去，结果箭镞正好射穿这片柳叶的中心。

在场的人都惊呆了。潘虎自知没有这样高明的本领，但又不相信养由基箭箭都能射穿柳叶，便走到那棵柳树下，选择了三片柳叶，在上面用颜色编上号，请养由基按编号次序再射。

养由基上前走了几步，看清了编号，然后退到百步之外，拉开弓，"嗖""嗖""嗖"三箭，分别射中三片编上号的柳叶。这一来，喝彩声雷动，潘虎也口服心服。

就在一片喝彩声中，有个人在养由基身旁冷冷地说："嗯，有了百步穿杨的本领，才可以教他射箭了！"养由基听此人口气这么大，不禁生气地转过身去问道："你准备怎样教我射箭？"那人平静地说："我并不是来教你怎样弯弓射箭，而是来提醒你该怎样保持射箭名声的。你善于射箭而不善于休息，一旦你力气用尽，只要一箭不中，你那百发百中的名声就会受到影响。一个真正善于射箭的人，应当注意保持名声！"养由基听了这番话，觉得很有道理，再三向他道谢。周天子派去的人，就按照苏厉说的向白起讲了上面这个故事。白起听后，想到要保持自己百战百胜的名气，不能轻易出战，便借口有病，停止了向魏国的进攻。

这个故事还引申出另一个成语"百发百中"。

百折不挠

【解释】

"百折不挠"这则成语的意思是无论遭受多少挫折都不动摇、不退缩、不屈服。形容意志坚强,品节刚毅。挠:弯曲,比喻屈服。

【出处】

这个成语来源于东汉·蔡邕《太尉桥公碑》:其性疾华尚朴,有百折不挠、临大节而不可夺之风。

【故事】

桥玄,字公祖,东汉睢阳(今河南商丘)人。他性情刚直,疾恶如仇,敢于同坏人坏事斗争。

桥玄年轻的时候,在睢阳县当功曹。有一次,豫州刺史周景来到睢阳,他向周景揭发了豫州"陈国相"羊昌的罪恶,请求周景派他去查办。周景同意后,桥玄首先把羊昌的宾客全部抓起来,详细调查羊昌的罪行。羊昌的靠山、当朝大将军梁冀知道这个消息后,派人飞马传来檄文搭救羊昌,周景也接到圣旨,要他召回桥玄。桥玄退还檄文,加快了办案的速度,终于使羊昌受到惩罚。桥玄也由此出了名。

蔡邕

汉灵帝时,桥玄当上了尚书令,他掌握了太中大夫盖升仗着与灵帝有交情,在做南阳太守时大肆收受贿赂、搜刮百姓财物的事实,就向汉灵帝上奏,要求罢免盖升,抄没他搜刮来的财产。汉灵帝非但不查办盖升,反而升了盖升的官。桥玄心灰意冷,于是托病辞职,回了老家。

桥玄在京城任职的时候,有一次,他十岁的小儿子在门口玩,突然有三个强盗冲出来劫持了孩子，冲到楼上，向桥玄勒索财物。消息传开，校尉阳球同河南府尹、洛阳县令带兵包围了桥玄的家。阳球等怕动手时伤了孩子，不敢进攻，桥玄大声喝道："强盗无法无天，难道能为了我的孩子而放纵这些恶贼吗？"他催促阳球等发动进攻，杀死了强盗，他的小儿子也因此丧生。

桥玄死时，家里没有什么遗产，殡葬也非常简单，他坚毅果断、勇往直前的精神，受到人们的赞扬。东汉著名文学家蔡邕在《太尉桥公碑》中说："他的性情严肃，嫉恨奢华，崇尚俭朴，有百折不挠的气概，在重大原则问题上决不改变自己的意志。"

班门弄斧

【解释】

"班门弄斧"这则成语的意思是在鲁班门前舞弄斧头，比喻在行家面前卖弄本领，含讽刺意。班：鲁班，我国古代的巧匠。

【出处】

这个成语来源于唐·柳宗元《柳河东集·王氏伯仲唱和诗序》：操斧于班、郢之门，斯强颜耳。

【故事】

鲁班，又名鲁般、公输般。春秋时期鲁国（今山东曲阜）人。传说他是位能工巧匠，善于雕刻与建筑，其技艺举世无双，一直被人们看作是木匠的祖师爷。

有一次，明代诗人梅之焕来采石矶凭吊李白。民间传说采石矶是著名唐代诗人李白晚年游览采石江时，见水中之月清澈透明，竟探身去捉，便坠江而殁的地方。由于李白在此留下过足迹，因此传说纷起，并留下了不少名胜古迹，如李白墓、谪仙楼、捉月亭等。采石矶也因此成了旅游胜地。

这天，梅之焕来到采石矶的李白墓旁，一看心中却大为不满，矶上、墓上，凡墓前可以写字的地方，都被人留有诗句，其中很多是狗屁不通却想冒充风雅的游人，在被称为"诗仙"的李白的墓上胡诌乱题的。那些拙劣诗句的作者，又有什么脸在李白面前舞文弄墨呢？梅之焕心中越想越不是滋味，感慨之余，挥笔题了一首诗："采石江边一堆土，李白之名高千古；来来往往一首诗，鲁班门前弄大斧。""班门弄斧"最早出现的雏形是柳宗元的"操斧于班、郢之门，斯强颜耳"，意即在鲁班门前操弄斧子是厚着脸皮，讽刺那些不自量力、竟在行家面前卖弄本领的人。

梅之焕讥讽那些自以为会作诗的游人，是"鲁班门前弄大斧"。这句话被后人缩成"班门弄斧"。这样，"班门弄斧"的成语就流传下来了。

半途而废

【解释】

"半途而废"这则成语的意思是半路停下来不再前进，比喻做事中途停止，不能坚持到底。

【出处】

这个成语来源于《中庸》：君子遵道而行，半途而废，吾弗能已矣。

【故事】

东汉时，河南郡有一位贤惠的女子，嫁给了乐羊子做妻子。

一天，乐羊子在路上拾到一块金子，回家后把它交给妻子。妻子说："我听说有志向的人不喝盗泉的水，因为它的名字令人厌恶；也不吃别人施舍而呼唤过来吃的食物，宁可饿死，更何况拾取别人失去的东西。这样会玷污品行。"乐羊子听了妻子的话，非常惭愧，就把那块金子扔到野外，然后到远方去寻师求学。一年后，乐羊子归来。妻子跪着问他为何回家，乐羊子回答只是因为太想家了。妻子听罢，操起一把刀，走到织布机前说："这机上织的绢帛产自蚕茧，成于织机。一根丝一根丝地积累起来，才有一寸长；一寸寸地积累下去，才有一丈乃至一匹。今天如果我将它割断，就会前功尽弃，从前的时间也就白白浪费掉了。"妻子接着又说："读书也是这样，你积累学问，应该每天获得新的知识，从而使自己的品行日益完美。如果半途而归，和割断织丝有什么两样呢？"乐羊子被妻子说的话深深感动，于是又去完成学业，一连七年没有回过家。

抱薪救火

【解释】

"抱薪救火"这则成语的意思是抱着柴草去救火。比喻人想消除灾祸,但使用的方法不当,反而使灾祸扩大。薪:柴草。

【出处】

这个成语来源于《史记·魏世家》:且夫以地事秦,譬犹抱薪救火,薪不尽,火不灭。

【故事】

战国时代,魏国老是受到秦国的侵略。魏国的安釐王即位后,秦国加紧了进攻,魏国连连战败。安釐王元年,魏国失去了两个城镇。第二年,魏国又失去了三个城镇,不仅如此,秦国的军队当时还直逼魏国的都城,形势十分危急。韩国派兵来救,但也被秦军打败。魏国没有办法,只得割让了土地,才算结束了战争。可是到了第三年,秦国又发动进攻,强占了魏国的两个城镇,并杀死了数万人。第四年,秦国更把魏、韩、赵三国的军队,打得大败,杀死兵士约十五万人,魏国的大将芒卯也因此失踪。

魏国军队的接连败北,使安釐王坐卧不安。此时,魏国军队的另一位大将段干子也十分恐惧,为了苟安,便向安釐王建议,把南阳割给秦国,请求罢兵议和。安釐王本来就对秦军的进攻十分害怕,以为割让土地就可以求得太平,便照着段干子的话做了。

当时有个叫苏代的,是一贯主张"合纵抗秦"的苏秦的弟弟,他也极力主张各诸侯国联合起来抵抗秦国。苏代得知魏国割地求和的事后,就对安釐王说:"侵略者贪得无厌,你这样用领土、主权,想换取和平,是办不到的,只要你国土还在,就无法满足侵略者的欲望。这好比抱着柴草去救火,柴草一把一把地投入火中,火怎么能扑灭呢?柴草一天不烧完,火是一天不会熄灭的。"但是,安釐王没有听从苏代的劝告,仍然一味屈膝求和,这样过了没多少年,魏国终于被秦国灭掉了。

杯弓蛇影

【解释】

"杯弓蛇影"这则成语的意思是误把映入酒杯中的弓影当作蛇。比喻因错觉而疑神疑鬼,自己惊扰自己。

【出处】

这个成语来源于东汉·应劭《风俗通·怪神》:予之祖父郴为汲令,以夏至日请见主簿杜宣,赐酒。时北壁上有悬赤弩,照于杯中,其形如蛇。宣畏恶之,然不敢不饮。

【故事】

有一年夏天,县令应郴请主簿(办理文书事务的官员)杜宣来饮酒。酒席设在厅堂里,北墙上悬挂着一张红色的弓。由于光线折射,酒杯中映入了弓的影子。杜宣看了,以为是一条蛇在酒杯中蠕动,顿时冷汗涔涔。但县令是他的上司,又是特地请他来饮酒的,不敢不饮,所以硬着头皮喝了几口。仆人再斟时,他借故推却,起身告辞走了。

回到家里,杜宣越来越疑心刚才饮下的是有蛇的酒,又感到随酒入口的蛇在肚中蠕动,觉得胸腹部疼痛异常,难以忍受,吃饭、喝水都非常困难。

家里人赶紧请大夫来诊治,但他的病情还是不见好转。

过了几天,应郴有事到杜宣家中,问他是怎么闹病的,杜宣便讲了那天饮酒时酒杯中有蛇的事。应郴回到家后,坐在厅堂里反复回忆和思考,弄不明白杜宣酒杯里是怎么有蛇的。

突然,北墙上的那张红色的弓引起了他的注意。他立即坐在那天杜宣坐的位置上,取来一杯酒,也放在原来的位置上。结果发现,酒杯中有弓的影子,不细细观看,确实像是一条蛇在蠕动。

应郴马上命人用马车把杜宣接来,让他坐在原位上,叫他仔细观看酒杯里的影子,并说:"你说的杯中的蛇,不过是墙上那张弓的倒影罢了,没有其他什么怪东西。现在你可以放心了!"杜宣弄清原委后,疑虑立即消失,病也很快痊愈了。

背水一战

【解释】

"背水一战"这则成语的意思是背靠江河作战,没有退路。比喻处于绝境之中,为求生路而决一死战。

【出处】

这个成语来源于《史记·淮阴侯列传》:信乃使万人先行,出,背水阵。赵军望见而大笑。

【故事】

韩信,淮阴(今江苏清江西南)人。他是汉王刘邦手下的大将。为了打败项羽,夺取天下,他为刘邦定计,先攻取了关中,然后东渡黄河,打败并俘虏了背叛刘邦、听命于项羽的魏王豹,接着往东攻打赵王歇。

韩信的部队要通过一道极狭小的山口,叫井陉口。赵王手下的谋士李左车主张一面堵住井陉口,一面派兵抄小路夺取汉军的辎重粮草,韩信的远征部队没有后援,就一定会败走;但大将陈馀没有采纳他的建议,仗着兵力优势,坚持要与汉军正面作战。

韩信了解到这一情况,非常高兴。他命令部队在离井陉口三十里的地方安营,到了半夜,让将士们吃些点心,告诉他们打了胜仗再吃饱饭。随后,他派出两千轻骑从小路隐蔽前进,要他们在赵军离开营地后迅速冲入赵军营地,换上汉军旗号;又派一万军队故意背靠河水排列阵势来引诱赵军。

到了天明,韩信率军发动进攻,双方展开激战。不一会儿,汉军假意败回水边阵地,引得赵军全部离开营地,前来追击。这时,韩信命令主力部队出击,背水结阵的士兵因为没有退路,也回身猛扑敌军。赵军无法

韩信

取胜，正要回营，忽然见营中已插遍了汉军旗帜，于是四散奔逃。汉军乘胜追击，打了一个大胜仗。

在庆祝胜利的时候，将领们问韩信："兵法上说，列阵可以背靠山，前面可以临水泽，现在您让我们背靠水排阵，还说打败赵军再饱饱地吃一顿，我们当时不相信，然而竟然取胜了，这是一种什么策略呢？"韩信笑着说："这也是兵法上有的，只是你们没有注意到罢了。兵法上不是说'陷之死地而后生，置之亡地而后存'吗？如果是有退路的地方，士兵都逃散了，怎么能让他们拼命呢？"

这个故事演化出成语"背水一战"，多用于军事行动，也可用于比喻有"决战"性质的行动。

鞭长莫及

【解释】

"鞭长莫及"这则成语的意思原来是说，马鞭子虽然长，但是不应该打到马肚子上。后来比喻相隔太远，力量达不到。

【出处】

这个成语来源于《左传·宣公十五年》：公孙归父会楚子于宋，宋人使乐婴齐告急于晋。晋侯欲救之，伯宗曰："不可。古人有言曰：'虽鞭之长，不及马腹。'天方授楚，未可与争，虽晋之强，能违天乎！"

【故事】

鲁宣公十四年（公元前595年），楚庄王派申舟出使齐国。出使路上要经过宋国，楚庄王仗着国力强盛，要申舟不向宋国借路。申舟说："如果不借路，宋国人会杀我。""宋国要是杀了你，我就派兵攻打他们。"楚庄王说。果然，宋国君臣认为不向他们借路是对他们的莫大侮辱，就杀了申舟。楚庄王听到这个消息，气得暴跳如雷，立即发兵攻打宋国，一下子就把宋国的都城团团围住。

双方相持了几个月，楚军还是没有取胜。第二年春天，宋国派大夫乐婴齐到晋国去请求晋国派兵救援。晋景公想要发兵去救宋国，大夫伯宗说："大王，我们不能出兵。古人有话说：'鞭子虽然长，不能打到马肚子上。'现在楚国强盛，正受到上天保佑，我们不能和楚相争。晋国虽然强大，可是天意难违。俗话说：'高高低低，都在心里。'江河湖泊中容纳有污泥浊水，山林草丛中暗藏有毒虫猛兽，洁白的美玉中隐藏有斑痕，晋国忍受一点耻辱，这也是很正常的事。您还是忍一忍吧。"景公听了伯宗的话，停止发兵，改派大夫解扬去宋国，叫宋国不要投降，就说援兵已经出发，很快就要到了。

宋国人在城中极其艰苦地坚守了几个月，楚军攻打不下，最后同意宋国求和，并带走宋国大夫华元作为人质。

"虽鞭之长，不及马腹"这句话，后来简缩为成语"鞭长莫及"，比喻力量达不到。

宾至如归

【解释】

"宾至如归"这则成语的意思是客人到这里就像回到自己家里一样。多用于形容主人待客热情、周到。

【出处】

这个成语来源于《左传·襄公三十一年》：宾至如归，无宁灾患，不畏盗寇，而亦不患燥湿。

【故事】

子产，即公孙侨，是春秋时郑国的大夫，曾当过多年相国，执掌郑国政权。

公元前542年，子产奉郑简公之命出访晋国，带去许多礼物。当时，正遇上鲁襄公逝世，晋平公借口为鲁国国丧致哀，没有迎接郑国使者。子产就命令随行的人员，把晋国宾馆的围墙拆掉，然后赶进车马，安放物品。

晋平公听说后，很不理解，派大夫士文伯到宾馆责问子产。士文伯说："我国是诸侯的盟主，来朝聘的人很多。为了防止盗贼，保障来宾安全，特意修建了这所宾馆，筑起厚厚的围墙。现在你们把围墙拆了，其他诸侯来宾的安全怎么办呢？我国国君想知道你们拆围墙的意图是什么。"子产回答说："我们郑国是小国，需要向大国进献贡品。这一次我们带了从本国搜罗来的财产前来朝会，偏偏遇上你们的国君没有空，既见不到，也不知道进见日期。我听说过去晋文公做盟主的时候，自己住的宫室是低小的，接待诸侯的宾馆却造得又高又大。宾客到达的时候，样样事情有人照应，也能够很快被接见而送上礼品。他和宾客休戚与共，你不懂的，他给予教导；你有困难，他给予帮助。宾客来到这里就像回到自己家里一样。

可是，现在晋国铜鞮山的宫室有好几里地面，而让诸侯宾客住的却是奴隶住的屋子。门口进不去车子，接见又没有确切的日期。我们不能翻墙进去，如果不拆掉围墙，让这些礼物日晒夜露，就是我们的罪过了。如果让我们交了礼物，我们愿意修好围墙再回去。"士文伯把情况报告了晋平公，平公感到惭愧，马上接见子产，隆重宴请，给了丰厚的回赠，并下令重新建造宾馆。

公孙侨

兵不厌诈

【解释】

"兵不厌诈"这则成语的意思是用兵作战不排斥运用诡变、欺诈的策略或手段克敌制胜。厌：排斥，憎恶。诈：欺骗。

【出处】

这个成语来源于《韩非子·难一》：晋文公将与楚人战。召舅犯问之，曰："吾将与楚人战，彼众我寡，为之奈何？"舅犯曰："臣闻之，繁礼君子，不厌忠信；战阵之间，不厌诈伪。君其诈之而已矣。"

【故事】

公元前633年，楚国攻打宋国，宋国向晋国求救。第二年春天，晋文公派兵攻占了楚的盟国曹国和卫国，声称只有他们与楚绝交，才让他们复国。楚国被激怒了，撤掉对宋国的包围，来和晋国交战。两军在城濮（今山东鄄城西南）对阵。

晋文公重耳做公子时，受后母迫害，逃到楚国，受到楚成王的款待。楚成王问重耳以后如何报答，重耳说："美女、绸缎等，您什么都不缺了。假如托您的福我能回国执政，万一遇到两国发生战争，我就撤退三舍（一舍为三十里）。如果楚国还不能谅解，双方再交手。"为了实现当年的诺言，晋文公下令撤退九十里。楚国大将子玉率领楚军紧逼不舍。

当时，楚国联合了陈、蔡等国，兵力强；晋国联合了齐、宋等国，兵力弱。晋文公的舅舅子犯说："我听到过这样的说法：对于注意礼仪的君子，应当多讲忠诚和信用，取得对方信任；在你死我活的战阵之间，不妨多用欺诈的手段迷惑对方。你可以采取欺骗敌军的办法。"晋文公听从了子犯的策略，首先击溃由陈、蔡军队组成的楚军右翼，然后主力假装撤退，引诱楚军左翼追赶，再以伏兵夹击。楚军左翼大败，中军也被迫撤退。这就是历史上著名的以弱胜强的城濮之战。晋国取胜后，与齐、鲁、宋、郑、蔡、莒、卫等国会盟，成为诸侯霸主。

在这个故事中，还引申出另一个成语"退避三舍"，用来比喻退让或回避，避免发生冲突。

病入膏肓

【解释】

"病入膏肓"这则成语的意思是说，病情已严重到了无法医治的地步。亦喻事情到了无可挽回的地步。膏肓：古以膏为心尖脂肪，肓为心脏与膈膜之间，膏肓之间是药力达不到的地方。

【出处】

这个成语来源于《左传·成公十年》：医至，曰："疾不可为也。在肓之上，膏之下，攻之不可，达之不及，药不至焉，不可为也。"

【故事】

春秋时期，晋景公有一次得了重病，听说秦国有一个医术很高明的医生，便专程派人去请来。

医生还没到。晋景公恍惚中做了个梦，梦见了两个小孩，正悄悄地在他身旁说话。

一个说："那个高明的医生马上就要来了，我看我们这回难逃了，我们躲到什么地方去呢？"另一个小孩说道："这没什么可怕的，我们躲到肓的上面、膏的下面，无论他怎样用药，都奈何我们不得。"不一会儿，秦国的名医到了，立刻被请进了晋景公的卧室替晋景公治病。诊断后，那医生对晋景公说："这病已没办法治了。疾病在肓之上、膏之下，用灸法攻治不行，扎针又达不到，吃汤药其效力也达不到。这病是实在没法子治啦。"晋景公听了，心想：医生所说，果然验证了自己梦见的两个小孩的对话，便点了点头，称赞医生医术高明，并叫人送了一份厚礼给医生，让他回秦国去了。

捕风捉影

【解释】

"捕风捉影"这则成语的字面意思是逮住风，抓住影子。实际上不可能做到，以此形容说话、做事没有确切的事实根据，或无事生非。

【出处】

这个成语来源于《汉书·郊祀志下》：听其言，洋洋满耳，若将可遇；求之，荡荡如系风捕景，终不可得。

【故事】

谷永，字子云，长安（在今陕西西安市）人，汉成帝时担任过光禄大夫、大司农等职。

汉成帝二十岁做皇帝，到四十多岁还没有孩子。他听信方士的话，热衷于祭祀鬼神。许多人都通过向汉成帝上书谈论祭祀鬼神或谈论仙道来获得高官厚禄。成帝听信他们的话，在长安郊外的上林苑大搞祭祀，祈求上天赐福，花费巨大，但都没有明显的效果。

谷永向汉成帝上书说："我听说对明了天地本性的人，不可能用神怪去迷惑他；懂得世上万物之理的人，不可能受行为不正的人蒙蔽。现在有些人大谈神仙鬼怪，还说什么世上有仙人，服不死的药，可以像南山的不老松一样长寿。听他们说话，满脑都是美好的景象，好像马上就能遇见神仙一样；可是，你要寻找它，却虚无缥缈，好像要缚住风、捉住影子一样不可能做到。所以古代贤明的君王不听这些话，圣人绝对不说这种话。"谷永又举例：周代史官苌弘想要用祭祀鬼神的办法帮助周灵王，让天下诸侯来朝会，可是周王室更加衰败，诸侯反叛的更多；楚怀王隆重祭祀鬼神，求神灵保佑打退秦国军队，结果仗打败了，土地被秦占去，自己做了俘虏；秦始皇统一天下后，派徐福率童男童女下海求仙采药，结果一去不回，遭到天下人的怨恨。最后，他又说道："从古到今，帝王们凭着尊贵的地位、众多的财物，寻遍天下去求神灵、仙人，经过了多少岁月，却没有丝毫应验。希望您不要再让那些行为不正的人干预朝廷的事。"汉成帝认为谷永说得很有道理，便听从了他的意见。

不耻下问

【解释】

"不耻下问"这则成语的意思是不以向地位、学问较自己低的人请教为耻，形容谦虚好学。耻：羞耻。

【出处】

这个成语来源于《论语·公冶长》：敏而好学，不耻下问。

【故事】

春秋时代的孔子是我国伟大的思想家、政治家、教育家，儒家学派的创始人。人们都尊奉他为圣人。然而孔子认为：无论什么人，包括他自己，都不是生下来就有学问的。一次，孔子去鲁国国君的祖庙参加祭祖典礼，他不时向人询问，差不多每件事都问到了。有人在背后嘲笑他，说他不懂礼仪，什么都要问。孔子听到这些议论后说："对于不懂的事，问个明白，这正是我要求知礼的表现啊！"那时，卫国有个大夫叫孔圉，虚心好学，为人正直。当时社会上有个习惯，在最高统治者或其他有地位的人死后，给他另起一个称号，叫谥号。按照这个习俗，孔圉死后，被授予的谥号为"文"，所以后来人们又称他为孔文子。孔子的学生子贡有些不服气，他认为孔圉也有不足的地方，于是就去问孔子，孔文子凭什么可以被称为"文"。孔子回答："敏而好学，不耻下问，是以谓之'文'也。"意思是说孔圉聪敏又勤学，不以向职位比自己低、学问比自己差的人求教为耻，所以可以用"文"字作为他的谥号。

　　孔子的这句话，引出了"不耻下问"这个成语。后来人们常用它指向地位和学问不如自己的人请教或形容谦虚、好学，不自以为是。

不寒而栗

【解释】

　　"不寒而栗"这则成语的意思是指天不寒冷而发抖，形容非常害怕、恐惧。栗：发抖。

【出处】

　　这个成语来源于《史记·酷吏列传》：是日皆报杀四百余人，其后郡中不寒而栗。

汉武帝

【故事】

西汉武帝的时候，有个名叫义纵的人。他姐姐义姁是个医生。她因医好了皇太后的病，得到了皇太后的宠爱，义纵也因此得到汉武帝的任用。他先在上党郡一个县做县令，后又升为长安县令。他在任职期间，能够依法办事，不讲情面，也不怕得罪有权有势的人，当地的治安情况有了很大的改变。汉武帝认为他很有才干，就调任他为河内郡都尉，后又升为南阳太守。

当时，南阳城里居住着一个管理关税的都尉名叫宁成，这人很残暴，利用手中的权力横行霸道。百姓们都很怕他，甚至连进关、出关的官员都不敢得罪他。人们都说，让宁成做官，好比是把一群羊交给狼管。宁成听说义纵要来南阳任太守，有些不安。等义纵上任那天，他带领全家老小恭恭敬敬地站在路边迎接义纵。义纵看穿了宁成的意图，对他不理不睬。一上任，义纵就派人调查宁成的家族，凡是查到有罪的，就统统杀掉，最后，宁成也被判了罪。这一来，当地有名的富豪孔氏、暴氏因为也有劣迹，吓得逃离了南阳。

后来，汉武帝又调义纵任定襄（在今内蒙古）太守，那时，这个地区的治安很混乱。义纵一到定襄，就将监狱中二百多个重罪轻判的犯人重新判处死刑，同时将二百多个私自来监狱探望这些犯人的家属抓了起来，以他们想要为犯人开脱罪行为由，也一起判处死刑。那天，一下子就杀了四百多人。尽管那天天气不冷，然而，住在这个地区的人们听到这个消息后都吓得不寒而栗。

义纵执法严峻，但也存在肆意残杀的问题，因此司马迁在《史记》中把义纵归入酷吏一类。

不拘一格

【解释】

"不拘一格"这则成语的意思是不局限于一种规格或方式，不为某种风格、样式所限制。

【出处】

这个成语来源于清·龚自珍《己亥杂诗》第220首：我劝天公重抖擞，不拘一格降人才。

【故事】

龚自珍是我国清代的思想家和文学家。1792年，他出生于浙江仁和（在今杭州）一个封建官僚家庭。他从小就喜爱读书，特别爱学写诗。十四岁时，他就能写诗，十八岁时会填词，二十岁就成了当时著名的诗人。他写的诗，想象力丰富，语言瑰丽多姿，具有浪漫主义风格。他的诗揭露了清王朝的黑暗和腐败，主张改革，支持禁烟派，反对侵略，反对妥协，充满着爱国热情。

龚自珍二十七岁中举人，三十八岁中进士，在清朝政府里做了二十年左右的官。由于他不满官场中的腐败和黑暗，一直受到排挤和打击。1839年，在他四十八岁时，他毅然辞官回老家。在回乡的旅途中，他看着祖国的大好河山，目睹生活在苦难中的人民，不禁触景生情，思绪万千，即兴写下了一首又一首诗。

一天，龚自珍路过镇江，只见街上人山人海，热闹非凡，一打听，原来当地的人们在赛神。他们抬着玉皇、风神、雷神等天神在虔诚地祭拜。这时，有人认出了龚自珍。一听当代文豪也在这里，一位道士马上挤上前来恳请龚自珍为天神写篇祭文。龚自珍一挥而就写下了"九州生气恃风雷"这首诗，全诗共四句："九州生气恃风雷，万马齐喑究可哀；我劝天公重抖擞，不拘一格降人才。"诗中九州是整个中国的代称。诗的大意是，中国要有生气，必须凭借疾风迅雷般的社会变革，现在人们都不敢说话，沉闷得令人可悲。我奉劝天公重新振作起来，不要拘泥于常规，把有用的人才降到人间来吧。

后来，人们把"不拘一格降人才"精简成"不拘一格"这个成语，用来比喻不拘泥于一种规格、办法。

诗里还引申出"万马齐喑"这个成语，比喻空气沉闷的局面。喑：哑，不能说话；也可释为"缄默，不说话"。在"万马齐喑"这个成语中的"喑"字是指：在黑暗腐败的清王朝专治统治的高压下，残暴的黑暗恶势力一统天下，一切正直人士惨遭迫害，全国政治空气压抑沉闷，无人敢发表正义的言论。

不堪回首

【解释】

"不堪回首"这则成语的意思是不忍回顾或回忆过去的情景、经历。它常用来表示对巨大的人事变迁的感慨。

【出处】

这个成语来源于南唐·李煜《虞美人》:春花秋月何时了?往事知多少。小楼昨夜又东风,故国不堪回首月明中。

【故事】

960年赵匡胤建立宋朝时,周围还有好几个政权。为了完成统一大业,他先后攻灭了南平、后蜀、南汉等国,接着又把攻击的目标对准南唐。

这时统治南唐的是李煜,世称李后主。他在政治、军事上昏庸无能,但在文学艺术方面很有才华,诗词、音乐、书画等无所不能。他从小在深宫里长大,过着奢侈的生活,因此他写出了大量描写宫廷生活的作品。

李煜的妻子周后娥皇,容貌出众,擅长书画歌舞,但不幸早逝。后来,李煜又与娥皇的妹妹小周后相爱,陶醉于花前月下,而把国家大事抛之脑后。

宋朝的威胁越来越严重,但李煜迷恋于歌舞升平的生活,只求得眼前安逸,并不做抵御的准备,而一味向宋朝屈服。宋朝在哪里作战胜利或者有什么喜庆活动,他就赶紧命人向宋朝进贡财宝。后来,又主动向宋朝上表,希望取消南唐国号,作为宋朝的附庸。

974年秋,宋太祖赵匡胤两次派使者通知他到开封朝见。李煜怕赵匡胤杀他,称病不去。于是赵匡胤以此为借口,派十万大军征伐南唐。

第二年年初,宋军抵达长江北岸,南唐都城金陵危急。但李煜以为宋军无法渡过长江,整天在宫内和一班和尚道士讲经说法。

一天,李煜突然外出登城,见城外都是宋军的旗帜,才急忙去召援军,但为时已晚。这年冬天,宋军消灭了南唐最后一支援军,终于攻破金陵。李煜被迫投降,被押到开封去。

李煜穿戴着白衣纱帽,战战兢兢地接受赵匡胤的召见。赵匡胤没有杀他,侮辱性地封他为违命侯,把他安置在城里。他名义上是侯,实际上过着囚犯一样难堪的生活。

　　李煜是个多愁善感的人，降宋后的痛苦生活，自然使他抑郁不堪。不久赵匡胤去世，他的弟弟赵匡义即位，世称宋太宗。太宗取消了李煜违命侯的封号，封他为陇西郡公。但是，太宗比太祖更为猜忌他。一次，李煜懊悔当时不该杀了两个忠臣，太宗得知后非常恼怒。

　　一天，李煜作了一首名为《虞美人》的词。词有"小楼昨夜又东风，故国不堪回首月明中"等句，其中的意思是，过去美好的一切不能再回顾，回顾了只能使人更感到痛苦。

　　这首词传到太宗那里，太宗对他至今还在恋念故国非常不满。后来，又有一些怀恋故国的词作传到太宗那里，于是太宗派人将他毒死了。

宋太祖

不求甚解

【解释】

　　"不求甚解"这则成语的原意是读书只领会精神，不在一字一句的解释上多花工夫。现在则指学习不认真，不会深刻理解或指不深入了解情况。

【出处】

　　这个成语来源于晋·陶潜《五柳先生传》：好读书，不求甚解；每有会意，便欣然忘食。

【故事】

　　陶渊明又名陶潜，是我国最早的田园诗人。他所开创的田园诗体，为古典诗歌开辟了一个新的境界。

　　陶渊明的家乡浔阳一带水旱灾害连年不断。陶渊明靠着微薄的田产，维持着一家老小的生活，过着非常艰难的日子。

　　尽管如此，陶渊明不羡慕荣华富贵，喜爱清静闲散的田园生活。他一面耕

陶渊明

渊明爱菊

田，一面读书写诗，不仅不觉得苦，反而自得其乐。

大概二十八岁那年，陶渊明为自己写了一篇文章，取名《五柳先生传》。文章的开头是这样的：先生不知道是何等样人，也不清楚他的姓名。他的住宅旁边有五棵柳树，因而就以"五柳"作为自己的号了。先生不喜欢多说话，也不羡慕荣华利禄。先生很喜欢读书，但对所读的书不执着于字句的解释；每当先生对书中的意义有一些体会的时候，便高兴得忘了吃饭。先生生性爱喝酒，可是因为家里贫穷，不能常得到酒喝。亲戚朋友知道他这个情况，所以时常备了酒邀他去喝。而他呢，到那里去总是把他们备的酒喝光……

不学无术

【解释】

"不学无术"这则成语原指霍光没有学术，所以不明白关乎大局的道理。现指没有学问，没有本领。学：学识，学问。术：技艺，本事。

【出处】

这个成语来源于《汉书·霍光传赞》：然光不学亡术，暗于大理。

【故事】

霍光，是西汉名将霍去病同父异母的弟弟。有一次霍去病打败匈奴得胜后回家探亲，回长安时把霍光也带进了京城，被汉武帝封为郎中。

霍光为人乖巧，处事小心。每次上朝前，他都站在殿门外那一小块地上，甚至每次立足的地连一尺一寸都不超越。他跟随武帝二十八年，从未出过一次差错，所以深得武帝信任。

武帝临终前，封霍光为大司马大将军，要他与桑弘羊一起辅佐八岁的汉昭帝。昭帝死后，霍光又迎立昌邑王刘贺为帝。不久，又迎立刘询为宣帝。

就这样，霍光掌握了国家的军政重权，成为当时朝廷内外权势显赫的人物。他前后执政二十年，推行减轻民众负担的政策，促进了社会生产的发展。

霍光虽然对维护刘氏王朝做出过贡献，但他不学无术，不明事理，居功自傲，大权独揽。大臣们有公事，先得请示霍光，然后才能奏明皇上。每次上朝，连皇帝都对他很恭敬。这样，霍光令很多人对他怀恨在心。

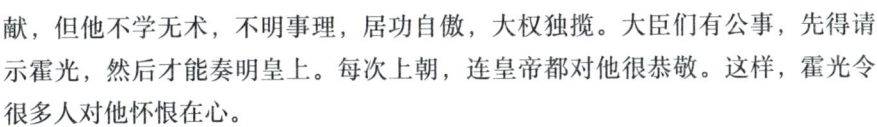

宣帝刘询即位后不久，霍光的妻子想把小女儿嫁给刘询做皇后，但刘询已经立许氏为皇后。霍光的妻子怀恨在心，买通女医淳于衍，毒死了即将临产的皇后。事发后，霍光不但包庇自己的妻子，还为淳于衍说情，不让她受审监禁。

正因为霍光不学无术，不明大义，缺乏深谋远虑，所以他死后才三年，霍家就被满门抄斩，株连九族。

不遗余力

【解释】

"不遗余力"这则成语的意思是把所有的力量全部使出来，没有一丝一毫的保留。遗：留下。余力：没有使完的力量。

【出处】

这个成语来源于《战国策·赵策三》：王曰："秦之攻我也，不遗余力矣，必以倦而归也。"

【故事】

　　公元前260年，秦王派大将白起，在赵国的长平一举击败了由赵括率领的四十万赵军。秦王乘机要挟赵王，要赵国割让六座城池给秦国，作为讲和的条件。

　　赵王连忙召来大将楼昌和上卿虞卿商量对策，说："长平一战，我们吃了败仗，我想带领全部人马与秦军决一死战，你们看怎样？"楼昌认为抵抗没有用，建议派人讲和。虞卿不同意楼昌的主张，问赵王说："大王，这次秦国究竟是想消灭我们赵国军队呢，还是打一打就回去？"赵王说："秦国这次出动了全部军事力量，不遗余力地来攻打我们，当然是打算消灭我们军队的。""那么，我们应该带着贵重的礼物到楚国、魏国去。他们贪图财物，一定会接待我们。这样，秦国以为我们在实行'合纵'的策略，就会恐慌，就会同我们讲和。"可是赵王没有采纳虞卿的劝告，还是派了使者去秦国求和。虞卿听说此事，就对赵王说："这次求和肯定不会成功，因为秦王和相国范雎一定会把赵国求和的事情宣扬开来，让各国都知道。楚国和魏国以为赵、秦讲和了，就不会再来援助赵国。秦国看到无人来救赵，那么也就不再需要与赵国讲和了。"果然不出虞卿所料，赵国求和不但没有成功，就连都城邯郸也被秦军围困。最后，赵王只得亲自去秦国，订立了对赵国十分不利的和约，遭到天下人的耻笑。

不自量力

【解释】

　　"不自量力"这则成语原作"不量力"，也就是不能正确地估量自己的力量。后来泛指过高地估计自己的力量。

【出处】

　　这个成语来源于《左传·隐公十一年》：不度德，不量力，不亲亲，不征辞，不察有罪。

【故事】

　　春秋时期，在如今河南省境内有两个诸侯国：一个是郑国，一个是息国。公元前712年，息国派兵攻打郑国。

这两个诸侯国虽然都很小,但息国的人力与物力比郑国要少得多,军力也要弱得多。战争自然以息国的失败而告终。

事后,一些有见识的人分析出,息国快要灭亡了。他们这样分析的依据是,息国一不考虑自己的德行如何,二不估量自己的力量是否能取胜,三不同亲近的国家笼络好关系,四不把自己向郑国进攻的道理讲清楚,五不明辨失败的罪过和责任是谁。犯了这五条错误,还要出师征伐别国,结果遭到失败,这不是非常自然的吗?

果然,不久息国被楚国攻灭。

才高八斗

【解释】

"才高八斗"这则成语用来形容人文才高超。

【出处】

这个成语来源于南朝·宋·无名氏《释常谈·八斗之才》:文章多,谓之"八斗之才",谢灵运尝曰:"天下才有一石,曹子建独占八斗,我得一斗,天下共分一斗。"

【故事】

南朝宋国的谢灵运,是我国古代著名的山水诗作家。他的诗,大都描写会稽、永嘉、庐山等地的山水名胜,善于刻画自然景物,开创了文学史上的山水诗一派。

他写的诗艺术性很强,尤其注意形式美,很受文人雅士的喜爱。诗篇常常被大家竞相抄录,流传很广。宋文帝很赏识他的文学才能,特地将他召回京都任职,并把他的诗作和书法称为"二宝",常常要他边侍宴,边写诗作文。

一直自命不凡的谢灵运受到这种礼遇后,更加狂妄自大。有一次,他一边喝酒一边自夸道:"魏晋以来,天下的文学之才共

有一石（一种容量单位，一石等于十斗），其中曹子建（即曹植）独占八斗，我得一斗，天下其他的人共分一斗。"

残杯冷炙

【解释】

"残杯冷炙"这则成语的意思是吃剩的饭菜。也比喻别人施舍的东西。炙：烤。

【出处】

这个成语来源于北齐·颜之推《颜氏家训·杂艺》：唯不可令有称誉，见役勋贵，处之下坐，以取残杯冷炙之辱。

【故事】

北齐的文学家颜之推，学识渊博，他有一部《颜氏家训》传世，内容是以儒家的传统思想作为立身治家之道。这部著作，对后世不少学者为人处世也有很大的影响。

《颜氏家训》中有一处告诫说：不能因为有点称赞，就受权贵的驱使；地位低下就受到权贵施舍残杯冷炙的屈辱。唐朝的大诗人杜甫，有一段时间就被迫在颜之推提到过的这种悲辛的处境里生活。杜甫从小聪明好学，志高务实，但一直没有遇到施展才华的机会。直到三十五岁那年，早已盛负诗名的他才踏上通往京都长安的大道。考完试后，杜甫觉得文章写得得心应手。万万没有料到，主持这次考试的大臣李林甫，根本不想选用贤才，而对有才能、有胆识的人，一概采取排斥的态度。

杜甫没有料到自己会应试失败，内心非常痛苦，对前途悲观失望。从此，他流落长安，以"宾客"的身份出入于达官贵人之家，过着寄人篱下的生活。他时常陪王公大臣宴饮，席间吟诗赋辞助兴。这样做，一方面是为了维持生计；一方面也是希望得到权贵们的推荐，求得一官半职。

草船借箭

【解释】

"草船借箭"这则成语的意思是运用智谋，凭借他人的人力或财力来达到自己的目的。

【出处】

这个成语来源于《三国演义》：用奇谋，孔明借箭。

【故事】

三国时期，曹操率大军想要征服东吴，孙权、刘备联合抗曹。孙权手下有位大将叫周瑜，智勇双全，可是心胸狭窄，很妒忌诸葛亮（字孔明）的才干。因水中交战需要箭，周瑜要诸葛亮在十天内负责赶造十万支箭，哪知诸葛亮说他只需三天，还愿立下军令状，完不成任务甘受处罚。周瑜想，三天不可能造出十万支箭，正好利用这个机会来除掉诸葛亮。于是他一方面叫军匠们不要把造箭的材料准备齐全，另一方面叫大臣鲁肃去探听诸葛亮的虚实。

鲁肃见了诸葛亮。诸葛亮说："这件事要请你帮我的忙。希望你能借给我二十只船，每只船上三十个军士，船要用青布幔子遮起来，还要一千多个草把子，排在船两边。不过，这事千万不能让周瑜知道。"鲁肃答应了，并按诸葛亮的要求把东西准备齐全。一连两天，诸葛亮都没有一点动静，到第三天四更时，诸葛亮秘密地请鲁肃一起到船上去，说是一

用奇谋孔明借箭

起去取箭。鲁肃很纳闷。

诸葛亮吩咐把船用绳索连起来向对岸开去,那天江上大雾弥漫,对面都看不见人。当船靠近曹军水寨时,诸葛亮命船一字摆开,叫士兵擂鼓呐喊。曹操以为对方来进攻,又因雾大怕中埋伏,就派六千名弓箭手朝江中放箭,雨点般的箭纷纷射在草把子上。过了一会儿,诸葛亮又命船掉过头来,让另一面受箭。

太阳出来了,雾要散了,诸葛亮这才下令开船回营。这时船的两边草把子上密密麻麻地插满了箭,每只船上至少有五六千支,总共超过了十万支。鲁肃把借箭的经过告诉周瑜时,周瑜感叹地说:"诸葛亮神机妙算,我不如他。"

草菅人命

【解释】

"草菅人命"这则成语的意思是看待杀人像看待刈割茅草一样。指统治者滥施淫威,轻视人命,任意残害人命。菅:一种茅草。

【出处】

这个成语来源于《汉书·贾谊传》:其视杀人,若艾草菅然。艾,通"刈",割草。

【故事】

贾谊,洛阳人,是汉文帝时的一个著名文人,自小聪慧好学,极有才华。被文帝召为博士,后又担任过太中大夫的官职。但因为被人妒忌,后来他被谪为长沙王太傅(老师)。政治上的不得志,使他将自己比作屈原,写下了著名的《吊屈原赋》等文章。后来,汉文帝把他召回宫中,要他担任梁王刘揖的太傅。梁王是汉文帝最宠爱的儿子,文帝指望他将来能继承皇位,所以要他多读些书,希望贾谊好好教导他。贾谊就此发了一通议论,他说:"辅导皇子,教他读书固然重要,但更重要的,是教他怎样做一个正直的人。假使像秦朝末年赵高教导秦二世胡亥那样,传授给胡亥的是严刑酷狱,秦二世所学的不是杀头割鼻子,就是满门抄斩。所以,胡亥一当上皇帝,就乱杀人,看待杀人,就好像割茅草一样,不当一回事。这难道只是胡亥的本性就坏吗?他之所以这样,是因为教导他的人没有引导他走上正道。"后来,贾谊到梁国上任担任太傅,悉心辅导梁王。可是梁王不慎骑马摔死,贾谊觉得自己没有尽到太傅的责任,因此终日郁郁不乐,常常哭泣,一年多后就死了,死时才三十三岁。

可是,贾谊这段精彩的论述就此流传了下来。"草菅人命"作为一句成语,也被人们用来形容反动统治阶级杀人的凶残狠毒。

草木皆兵

【解释】

"草木皆兵"这则成语的意思是把草木都当成敌兵。形容极度恐惧时发生错觉,稍有动静就惊恐不安。

【出处】

这个成语来源于《晋书·苻坚载记》:坚与苻融登城而望王师,见部阵齐整,将士精锐;又北望八公山上草木皆类人形。

【故事】

383年,基本上统一了北方的前秦皇帝苻坚,率领九十万兵马,南下攻伐东晋。东晋王朝任命谢石为大将,谢玄为先锋,率领八万精兵迎战。

秦军前锋苻融攻占寿阳(今安徽寿县)后,苻坚亲自率领八千名骑兵抵达这座城池。他听信苻融的判断,认为晋兵不堪一击,只要他的后续大军一到,一定可大获全胜。于是,他派一个名叫朱序的人去向谢石劝降。

朱序原是东晋官员,他见到谢石后,报告了秦军的布防情况,并建议晋军在前秦后续大军未到达之前袭击洛涧(今安徽淮南东洛河)。谢石听从他的建议,出兵偷袭秦营,结果大胜。晋兵乘胜向寿阳进军。

苻坚得知洛涧兵败,晋兵正向寿阳而来,大惊失色,马上和苻融登上寿阳城头,亲自观察淝水对岸晋军的动静。当时正是隆冬时节,又是阴天,远远望去,淝水上空灰蒙蒙的一片。仔细看去,那里桅杆林立,战船密布,晋兵持刀执戟,阵容甚为齐整。他不禁暗暗称赞晋兵布防有序,训练有素。

接着,苻坚又向北望去。那里横着八公山,山上有八座连绵起伏的峰峦,地势非常险要。晋兵的大本营便驻扎在八公山下。在西北风的吹拂下,山上晃动的草木,就像无数士兵在动。苻坚顿时面如土色,惊恐地回过头来对苻融说:"晋兵这么强大,怎么能说他们是弱兵呢?"不久,苻坚中了谢玄的计,下令将军队稍向后退，让晋兵渡过淝水决战。结果，秦兵在后退时自相践踏，溃不成军，大败北归。

这一战，便是历史上著名的淝水之战，是历史上以少胜多、以弱胜强的著名战役。

朝三暮四

【解释】

"朝三暮四"这则成语的意思是早上三个，晚上四个。原指善于使用手段愚弄人，后用来比喻变换手法，欺骗别人，或主意不定，反复无常。朝：早上。暮：晚上。

【出处】

这个成语来源于《庄子·齐物论》：狙公赋芧，曰："朝三而暮四。"众狙皆怒。曰："然则朝四而暮三。"众狙皆悦。

【故事】

战国时，宋国有个老人养了一群猴子，人们称他为"狙公"。他家境并不好，但非常喜爱猴子，宁可省吃俭用，也不让猴子们饿肚子。

狙公和猴子们朝夕相处，双方极为融洽。猴子们想什么狙公一看就知道，他说什么，猴子也能理解。

但是时间长了，狙公不堪重负。猴子很贪食，没完没了地吃，狙公实在供应不起。他准备减少它们的食物，又怕它们不顺从自己，因此想了一个办法。

一天，狙公对猴子们说："以后每天早上给你们三个栗子，晚上四个，够了吗？"猴子们听了，又跳又叫地发起怒来。

过了一会儿，狙公改口说："好吧，那就早上给四个，晚上给三个，这样够吃了吗？"猴子们听了，都高兴得抓耳挠腮。

车水马龙

【解释】

"车水马龙"这则成语是从马太后诏书中的话简化而来的。它形容车马往来，非常热闹。

【出处】

这个成语来源于《后汉书·明德马皇后纪》：前过濯龙门上，见外家问起居者，车如流水，马如游龙。

【故事】

东汉名将马援的小女儿马氏，由于父母早亡，年纪很小时就操办家中的事情，把家务料理得井然有序，亲朋们都称赞她是个能干的人。

十三岁那年，马氏被选进宫内。她先是侍候汉光武帝的皇后，很受宠爱。光武帝去世后，太子刘庄即位，就是汉明帝，他把马氏封为贵人。由于她一直没有生育，便收养了贾氏的一个儿子，取名为刘炟。公元60年，由于皇太后对她非常宠爱，她被立为明帝的皇后。

马氏当了皇后，生活还是非常俭朴。她常穿粗布衣服，裙子也不镶边。一些嫔妃朝见她时，还以为她穿了特别好的料子制成的衣服。走到近前，才知道是极普通的衣料，从此对她更尊敬了。

马皇后知书达理，时常认真地阅读《春秋》《楚辞》等著作。有一次，明帝故意把大臣的奏章给她看，并问她应如何处理，她看后当场提出中肯的意见。但她并不因此而干预朝政，此后再也不主动去谈论朝廷的事。

明帝死后，刘炟即位，这就是汉章帝。马皇后被尊为皇太后。不久，章帝根据一些大臣的建议，打算对皇太后的弟兄封爵。马太后遵照已去世的光武帝有关后妃家族不得封侯的规定，明确地反对这样做，因此这件事被搁置在一旁。

第二年夏天，发生了大旱灾。一些大臣又上奏说，今年之所以大旱，是因为去年不封外戚的缘故。他们再次要求分封马氏舅父。

马太后还是不同意，并且为此专门发了诏书，诏书上说："凡是提出要对外戚封爵的人，都是想献媚于我，都是要从中取得好处。天大旱跟封爵有什么

明德马后

关系？要记住前朝的教训，宠贵外戚会招来倾覆的大祸。先帝不让外戚担任重要的职务，防备的就是这个。今后，怎能再让马氏走老路呢？"诏书接着说："马家的舅父，个个都很富贵。我身为太后，还是食不求甘，穿着简朴，左右宫妃也尽量俭朴。我这样做的目的，是为给下边做个榜样，让外亲见了好反省自己。可是，他们不但不反躬自责，还笑话我太俭省。前几天我路过娘家住地濯龙园的门前，见从外面到舅舅家拜候、请安的，车子像流水那样不停地驶去，马匹往来不绝，好像一条游龙，招摇得很。他们家的用人，穿得整整齐齐，衣服绿色，领和袖雪白，看看我们的车上，比他们差远了。我当时竭力控制自己，没有责备他们。他们只知道自己享乐，根本不为国家考虑，我怎么能同意给他们加官晋爵呢？"

乘风破浪

【解释】

"乘风破浪"这则成语的意思是船借着风势，冲开浪头前进。比喻不畏艰难险阻，奋勇向前。多含施展远大的抱负之意。

【出处】

这个成语来源于《宋书·宗悫传》：悫年少时，炳问其志，悫曰："愿乘长风破万里浪。"

【故事】

南北朝时，有个年轻人名叫宗悫，字元干。他从小就跟着父亲和叔叔舞剑弄棒，练拳习武，年纪不大，武艺却十分高强。

有一天他哥哥结婚，家里宾客盈门，热闹非凡。有十几个盗贼也乘机冒充客人，混了进来。

趁着前面客厅里人来人往、喜庆热闹之际，这伙盗贼潜入宗家的库房里抢劫起来。有个家仆去库房拿东西，发现了盗贼，大声惊叫着奔进客厅。

一时间，客厅里的人都惊呆了，不知如何是好。只见宗悫镇定自若，拔出佩剑，直奔库房。

盗贼一见来了人，挥舞着刀枪威吓宗悫，不许他靠前。宗悫面无惧色，举剑直刺盗贼，家人也呐喊助威。盗贼见势不妙，丢下抢得的财物，赶紧脱身逃跑了。

宾客见盗贼被赶走了，纷纷称赞宗悫机敏勇敢，年少有为。问他将来长大后干什么？他昂起头，大声地说："愿乘长风破万里浪，干一番伟大的事业。"果然，几年以后，当林邑王范阳迈侵扰边境，皇帝派交州刺史檀和之前往讨伐时，宗悫自告奋勇地请求参战，被皇帝任命为振武将军。

一次，檀和之进兵包围了区粟城里林邑王的守将范扶龙，命宗悫去阻击林邑王派来增援的兵力。

宗悫设计，先把部队埋伏在援兵的必经之路上，等援兵一进入埋伏圈，伏军立即出击，把援兵打得落花流水。

由于宗悫替国家打了不少胜仗，立下许多战功，他被封为洮阳侯。他终于实现了少年时的志向。

乘兴而来

【解释】

"乘兴而来"这则成语的意思是趁着兴趣浓厚的时候到来。比喻高高兴兴地到来。乘兴：趁一时的高兴。

【出处】

这个成语来源于《晋书·王徽之传》：徽之曰："本乘兴而来，兴尽而返，何必见安道耶？"

【故事】

　　王徽之是东晋时的大书法家王羲之的三儿子，生性高傲，不愿受人约束，行为豪放不拘。虽说在朝做官，却常常到处闲逛，不处理官衙内的日常事务。

　　后来，他干脆辞去官职，隐居在山阴（今绍兴），天天游山玩水，饮酒吟诗，倒也落得个自由自在。

　　有一年冬天，鹅毛大雪纷纷扬扬地接连下了好几天，到了一天夜晚，雪停了。天空中出现了一轮明月，皎洁的月光照在白雪上，好像到处盛开着晶莹耀眼的花朵，洁白可爱。

　　王徽之推开窗户，见到四周白雪皑皑，真是美极了，顿时兴致勃勃地叫家人搬出桌椅，取来酒菜，独自一人坐在庭院里慢斟细酌起来。他喝喝酒，观观景，吟吟诗，高兴得手舞足蹈。忽然，他觉得此景此情，如能再伴有悠悠的琴声，那就更动人了。由此，他想起了那个会弹琴作画的朋友戴逵。

　　于是，王徽之马上叫仆人备船挥桨，连夜前往。也不考虑自己在山阴而戴逵在剡溪，两地有相当远的距离。

　　月光照泻在河面上，水波粼粼。船儿轻快地向前行，沿途的景色都披上了银装。王徽之观赏着如此秀丽的夜色，如同进入了仙境一般。

　　王徽之不断催促着仆人把船开快点，恨不能早点见到戴逵，共赏美景。船儿整整行驶了一夜，拂晓时，终于到了剡溪，可王徽之却突然要仆人撑船回去。仆人觉得莫名其妙，诧异地问他为什么不上岸去见戴逵。他淡淡地一笑，说："我本来是一时兴起才来的。如今兴致没有了，当然应该回去，何必一定要见着戴逵呢？"

惩前毖后

【解释】

"惩前毖后"这则成语的意思是指要从以前的错误中吸取教训，谨慎从事，不致再犯类似的错误。惩：警戒。毖：谨慎。

【出处】

这个成语来源于《诗经·周颂·小毖》：予其惩而毖后患。

【故事】

周王朝的开国君主周武王登基时间不长就去世了。他的儿子周成王继位。由于成王年岁太小，由武王的弟弟周公姬旦协助处理国家大事。

对此，武王的另外两个弟弟管叔鲜、蔡叔度很是不满。他们到处造谣，诬蔑周公协助成王是想伺机废除成王，夺取王位。

周公是个待人忠心诚实、豁达大度的人，听了这些谣言后，为了不招惹是非，便离开京都，住到外地去避嫌。

成王年小不懂事，还真的以为周公要抢权，便也不加挽留，让他去了外地。

管叔鲜和蔡叔度见周公离开了成王，便暗中勾结殷纣王的儿子武庚，一起发动叛乱，企图篡夺王位。周成王得到密告，急忙召集大臣商议，可谁也拿不出办法来。成王急得在宫中团团转，不知如何才好。

这时一个大臣建议成王应该快去把周公请回来。周公来了，成王马上命令周公带兵东征，讨伐叛贼。经过三年的艰苦征战，叛乱终于被周公平息了。接着，周公又忠心耿耿地替成王料理了几年的国家大事，一直到成王长大成人后，便把政权交还给他，让他自理朝政。

正式接管朝政这一天，成王前往宗庙典祭祖先。在祭祀仪式上，成王回顾了以往的历史教训，并说："我一定要从以前所受的惩戒中吸取教训，小心谨慎地办事，以免再遭祸害。"

程门立雪

【解释】

"程门立雪"这则成语的意思是指门徒站在雪中虔诚地等待老师传道。以此比喻尊敬老师,诚恳求学。

【出处】

这个成语来源于《宋史·杨时传》:一日见颐,颐偶瞑坐,时与游酢侍立不去。颐既觉,则门外雪深一尺矣。

【故事】

程颢、程颐兄弟俩都是宋代极有学问的人。进士杨时,为了丰富自己的学问,毅然放弃了高官厚禄,跑到河南颍昌拜程颢为师,虚心求教。后来程颢死时,他自己也有四十多岁了,但仍然立志求学,刻苦钻研,又跑到洛阳去拜程颢的弟弟程颐为师。

一天,他便和他的朋友游酢一块儿到程家去拜见程颐,但是正遇上程老先生闭目养神,坐着假睡。这时候,外面开始下雪。这两人求师心切,便恭恭敬

敬侍立一旁，不言不动，如此等了大半天，程颐才慢慢睁开眼睛，见杨时、游酢站在面前，而这时候，门外的雪已经积了一尺多厚了，但杨时和游酢并没有一丝疲倦和不耐烦的神情。

出类拔萃

【解释】

"出类拔萃"这则成语的意思是指超出同类之上。多指人的品德、才能或事物所具有的优异性。

【出处】

这个成语来源于《孟子·公孙丑上》：圣人之于民，亦类也；出于其类，拔乎其萃，自有生民以来，未有盛于孔子也。

【故事】

孟子名轲，字子舆，邹国（今山东邹城东南）人，是孔子的孙子子思的学生。孟子是战国时期的大思想家、教育家。他继承了孔子的儒家学说，非常崇拜孔子，在他的心目中，孔子是个超人的天才，是个圣人。

有一天，孟子的学生公孙丑问孟子："老师，你已经是一位圣人了吗？"孟子说："连孔夫子都不敢称自己为圣人，我又算得了什么呢？"公孙丑列举了几个以贤德著称的人问孟子，他们是否和孔子一样。孟子认为自有人类以来，没有人能比得上孔子。公孙丑接着又问他们和孔子有什么不同。孟子借用了孔子的学生有若的一句话说："麒麟和走兽，凤凰和飞鸟，泰山和小土堆，河海和小水洼，它们都是同类，但前者又都远远超越了它的同类；圣人和老百姓也是同类，但圣人已远远超出其他人。自有人类以来，没有人比孔子更伟大了。"后来，人们就把"出于其类，拔乎其萃"精简成"出类拔萃"这个成语，常常用它来形容品质和才能特别优秀的人。

出奇制胜

【解释】

"出奇制胜"这则成语原意是指在战斗中运用奇妙的战术和策略，使敌人无法预料，从而战胜敌人。泛指用新奇的、出人意料的办法获胜。奇：奇兵，奇计。制胜：夺取胜利。

【出处】

这个成语来源于《史记·田单列传》：凡战者，以正合，以奇胜。故善出奇者，无穷如天地，不竭如江河。

【故事】

战国时，燕国的大将乐毅联合了秦、赵、魏、韩等国的军队一起伐齐，齐国大败，只剩下莒（今山东莒县）和即墨（在今山东平度东南）两座城池。齐湣王只好逃到莒城。田单是齐王族的远亲，平时没人赏识他的才能，他也和家里人逃到即墨。不久即墨大夫也阵亡了，有人就推举田单做守城的统帅。

田单懂兵法，有智谋，很受军民拥护，所以即墨城被乐毅围困了三年，还未攻破。田单知道，要打败乐毅的强大军队，光靠武力是不行的。于是他设计派人去燕国散布乐毅的谣言，说乐毅有野心。这样一来，燕惠王对乐毅产生了怀疑，最后派骑劫换下了乐毅。

骑劫既无才能，对人又凶狠，燕军将士对他非常不满，渐渐地军心涣散，士气低落。

田单见时机已到，便一面派人到处散布齐国得到天神相助的流言，一面把自己的精锐部队隐藏起来，让老弱和妇女去守城，同时还派人带了许多金子去向骑劫请降，请求燕军进攻时能让他们活命。这样做是为了让燕军放松警惕。

于是田单收集了一千多头牛，每头牛披上画着奇彩异纹的布衣，牛角都绑上一把尖刀，尾巴上扎着浸过油的芦苇。

夜深人静时，齐军把牛从早已挖好的城洞中赶出去，点燃牛尾上的芦苇，迫使牛朝燕军阵地猛冲。

燕军受到这突如其来的怪兽的攻击，惊慌失措，四散奔逃。结果有的被踩死，有的被牛角上的尖刀刺死，有的被活活烧死。即使侥幸逃出火牛阵的，也被跟在后面的五千精兵杀死。

燕军大败，骑劫被活捉后处死。田单乘胜率兵追击，很快就收复了齐国所有的失地，恢复了齐国原来的疆土。

唇亡齿寒

【解释】

"唇亡齿寒"这则成语的意思是嘴唇没了，牙齿就会感到寒冷。比喻关系密切，利害相关，一方受到打击，另一方必然不得安宁。

【出处】

这个成语来源于《左传·僖公五年》：晋侯假道于虞以伐虢。宫之奇谏曰："虢，虞之表也；虢亡，虞必从之……谚所谓'辅车相依，唇亡齿寒'者，其虞、虢之谓也。"

【故事】

春秋时期，晋国的邻近有虢、虞两个小国。晋国想举兵攻打虢国，但要打虢国，晋国大军必须经过虞国。

晋献公于是用美玉和名马作礼物，送给虞国国君虞公，请求借道让晋军攻打虢国。

智荀息假途灭虢

宫之奇劝谏虞公说:"虢国是虞国的依靠呀!虢国和虞国两国就好像嘴唇和牙齿一样,嘴唇没有了,牙齿岂能自保?一旦晋国灭掉虢国,虞国一定会跟着被灭亡。这'唇亡齿寒'的道理,您怎么就不明白?请您千万不要借道让晋军征伐虢国。"虞公不听劝谏,答应让晋借道。

宫之奇见无法说服虞公,只得带着全家老小,逃到了曹国。

这样,晋献公在虞公的"帮助下",轻而易举地灭掉了虢国。晋军得胜归来,借口整顿兵马,驻扎在虞国,然后发动突然袭击,一下子又灭掉了虞国。

目光短浅的虞公只能看见眼前的利益,看不出虢国的存亡与虞国有着密切的联系,最终成了晋国的俘虏。

从容不迫

【解释】

"从容不迫"这则成语的意思是舒缓,悠然,不慌不忙。后来用"从容不迫"形容临事沉着镇静,不慌不忙。

【出处】

这个成语来源于《庄子·秋水》:庄子与惠子游于濠梁之上。庄子曰:"儵鱼出游从容,是鱼之乐也。"

【故事】

庄子,名周,宋国蒙(今河南商丘)人,是战国时的哲学家。

有一天,庄子和当时宋国的另一名哲学家惠子一同在濠水(在今安徽凤阳境内)岸边观鱼。

庄子说:"你看这条鱼在水中游得多么从容自在啊!它是多么快乐!"惠子说:"你又不是鱼,怎么知道它们现在很快乐呢?"庄子说:"你又不是我,怎么能断定我不知道它们现在很快乐呢?"惠子说:"我不是你,当然不知道你是喜是忧。但你总不是鱼，你不知道鱼的快乐则是肯定无疑的。"庄子说："我们从头说起：你刚才问我怎么知道鱼是快乐的，这说明你知道我了解鱼的快乐才会问我的。我现在告诉你，我是从自己的感受中体会的。我与你在濠水边同游观鱼，悠闲自在，自得其乐。这鱼呢？正在水中游戏，也从容不迫地观望着我俩，它们当然也和我们一样，也会感到悠闲自在。"

打草惊蛇

【解释】

"打草惊蛇"这则成语的原意为惩办某人或某一些人，却使有同样情况的人受到震动，引起警惕。现用来比喻行动或做事不缜密而惊动了对方，致使对方觉察到了其秘密的意图而有所防备。

【出处】

这个成语来源于明·郎瑛《七修类稿·谚语篇》卷二十四：南唐王鲁为当涂令，日营资产，部人诉主簿贪污，鲁曰："汝虽打草，吾已惊蛇。"

【故事】

南唐，五代时十国之一。王鲁，南唐当涂县令。王鲁本来就行为不检，营私舞弊之事时有发生。当上当涂县令后，利用手中的权势，更是贪赃枉法，假公济私，搜刮了不少钱财。而衙门中大大小小、上上下下的官吏，上行下效，互相勾结，串通一气，收受贿赂，对百姓敲诈勒索，无恶不作。百姓见了，个个摇头叹气，怨声载道。

后来，有人写了一份状子，告王鲁的主簿（相当于现在的秘书职务）贪污受贿。王鲁接过状子，打开一看，却不免打起了寒战。因为状子上写的那些主簿的罪行，都是证据确凿的事实，和他所干的坏事大同小异，有些就是在他包庇纵容下干出来的。更令人可怕的是，其中不少罪行和他有牵连。王鲁有些害怕，但又感到十分幸运状子没有落到别人手上，要是落在别人手上，他不仅罪行暴露，而且县令这个官位也保不住。他越想越为自己庆幸，随手就在案卷上批了八个字："汝虽打草，吾已惊蛇。"这八个字的意思就是说，你们虽然打的是草，可是我这条藏在草中的蛇，却已受惊而有所警惕、戒备了。

大公无私

【解释】

"大公无私"这则成语原作"至公无私",极其公正,毫无偏私。后世多作"大公无私"。比喻一心为公,毫无私心。

【出处】

这个成语来源于《吕氏春秋·去私》:孔子曰:"善哉,祁黄羊之论也,外举不避仇,内举不避子,祁黄羊可谓公矣。"

【故事】

晋平公在位时,一次,南阳县缺少个县令,于是平公问大夫祁黄羊,谁担任这个职务合适?祁黄羊回答说:"解狐可以。"平公听了很惊讶,说:"解狐不正是你的仇人吗?你怎么推荐仇人呢?"祁黄羊答道:"您是问我谁担任县令这一职务合适,而没有问我谁是我的仇人。"于是平公派解狐前去任职。果然不出祁黄羊所料,解狐任职后,为民众做了许多实事、好事,受到南阳民众的热烈拥护。

又有一次,朝廷需要增加一位军中尉,于是平公又请祁黄羊推荐。祁黄羊说:"祁午合适。"平公不禁问道:"祁午是你的儿子,难道你就不怕别人说闲话吗?""您是要我推荐军中尉的合适人选,而没有问我儿子是谁。"祁黄羊坦然作答。

平公接受了这个建议,派祁午担任军中尉的职务。结果祁午不负所望,干得也非常出色。

孔子听到这两件事,连连称赞祁黄羊推荐人才完全是拿才能做标准,不因为解狐是自己的仇人,便不推荐他;也不因为祁午是自己的儿子,怕人议论,便不推荐。像祁黄羊这样的人,才真的算是大公无私。

大逆不道

【解释】

"大逆不道"这则成语原或作"大逆不忠",指谋反叛逆,严重破坏封建道德秩序。后世多作"大逆不道",多指封建专制者对起来造反的人或行为不轨者所加的重大罪名。现也指罪大恶极。"大逆不道"也称"大逆无道"。逆:背叛。不道:指不合道德。

【出处】

这个成语来源于《汉书·高帝纪》:今项羽放杀义帝于江南,大逆无道。

【故事】

秦朝灭亡以后,刘邦和项羽展开了长达五年的楚汉战争。有一天项羽在阵前向刘邦喊话,要与他决一雌雄。刘邦回答说:"我开始与你都受命于楚怀王,约定先定关中的为王。但是我先定关中后你却负约,让我到巴蜀去当汉王,这是你第一条罪状。你在去救援赵军途中,杀死上将军宋义,自称上将军,这是你第二条罪状。你违抗怀王命令,擅自劫持各诸侯的兵马入关,这是你的第三条罪状。"接着,刘邦又揭露项羽烧毁秦宫、掘开秦皇坟墓、搜刮财物、杀死投降的秦王子婴、活埋二十万秦国降卒、杀害义帝等罪状。在讲到第十条罪状时,刘邦说:"你作为臣子而杀死君王,又杀害已经投降的人,为政不平,对订立的约定不讲信义,为天下所不容,属于重大的叛逆。你犯下如此十条大罪,我兴仁义之兵来讨

楚汉相争

伐你这个逆贼,你还有什么面目向我挑战?"项羽听了刘邦的话,气得浑身发抖,命令弓箭手向刘邦放箭。结果,一箭射中刘邦前胸,汉军只好退兵。

呆若木鸡

【解释】

"呆若木鸡"这则成语的意思是呆得像木头雕成的鸡一样。后形容呆笨或因惊讶、恐惧而发愣的样子。

【出处】

这个成语来源于《庄子·达生》:纪渻子为王养斗鸡。十日而问:"鸡已乎?"曰:"未也,方虚憍而恃气。"……十日又问,曰:"几矣。鸡虽有鸣者,已无变矣,望之似木鸡矣,其德全矣。"

【故事】

周宣王姬静是个好大喜功的君主,曾经多次出兵去攻打北方的少数民族。公元前789年,他又率领军队在千亩同姜戎发生激战,结果吃了败仗,损失惨重。为了扩充兵力,他下令在太原地区调查百姓的户数,准备征兵再战,大臣仲山甫极力劝谏,他根本听不进去。

宣王有一个特殊的爱好,就是喜欢看斗鸡。他让太监们养了不少精壮矫健的公鸡,退朝以后经常到后宫的平台上看斗鸡取乐。时间一久,他发现无论哪一只勇猛善斗的鸡都没有常胜不败的,因而心里总感到不满足。

后来,宣王听说齐国有个叫纪渻子的人,是位驯鸡能手,就派人把他请到镐京,要他尽快训练出一只常胜不败的斗鸡来。纪渻子从鸡群中挑了一只金爪彩羽的高冠鸡。在关进屋子驯鸡以前,他请宣王不要随便让人去干扰他。

十天以后，性急的宣王等不及了，叫人去问纪渻子驯鸡的情况。纪渻子说："它还非常骄傲恃气。"又过了十天，宣王再叫人去问，纪渻子说："不行，它听到声音，或看到什么影像，还会敏捷地做出反应。"又过了十天，宣王实在等得不耐烦了，就把纪渻子召来亲自问他，纪渻子仍然说："不行，这鸡还会怒视而盛气。"宣王却不以为然，说："怒视而盛气，不正是勇猛善斗的表现吗？"纪渻子笑了笑说："陛下过去养的那些勇猛善斗的鸡，有哪一只是常胜不败的呢？"又过了十天，纪渻子主动跑来对宣王说："差不多了。现在这只鸡听到其他鸡的叫声，已经毫无反应，看上去就像木鸡一样。别的鸡见了，没有一只敢跟它交锋，只好转头跑掉。"

箪食瓢饮

【解释】

"箪食瓢饮"这则成语的意思是一箪食物，一瓢汤水。形容生活的清贫。箪：盛饭的竹器。

【出处】

这个成语来源于《论语·雍也》：子曰："贤哉，回也！一箪食，一瓢饮，在陋巷，人不堪其忧，回也不改其乐。贤哉，回也！"

【故事】

孔子一生共收了三千多名学生，其中得意门生有七十二个。而在这七十二人中，他最喜爱和器重的就是颜回。

颜回对孔子十分尊敬。他对孔子的教诲身体力行，有了错误就努力改正，从不再犯第二次。孔子曾经说过："自从我收了颜回这个学生，其他的学生对我更亲了。"有一次，孔子带着一些学生周游列国，

在路过匡邑的时候，突然遭到匡人的围困。颜回和其他几个跟着孔子一起周游的学生被冲散了，等到危险过去，颜回赶到孔子身边。孔子说："颜回，我以为你已经死了呢！"颜回认真地说："先生在，我做学生的怎么敢死呢？"孔子听了非常感动。有一次他问颜回："颜回，你家里穷，房子也小，为什么不去求个一官半职呢？"颜回回答说："学生有些薄田，虽然收入不多，但吃穿已经够了，而且还有琴瑟可以娱乐。只要能学到老师的道德学问，没有必要出去做官。"听了颜回的回答，孔子感叹地对学生们说："颜回吃的是一箪饭，喝的是一瓢水，住在那么简陋的小巷子里。别人忍受不了，他却十分乐观。他真是一个贤德的人呀！"

党同伐异

【解释】

"党同伐异"这则成语的意思是意见相同者结为同党，互相偏袒，联合起来，共同攻击异己。

【出处】

这个成语来源于《后汉书·党锢传序》：自武帝以后，崇尚儒学，怀经协术，所在雾会，至有石渠分争之论，党同伐异之说，守文之徒，盛于时矣。

【故事】

公元前141年，刘彻即位，史称汉武帝。他当政的第二年就下了一道诏书，命朝廷大臣和各地诸侯王、郡守推举贤良文学之士。诏书下达后不久，各地送来了一百多个有才学的读书人。武帝命他们每人写一篇关于如何治理国家的文章，其中有个名叫董仲舒的文章写得不错，武帝亲自召见他两次，问了他不少话。董仲舒回话后，又呈上两篇文章，武帝看了都非常满意。

董仲舒的三篇文章，都是论述天和人的关系的，所以合称为《天人三策》，又称《举贤良对策》。其中宣扬的理论，叫作"天人感应"。这种理论把封建统治尤其是皇帝的权力神化：谁反对皇帝，谁就是反对"天"，就是大逆不道。

为了贯彻这种理论，董仲舒在《天人三策》中提出了三项建议：一是将诸子百家的学说当作邪说，禁止传播，独尊孔子及其儒家经典，以通过文化上的统治，达到政治上的统一，这就是所谓"罢黜百家，独尊儒术"；二是设立传授儒家经典的最高学府；三是网罗天下人才，使他们忠心耿耿地为朝廷服务。

董仲舒"罢黜百家，独尊儒术"的主张，非常合乎武帝加强中央集权的需要。他亲政后，就设置了专门传授儒家学说的五经博士，向五十名弟子讲述《诗》《书》《易》《礼》《春秋》等五部儒家经典。这些弟子每年考试一次，学通一经的就可以做官，成绩好的可当大官。后来，博士弟子人数不断增加，最多时达三千人。

到汉宣帝刘询当政的时候，儒家思想已经成为维护封建统治的正统思想，儒家学说更是盛行，刘询自己也让五经名儒萧望之来教授太子。但由于当时儒生对五经有不同的理解，所以宣帝决定进行一次讨论。

公元前51年，由萧望之主持，在皇家藏书楼兼讲经处的石渠阁，进行了一次大规模的讨论。在讨论过程中，儒生们把和自己观点一样的人作为同党，互相纠合起来；而对观点不一样的人，则进行攻击。为此，《后汉书》的作者在评述这一现象时，把它称为"党同伐异"，也就是纠合同党攻击异己。

道不拾遗

【解释】

"道不拾遗"这则成语的意思是道路上有遗落的东西，却无人拾捡。形容社会风气良好。遗：丢失的东西。

【出处】

这个成语来源于《战国策·秦策一》：商君治秦，法令至行……期年之后，道不拾遗，民不妄取，兵革大强，诸侯畏惧。

【故事】

商鞅，原名卫鞅，卫国人，战国时期政治家。他在秦孝公时任秦国的宰相，因功劳显赫而封赐商地十五邑，故称商鞅。

商鞅年轻时就喜欢刑名之学（古代研究以法治国、赏罚分明的学问）。他之所以会到秦国去任宰相，完全是出于逃生。那时，他是魏国相国公叔痤的家臣。有一次，公叔痤病重，魏王来探望。魏王问公叔痤："如果你的病难以治愈，朝廷中有谁能代替？"公叔痤说："卫鞅可以代替我。"想不到，魏王不是个喜欢以法治国的人，所以，对公叔痤的荐举自然不高兴。公叔痤望着魏王不悦的神色，心里明白了，为了表示对魏王的忠心，他建议魏王杀死卫鞅，以防止他跑到别国去，让别国用他。卫鞅听到这个消息，就逃到了秦国。

在秦国，秦孝王任用了他。他不断地劝说秦孝王进行治理国家的改革。秦孝王听从了他的建议，任他为宰相。他制定了一系列新法，废除了维护贵族特权的旧法。这就是历史上有名的"商鞅变法"。

他坚决主张法律面前人人平等，不管是什么人，只要对国家有功，就应该予以奖励。他鼓励耕织，生产多的可免去徭役。他认为，贵族世袭的制度应该废除，应当按军功的大小给予不同的爵位等级，执法应该严明，不讲私情，以法为准。商鞅的变法遭到了贵族势力的反对，但在秦孝公的支持下，变法很快就推行开了。

由于商鞅积极地推行变法，老百姓的生产积极性提高了，军队纪律严明，兵士都乐意打仗。民风也变得纯朴起来，社会秩序安定，夜不闭户，道不拾遗，秦国一天天强大了起来。

道听途说

【解释】

"道听途说"这则成语的意思是在路上听来的、路上传播的话。现泛指没有根据的传闻。

【出处】

这个成语来源于《论语·阳货》：子曰："道听而途说，德之弃也。"

【故事】

战国时期，艾子从楚国回到齐国。刚进都城，便遇到爱说空话的毛空。毛空极其神秘地告诉艾子，有户人家的一只鸭子，一次生了一百个蛋。

艾子不信，说："不会有这样的事吧！"毛空说："那可能是两个鸭子。"艾子摇摇头："这也不可能。"毛空又改口说："可能是三只鸭子。"艾子还是不信。"那也可能是四个、八个、十个。"毛空就是不愿意减少已说出的鸭蛋的数目，艾子当然无法相信。

过了一会儿，毛空又对艾子说："上个月，天上掉下一块肉来，有三十丈长、十丈宽。"艾子又不信，毛空急忙改口说："那么是二十丈长。"艾子还是不信。

毛空说："那就算十丈吧！"艾子实在忍不住了，再也不愿意听毛空瞎吹了，便反问道："世界上哪有十丈长、十丈宽的肉？还会从天上掉下来？是你亲眼所见吗？刚才你说的鸭子是哪一家的？现在你说的大肉又掉在什么地方？"毛空被问得答不上来，只好支支吾吾地说："那都是在路上听人家说的。"艾子听后，笑了。他转身对站在身后的学生们说："你们可不要像他那样'道听途说'啊！"

得陇望蜀

【解释】

"得陇望蜀"这则成语比喻得寸进尺，贪心不足，务求多得。

【出处】

这个成语来源于《后汉书·岑彭传》：两城若下，便可带兵南击蜀虏。人苦不知足，既平陇，复望蜀。

【故事】

岑彭是东汉中兴名将之一，智勇双全，屡立战功，深得刘秀的赏识。

刘秀平定河北之后，逐鹿中原，自立为皇帝，继续平定各地的割据势力。建武八年（32），为了消灭盘踞陇右且与割据巴蜀的公孙述遥相呼应的隗嚣，刘秀御驾亲征，指挥征南大将军岑彭和大司马吴汉将隗嚣围困在西城（今天水市西南）。公孙述听说隗嚣被岑彭和吴汉围困，马上派大将李育前去援救。当时，公孙述的军队驻守在上邽，刘秀因为有事，就派盖延和耿弇留下来包围上邽，自己要赶回洛阳。行前刘秀给岑彭写了一封信，信上说："你等到西城和上邽两处攻下来以后，就可以率领军队去攻打四川。"刘秀向西进军，目的在于平定陇、蜀二地，以完成统一全国的大业。不久，隗嚣和公孙述都被消灭了，刘秀统一全国的目的也实现了。可见在特定的情况下，人是应该得陇望蜀的。

东施效颦

【解释】

"东施效颦"这则成语用来比喻生硬地胡乱模仿,结果适得其反,效果更坏,把事情弄得更糟。有时也作自谦之词,表示自己根底差,学别人的长处没有学到家。

【出处】

这个成语来源于《庄子·天运》:故西施病心而矉其里,其里之丑人见而美之,归亦捧心而矉其里。其里之富人见之,坚闭门而不出;贫人见之,挈妻子而去之走。彼知矉美,而不知矉之所以美。

【故事】

越国苎罗(今浙江诸暨南)有位姓施的美女,因为家住若耶溪西岸,所以村里人叫她西施。

若耶溪东岸也有位姓施的姑娘。她长得很丑,村里人管她叫东施。东施因为自己丑,所以非常爱仿效漂亮姑娘的服饰、姿态和动作。西施自然更是她仿效的对象。西施穿什么款式的衣服,梳什么样的头发,走起路来有什么习惯动作,她都要加以仿效。

有一天,西施心口疼,走路的时候双手捂住胸部,并且皱着眉头。村里人见她这个模样,都同情地说:"瞧这姑娘的模样,准是疼得难受,真是可怜!"西施的病态正好被东施瞧见了。她一边看,一边默默记住她难受的姿态和动作。回到溪东后,马上仿效西施的模样,双手捂住胸部,同时皱着眉头。

东施的这副模样,让村里人大吃一惊,纷纷躲避。有钱人紧闭大门,不想看见她;没钱人便带着妻儿躲开。

东施只知道人家皱着眉头很美,却不知道为什么皱着眉头会美。其实,西施本来就长得美,即使捧心皱眉,人们看上去也觉得美;而东施本来就长得丑,再捧心皱眉,就显得更丑,以致把人都吓跑了。

杜渐防萌

【解释】

"杜渐防萌"这则成语的意思是把隐患消除在开端与萌芽状态中,即防患于未然。

【出处】

这个成语来源于《后汉书·丁鸿传》:若敕政责躬,杜渐防萌,则凶妖销灭,害除福凑矣。

【故事】

丁鸿,东汉时人。自幼聪明好学,对经书很有研究。其父死后,父亲的爵位按当时的世袭传统应由作为长子的他继承,但他上书朝廷要把爵位让给他弟弟,他自己外出躲了起来。后来,朝廷不允,他在外地被人发现,经反复劝说,才回到家中,接受了皇帝的敕封。

到了和帝刘肇继位时,刘肇因年幼无能,大权由窦太后执掌。当时,窦太后的哥哥窦宪官居大将军,职位非常显要,他拉帮结伙,把窦家兄弟纷纷安排到了重要的职位上,相互勾结,为非作歹,控制了整个朝廷。丁鸿见了很着急。他利用那年发生日食,古代人认为是不祥之兆的机会,劝说皇帝趁窦家兄弟权势还不大的时候,及早制止,以防患于未然。他上奏皇帝说:"皇上如果亲自负责治理国家,发现坏事的苗头,就及时地制止它、杜绝它。这样,凶险就可以避免,祸害就可消除。"他还进一步举例说:"岩石的破坏,是因为涓涓细水的侵蚀;能遮蔽阳光的树木是由嫩绿的幼苗长成,事情在开始的时候容易制止,等其发展壮大了,就难以解决了。"丁鸿的话,正合和帝的心意,和帝本来就有大权旁落的感觉。于是,他罢免了窦宪的官职,迫使窦宪自杀。

对牛弹琴

【解释】

"对牛弹琴"这则成语用来比喻对愚蠢的人讲深刻的道理。现在也用来讥笑说话的人不看对象,无的放矢。对不懂道理的人讲道理,对外行人说内行话。

【出处】

这个成语来源于《弘明集》:公明仪为牛弹清角之操,伏食如故,非牛不闻,不合其耳矣。

【故事】

东汉末年,有个叫牟融的学者,他对佛经有很深的研究。但是当他给儒家学者宣讲佛义时,却总是用儒家的《论语》《尚书》等经典来阐述道理,而不直接用佛经来回答。儒家学者对他的这种做法表示异议,牟融心平气和地回答:"我知道你们都熟悉儒家经典,而对佛经是陌生的,如果我引用佛经来给你们做解释,不就等于白讲了吗?"

接着,牟融向他们讲了"对牛弹琴"的故事,进一步表明自己的观点。

牟融说:"古代有一位大音乐家公明仪,他在音乐方面有很高的造诣,弹得一手好琴,优美的琴声常使人产生身临其境之感。

"有一天,风和日丽,他漫步郊野,只见在一片葱绿的草地上有一头牛正在低头吃草。于是这位音乐家想为牛弹奏一曲。

"他首先弹奏了一曲高深的'清角之操',尽管他弹得非常认真,琴声也优美极了,可是那头牛依然如故,只顾低头吃草,根本不理会这悠

扬的琴声。

"公明仪先是很生气，但当他静静观察思考后，明白了那头牛并不是听不见琴声，而实在是不懂得曲调高雅的'清角之操'。

"于是，公明仪重新弹了一曲通俗的乐曲，那牛听到好像蚊子、牛蝇、小牛叫声的琴声后，停止了吃草，竖起耳朵，好像在很专心地听着。"

牟融讲完故事，接着说："我用儒家经典来解释佛义，也正是这个道理。"儒家学者听了，完全信服了。

多多益善

【解释】

"多多益善"这则成语原指带兵越多越能成事。后多用来形容越多越好，不厌其多。益：更加。善：好。

【出处】

这个成语来源于《史记·淮阴侯列传》：上（汉高祖刘邦）问曰："如我能将几何？"信曰："陛下不过能将十万。"上曰："于君何如？"曰："臣多多而益善耳。"

【故事】

韩信，秦末淮阴人。他原是楚霸王项羽手下的低级军官，后来投奔汉王刘邦，经丞相萧何的极力推荐，被拜为大将。汉楚相争时，他率领汉军，南征北战，立下无数功劳，和萧何、张良一起，被称为"汉兴三杰"。

刘邦称帝后，韩信被刘邦封为楚王，解除了他的兵权，但他当时仍是实力最强大的诸侯王。不久，刘邦接到密告，说韩信接纳了项羽的旧将钟离昧，准备谋反。于是，他采用谋士陈平的计策，假称自己准备巡游云梦泽，要诸侯前往陈地相会。

韩信知道后，杀了钟离昧来到陈地见刘邦，刘邦便下令将韩信逮捕，押回洛阳。

回到洛阳后，刘邦知道韩信并没谋反之意，又想起他过去的战功，便把他贬为淮阴侯。

韩信心中十分不满，但也无可奈何。他看到自己过去的部将周勃、灌婴、樊哙等人的官职都和自己一样，羞于和他们同列，便经常称病，不去上朝。

刘邦知道韩信的心思，有一天把韩信召进宫中闲谈，要他评论一下朝中各个将领的才能，韩信丝毫不把那些将领放在眼里。刘邦听了，便笑着问他："依你看来，像我能带多少人马？""陛下能带十万。"韩信回答。

刘邦又问："那你呢？""对我来说，当然越多越好！"刘邦笑着说："你带兵多多益善，怎么会被我逮住呢？"韩信知道自己说错了话，忙掩饰说："陛下虽然带兵不多，但有驾驭将领的能力啊！"刘邦见韩信降为淮阴侯后仍这么狂妄，心中很不高兴。后来，刘邦再次出征，刘邦的妻子吕氏终于设计杀害了韩信。

汉兴三杰

尔虞我诈

【解释】

"尔虞我诈"这则成语的意思是你欺骗我，我欺骗你。比喻互相欺骗，互不信任。尔：你。虞：欺骗。诈：欺诈。

【出处】

这个成语来源于《左传·宣公十五年》：宋及楚平，华元为质。盟曰："我无尔诈，尔无我虞。"

【故事】

春秋中期，楚国在中原称霸，楚庄王根本不把邻近的小国放在眼里。有一次，他派大夫申舟出使齐国，指示他经过宋国的时候，不必向它借路。申舟估计这样一来，必定会触怒宋国，说不定因此而被杀死。但庄王坚持要他这样做，并向他保证，如果他被宋国杀死，自己将出兵讨伐宋国，为他报仇。申舟没有办法，只好将儿子申犀托付给庄王，然后出发。不出申舟所料，他经过宋国时因没有借路而被抓住。宋国的执政大夫华元了解情况后，对庄王如此无礼非常气愤，对宋文公说："经过我们宋国而不通知我们，这是把宋国当作属国看待。当属国等于亡国。如果杀掉楚国使者，楚国来讨伐我们，最坏的结果也不过是亡国。与其如此，倒不如把楚使杀掉！"宋文公同意华元的看法，下令将申舟杀了。消息传到楚国，庄王听到后气得鞋子来不及穿，宝剑也没时间挂，就下令讨伐宋国。

但是，宋国虽然是个小国，要攻灭它也并不容易。庄王从公元前595年秋出兵，一直围攻到次年夏天，还是没有把宋国的都城打下来。庄王的信心开始动摇，决定解围回国。

申舟的儿子申犀得知后，在庄王马前叩头说："我父亲当时明知要死，可是不敢违抗您的命令。现在，您要违背承诺吗？"庄王听了，无法回答。这时，在边上为庄王驾车的大夫申叔时献计道："可以在这里让士兵盖房舍、种田，装作要长期留下。这样，宋国就会因害怕而投降。"庄王采纳了申叔时的计策并加以实施。宋国人见了果然害怕。华元鼓励守城军民宁愿战死、饿死，也决不投降。

一天深夜，华元悄悄地混进楚军营地，潜入楚军主帅子反的营帐里，并登上他的卧榻，把他叫起来说："我们君王叫我把宋国现在的困苦状况告诉您：粮草早已吃光，大家已经交换死去的孩子当饭吃。柴草也早已烧光了，大家已用拆散的尸骨当柴烧。虽然如此，但你们想以此来让我们订立丧权辱国的城下之盟，我们宁肯灭亡也不会接受。如果你们能退兵三十里，您怎么吩咐，我就怎么办！"子反听了这番话很害怕，当场先和华元私下约定，然后再禀告庄王。庄王本来就想撤军，听了自然同意。

第二天，庄王下令楚军退兵三十里。于是，宋国同楚国恢复了和平。华元到楚营中去订立了盟约，并作为人质到楚国去。盟约上写着："我不欺骗你，你也不欺骗我！"

废寝忘食

【解释】

"废寝忘食"这则成语原或作"废寝食"，因忧虑而睡不着觉，吃不下饭。后世多作"废寝忘食"，比喻对某一件事专心一意，以至于睡觉、吃饭都顾不上了。形容工作或学习专心努力。

【出处】

这个成语来源于《论语·述而第七》：叶公问孔子于子路，子路不对。子曰："女奚不曰：'其为人也，发愤忘食，乐以忘忧，不知老之将至'云尔？"

【故事】

孔子，名丘，字仲尼，春秋末期的思想家、政治家和教育家，是儒家的创始人。

孔子年老时，开始周游列国。在他六十四岁那年，来到了楚国的叶邑（今河南叶县附近）。

叶县大夫沈诸梁，热情接待了孔子。沈诸梁人称叶公，他只听说过孔子是个有名的思想家、政治家，教出了许多优秀的学生，对孔子本人并不十分了解，于是向孔子的学生子路打听孔子的为人。

子路虽然跟随孔子多年，但一时也回答不上来。

后来，孔子知道了这件事，就对子路说："你为什么不回答他'孔子的为人呀，努力学习而不厌倦，甚至忘记了吃饭，津津乐道于授业传道，而从不担忧受贫受苦；自强不息，甚至忘记了自己的年纪'这样的话呢？"孔子的话，显示出他由于有远大的理想，因此生活得非常充实。

分道扬镳

【解释】

"分道扬镳"这则成语原指把道路按直行线一分为二，各走属于自己统辖的路，分路前进。后用来比喻各自按照不同的目标或志趣各奔前程，各干各的事。扬镳：往上扯马嚼子，驱马前进。

【出处】

这个成语来源于《北史·河间公齐传》：（元志）为洛阳令，不避强御。与御史中尉李彪争路，俱入见，面陈得失……孝文曰："洛阳，我之丰沛，自应分路扬镳；自今以后，可分路而行。"

【故事】

在南北朝的时候，北魏有一个名叫元齐的人，他很有才能，屡建功勋。皇帝非常敬重他，封他为河间公。

元齐有一个儿子叫元志。他聪慧过人，饱读诗书，是一个有才华但又很骄傲的年轻人。孝文帝很赏识他，任命他为洛阳令。

不久以后，孝文帝采纳了御史中尉李彪的建议，把都城从山西平城（今山西大同市东）迁到洛阳。这样一来，洛阳令成了"京兆尹"。

在洛阳，元志仗着自己很有才能，根本不把朝廷中某些学问不高的达官贵族放在眼里。有一次，元志出外游玩，正巧李彪的马车从对面飞快地驶来。照理，元志官职比李彪小，应该给李彪让路，但他一向看不起李彪，偏不让路。李彪见他这样目中无人，当众责问元志："我是御史中尉，官职比你大多了，你为什么不给我让路？"元志并不买李彪的账，说："我是洛阳的地方官，你在我眼中，不过是一个洛阳的住户，哪里有地方官给住户让路的道理呢？"他们两个互不相让，争吵起来。于是，他们到孝文帝那里评理。李彪说，他是"御史中尉"，洛阳的一个地方官怎敢同他对抗，居然不肯让道。元志说，他是国都所在地的长官，住在洛阳的人都编在他主管的户籍里，不能像普通的地方官一样向一个御史中尉让道。

孝文帝听了他们的争论，觉得他们各有各的道理，不能训斥他们中的任何一个，便笑着说："洛阳是我的京城。我认为你们可以分开走，各走各的，不就行了吗？"

奋不顾身

【解释】

"奋不顾身"这则成语的意思是奋勇向前，不顾个人安危。

【出处】

这个成语来源于《汉书·司马迁传》：然仆观其为人自奇士，事亲孝，与士信，临财廉，取予义，分别有让，恭俭下人。常思奋不顾身，以徇国家之急。

【故事】

李陵，字少卿，是汉武帝时的著名大将，汉武帝很信任他，任命他为骑都尉，率军抵御匈奴的入侵。李陵擅长骑射，又懂得兵法，当时很得朝廷信任。

不料，李陵在和匈奴的战斗中，由于寡不敌众，无奈投降了匈奴。

听说李陵投降，汉武帝很是生气，认为李陵辱没了自己对他的信任，朝中大臣也都纷纷指责李陵没有骨气。

只有太史令司马迁不这样认为，他说："我和李陵一向没什么交情，但我见他为人很讲义气，孝顺父母，友爱兵士。他常常奋不顾身地解救国家于危难之中，所以，我认为李陵这次在领兵不到五千的情况下，与数万名敌兵对阵，最后由于伤亡惨重，弹尽粮绝，归路被切断，才被迫投降，是情有可原的。而且我还认为，他这次投降，并不是怕死，而是想等待以后有利的时机再来报答国家。"司马迁说得在情在理，但汉武帝却认为他是替李陵辩护，是非不分，将他关进了监狱，施行"腐刑"。

后来，汉武帝还杀了李陵全家。李陵知道后很痛心，于是在匈奴娶妻成家，至死不回故土，未能实现他奋不顾身、为国捐躯的愿望。

风声鹤唳

【解释】

"风声鹤唳"这则成语的意思是把风的响声、鹤的叫声，都当作敌人的呼喊声，疑心是追兵来了。形容惊慌失措，神经极度紧张。后用来形容非常疑虑恐惧，自相惊扰。唳：鸟叫。

【出处】

这个成语来源于《晋书·谢玄传》：坚众奔溃，自相蹈藉投水死者不可胜计，淝水为之不流。余众弃甲宵遁。闻风声鹤唳，皆以为王师已至，草行露宿，重以饥冻，死者十七八。

【故事】

383年，前秦皇帝苻坚组织九十万大军，南下攻打东晋。东晋王朝封谢石为大将、谢玄为先锋，带领八万精兵迎战。

苻坚认为自己兵多将广，有足够的把握战胜晋军。他把兵力集结在寿阳（今安徽寿县）东的淝水边，打算等后续大军到齐，再向晋军发起进攻。

为了以少胜多，谢玄施出计谋，派使者到秦营，向秦军的前锋建议道："贵军在淝水边安营扎寨，显然是为了持久作战，而不是速战速决。如果贵军稍向后退，让我军渡过淝水决战，不是更好吗？"秦军内部讨论时，众将领都认为，坚守淝水，不能放晋军过河。待后续大军抵达，即可彻底击溃晋军。因此主张拒绝晋军的建议。

但是，苻坚求胜心切，不同意众将领的意见，说："我军只要稍稍后退，等晋军一半过河、一半还在渡河时，让精锐的骑兵冲杀上去，我军肯定能大获全胜！"于是，秦军决定后退。苻坚没有料到，秦军是临时拼凑起来的，指挥不统一，一接到后退的命令，以为前方打了败仗，慌忙向后溃逃。

谢玄见敌军溃退，指挥部下快速渡河杀敌。秦军在溃退途中，争相逃命，一片混乱，自相踩踏而死的不计其数。那些侥幸逃脱晋军追击的士兵，一路上听到呼呼的风声和鹤的鸣叫声，都以为晋军又追来了，于是不顾白天黑夜，拼命地奔逃。就这样，晋军取得了"淝水之战"的重大胜利。

负荆请罪

【解释】

"负荆请罪"这则成语的意思是背着荆杖，向当事人请罪。形容主动向人认错、道歉，自请严厉责罚。荆：落叶丛生灌木，高四五尺，茎坚硬，可作杖，有刺，荆条长而柔韧。

【出处】

这个成语来源于《史记·廉颇蔺相如列传》："顾吾念之，强秦之所以不敢加兵于赵者，徒以吾两人在也。今两虎相斗，其势不俱生。吾所以为此者，以先国家之急而后私仇也。"廉颇闻之，肉袒负荆，因宾客至蔺相如门谢罪，曰："鄙贱之人，不知将军宽之至此也！"卒相与欢，为刎颈之交。

【故事】

战国时期，赵惠文王因蔺相如处理外交事务有功，拜其为上卿，官位在大将廉颇之上。廉颇因此心中不快，觉得自己功劳卓著，很不服气，扬言要当面侮辱蔺相如。蔺相如知道后，不愿意和廉颇争位次先后，所以处处退让回避，甚至假称有病不去上朝。

有一次，蔺相如乘车外出，远远望见廉颇的车子迎面而来，急忙叫手下人把车赶到小巷里避开。蔺相如手下的人便以为蔺相如害怕廉颇，非常气愤。蔺相如对他们解释说："秦国这样强大，我都不怕，廉将军又有什么可怕的呢？但是我想，强横的秦国今天之所以不敢对我们赵国轻易用兵，就是因为赵国有我和廉将军两人。如果我和廉将军两人不能和睦相处，互相攻击，像老虎一样争斗，结果必定有一虎受伤，秦国就会趁机侵略赵国。我之所以对廉将军避让，是因为我把国家的安危放在前头，不计较私人的恩怨。"蔺相如这番话，使他手下的人极为感动。蔺相如手下的人也学习蔺相如的样子，对廉颇手下的人处处谦让。

此事传到了廉颇的耳中，廉颇被蔺相如如此宽大的胸怀深深感动，觉得十分惭愧。于是他脱掉上衣，在背上绑了一根荆杖，到蔺相如家请罪，并诚恳地说："我是个粗陋浅薄之人，真想不到将军对我如此宽容。"蔺相如见廉颇态度真诚，便亲自解下他背上的荆杖，请他坐下，两人坦诚畅叙，从此誓同生死，成为至交。

肉袒负荆

负隅顽抗

【解释】

"负隅顽抗"这则成语的意思是背靠险要的地方顽固抵抗。比喻依仗某种条件顽固抵抗。负：依靠。隅：山势险要的地方。

冯妇

【出处】

这个成语来源于《孟子·尽心下》：有众逐虎，虎负嵎，莫之敢撄。撄：通"婴"，接触、触犯。

【故事】

战国时，有一年齐国发生饥荒，许多人饿死。孟子的弟子陈臻听到这个消息，急忙来找老师，心情沉重地说："老师，您听说了吗？齐国闹饥荒，人都快饿死了。大家都以为老师您会再次劝说齐王，请他打开棠地的谷仓救济百姓。我看不能再这样做了吧。"孟子回答说："再这样做，我就成为冯妇了。"接着，孟子向陈臻讲述了有关冯妇的故事。冯妇是晋国的猎手，善于和老虎搏斗。后来他成为善人，发誓不再打虎了，他的名字也几乎被人们忘掉。

有一年，某座山里出现了一只猛虎，常常伤害行人。几个年轻猎人联合起来去打虎。他们把老虎追至山的深处，老虎背靠着一个山势弯曲险要的地方，面向众人。它瞪圆了眼睛吼叫，没有人敢上前去捕捉。就在这时，冯妇坐车路过这儿。猎手们见了他，都快步上前迎接，请他帮助打虎。冯妇下了车，挽起袖子与老虎搏斗起来，经过一场拼搏，终于打死了猛虎，为民除了害。年轻的猎手们高兴地谢他，可是一些读书人却讥笑他不遵守誓言。

赴汤蹈火

【解释】

"赴汤蹈火"这则成语原或作"赴火蹈刃"，形容奔向熊熊烈火，脚踏锋利的刀口。后世多作"赴汤蹈火"，意思为面对滚烫的水、炽热的火，也敢于向前。形容不畏艰险，奋不顾身，勇往向前。赴：走向。汤：滚水。蹈：踏。

【出处】

这个成语来源于三国魏·嵇康《与山巨源绝交书》：此犹禽鹿，少见驯育，则服从教制；长而见羁，则狂顾顿缨，赴汤蹈火。

【故事】

嵇康，字叔夜，谯国铚（今安徽宿县西）人。他曾与山巨源（山涛）等七人一起游于山林，被称为"竹林七贤"。司马氏专权后，嵇康不满司马氏的统治，隐居山阳，而山巨源后来在司马氏朝廷中做了官，嵇康从此看不起他。山巨源由吏部侍郎升散骑常侍时，想请嵇康出来代理他原来的吏部侍郎官职，被嵇康严词拒绝。

不久，山巨源收到了门人递上的一封信。拆开一看，是嵇康给自己的一封绝交信，他迫不及待地看了下去。信中嵇康列举老子、庄子、柳下惠、东方朔、孔子等先圣，说自己"志气可托，不可夺也"。接着又写到自己倾慕尚子平、台孝威（后汉隐士），不涉经学，淡泊名利。信中表示他蔑视虚伪的礼教，公然对抗朝廷的法制，以禽鹿为例作比，鹿很少见有驯育服从的，如果羁绊、束缚它，那它必定狂躁不安，即使赴汤蹈火，也不在乎；哪怕是用金的马嚼子来装饰它，拿佳肴来喂它，它还是思念树林、向往草地的。嵇康用这个比喻表达了坚决不在司马氏政权中任职的决心。由于嵇康时常发表一些讥刺朝政和世俗的言论，司马氏统治集团对他十分嫉恨。

景元三年（262），曾经受到嵇康奚落的司隶校尉钟会，以言论放荡、毁谤朝廷等罪名对嵇康横加诬陷。嵇康被司马昭下令逮捕入狱，不久便被杀害。

覆水难收

【解释】

"覆水难收"这则成语的意思是泼出去的水，难以收回。比喻事情已成定局，不可挽回。

【出处】

这个成语来源于宋·王楙《野客丛书·心坚石穿覆水难收》：太公取一壶水倾于地，令妻收入。乃语之曰："若言离更合，覆水定难收。"

【故事】

商朝末年，有个足智多谋的人物，姓姜名尚，字子牙，人称姜太公。因先祖封于吕，又名吕尚。他辅佐周文王、周武王攻灭商朝，建立周朝，立了大功。后来封在齐，是春秋时齐国的始祖。

姜太公曾在商朝当过官，因为不满纣王的残暴统治，毅然辞去官职，隐居在陕西渭水河边一个比较偏僻的地方。为了得到周族的领袖姬昌（即周文王）的重用，他经常在小河边用不挂鱼饵的直钩，装模作样地钓鱼。

姜太公整天钓鱼，家里的生计发生了问题，他的妻子马氏嫌贫爱富，不愿再和他过苦日子，要离开他。姜太公一再劝说她别这样做，并说有朝一日他定会得到富贵。但马氏认为他在说空话骗她，无论如何都不相信。姜太公无可奈何，只好让她离去。

后来，姜太公终于取得周文王的信任，并被重用，又帮助周武王联合各诸侯攻灭商朝，建立西周王朝。马氏见他既富贵又有地位，懊悔当初离开了他，便找到姜太公请求与他恢复夫妻关系。

姜太公已看透了马氏的为人，不想和她恢复夫妻关系，便把一壶水倒在地上，叫马氏把水收起来。

马氏赶紧趴在地上去取水，但只能收到一些泥浆。于是姜太公冷冷地对她说："你已离我而去，就不能再在一块儿了。这好比倒在地上的水，难以再收回来了！"

改过自新

【解释】

"改过自新"这则成语的意思是改正错误，重新做人。

【出处】

这个成语来源于《史记·孝文本纪》：妾伤夫死者不可复生，刑者不可复属，虽复欲改过自新，其道无由也。

【故事】

汉朝初期，有位非常著名的医学家，名叫淳于意。因为他曾经当过主掌齐国国家仓库的太仓长，所以人们尊称他为"仓公"。

淳于意年轻时就喜好医术。他拜一个名叫公孙光的医生为师，虚心求教。后来，他又向公孙光同母异父的兄弟公乘阳庆学医。公乘阳庆让淳于意把从前学的医方全部抛开，然后把自己掌管的秘方全给了他，并传授给他古代的脉书，以及各种诊病的方法。

淳于意学了两年后，为人治病，常常是药到病愈，因此很快成为名医。但他喜欢到处游历，一些权贵派人请他去当侍医，他怕行动受到束缚，一一予以谢绝。为此，他还曾隐藏行踪，时常迁移户籍，甚至不置家产。这样，就难免会得罪权贵。他在当太仓长的时候，被人告发入狱。

公元前167年，淳于意被判肉刑（一种在脸上刺字、割鼻或砍足的酷刑）。按照规定，他要被送到京都长安去受刑。

经受肉刑是一种极为痛苦的凌辱。临行时，淳于意的五个女儿号啕大哭。在这种难受的情况下，淳于意怒骂道："可惜我生女不生男，危难临头，没有一个人能帮助我！"年纪最小的女儿缇萦听了父亲的话，既悲痛又不服。她认为女孩子也能像男孩子一样，把父亲从危难中解救出来。于是，她毅然跟随父亲一起进京。

到长安后，缇萦向朝廷上书说："我父亲在齐国当太仓长的时候，百姓都称赞他廉洁公正。现在犯了法要受刑罚，我心里非常悲痛。人被处死了不能再生，受刑致残后也不能再复原。即使想改过自新，也难以实现了。我情愿自己投入官府做奴婢，来代替父亲赎罪，使父亲能有改正错误、重新做人的机会。"缇萦的上书情真意切，悲辛感人。汉文帝看了她的上书后，被她孝敬父亲并自愿替父受罚的精神感动，最终下诏赦免淳于意，并在这一年废除了肉刑。

缇萦这一勇敢的行动，不仅使淳于意免除肉刑，而且使他得以重操旧业，潜心研究医学，成为一代名医。

肝脑涂地

【解释】

"肝脑涂地"这则成语的原意是指肝胆脑浆溅了一地,形容死得凄惨。后来表示竭尽忠诚,任何牺牲均在所不惜。

【出处】

这个成语来源于《史记·刘敬叔孙通列传》:与项羽战荥阳……使天下之民肝脑涂地。

【故事】

汉高祖五年,一位叫娄敬的人求见刘邦。一见面,他就直截了当地问刘邦想在洛阳建立国都,是不是想要与周朝比一比盛况。刘邦点了点头说:"正是这样啊!""陛下错了,"娄敬坦率地说,"你怎么可以和周朝相比呢?周朝是以德行治理天下的,可是你起兵丰沛,大的战争有七十场,小的战争也有四十场,天下百姓的肝脑涂染了土地,男人的尸骨都暴露在野外,那数目多得数也数不清,哭声还没断,受伤的人伤还没养好,而你却要与周朝相比,在洛阳建立国都,我看这不合适。还是把国都建立在秦地长安为好,那里环山傍水,易守难攻,可以容得下百万之众,可以称作'天府'之地。"刘邦听了娄敬的话,心中十分欢喜,觉得很有道理。

高屋建瓴

【解释】

"高屋建瓴"这则成语的意思是在高屋顶上往下倒瓶子里的水。比喻居高临下、不可阻挡的有利形势。瓴:盛水的瓶子。

【出处】

这个成语来源于《史记·高祖本纪》：地势便利，其以下兵于诸侯，譬犹居高屋之上建瓴水也。

【故事】

刘邦当上皇帝的第二年，有人向他报告楚王韩信正在密谋造反。于是，他急忙召集近臣商议对策。

陈平替刘邦出了个主意：假说到云梦泽去巡视，并在陈地会见诸侯。陈是楚的西界，韩信得到消息，一定会去陈地迎接的。当韩信拜见的时候，就可以轻易地捉到他了。

刘邦按照陈平的计策，果然没费什么劲儿就把韩信捉住了。刘邦非常高兴，当天颁了大赦令。田肯乘着道贺的机会，对刘邦说："很高兴您捉住了韩信，又在关中建都。关中地形险固，胜于他国；土地广阔，有千里之远；兵员众多，占天下百分之二十。由于地势的优越，如果派兵去攻打诸侯，真好比是站在高屋顶上倾倒瓶里的水，由上向下，不可阻挡。"

功亏一篑

【解释】

"功亏一篑"这则成语的意思是堆九仞高的土山，因差一筐土而不能完成。比喻一件事或一个计划眼看要成功了，只差最后一点却没能完成。功：所做的事情。亏：缺少。篑：土筐。

【出处】

这个成语来源于《尚书·旅獒》：呜呼，夙夜罔或不勤，不矜细行，终累大德，为山九仞，功亏一篑。

【故事】

曾经辅佐周武王攻灭商纣、建立西周王朝的召公，对武王说："玩物这东西是谈不上贵贱的，关键在于德行。无德，物不值钱；有德，物才显得贵重。盛德要靠自己修养，圣主不可以沉浸在声色之中。把人当作玩物加以戏弄，会丧失德行；把稀罕物件当作玩物加以赏玩，会丧失志气。这就是'玩人丧德''玩物丧志'。犬马这类东西不是本地所生,不应该养它;珍禽异兽没有什么用途,也不应该养它;远来的珍宝不要那么稀罕它,不贪别人的东西,人家才会尊敬你。""现在最要紧的是珍爱贤人,这是国家安稳的根本大计。君主应该随时积累德行,从早到晚都要想着德行,不能忽视细微的行为。大德都是小德积累而来的。比如堆一座九仞高的土山,只缺少一筐土没有加上去,山就没有堆成。您是一个圣君,如果从这些方面加以注意,就可以世世代代稳坐天下。"

苟延残喘

【解释】

"苟延残喘"这则成语原指勉强延续临死前的喘息。后来用"苟延残喘"比喻勉强维持生存。苟延:勉强延续。残喘:临死前的喘息。

【出处】

这个成语来源于明·马中锡《中山狼传》:今日之事,何不使我得早处囊中,以苟延残喘乎?异时倘得脱颖而出,先生之恩,生死而肉骨也,敢不努力以效龟蛇之诚。

【故事】

春秋后期，晋国的大夫赵简子有一次在中山举行大规模的狩猎。管打猎的官员在前面开道，追逐禽兽的鹰犬在后面紧跟着，许许多多的飞鸟猛兽被射死。

突然，有一只狼直立在路当中号叫着。赵简子见了，猛射一箭。狼中箭后痛得直叫，拼命逃走，赵简子马上驱车追赶。

这时，有个叫东郭先生的人正往北走，想到中山去谋求官职。他赶着一头驴子，驴背上驮着一大袋书，一清早就迷失了路途。突然，跑来了一只狼，伸头看着他，说："从前毛宝曾买一只乌龟放生，后来他在战争中投江逃命，乌龟载他过江；还有一个隋侯，救活了一条蛇，后来那蛇就衔一颗名贵的珠子报答他。要知道，龟和蛇的灵性总比不上狼啊！今天这种情况，你为什么不让我快点躲进你的书袋里，好让我勉强维持一线生命呢？将来我有了出头的日子，想到先生你今番救命的恩情，一定尽心竭力，像龟和蛇那样报答你！"东郭先生经不住狼的苦苦哀求，就倒出图书，腾空袋子，慢慢地把狼装了进去。然后拴紧袋口，扛起来放在驴背上，再避到路边，等待赵简子一行人经过。

过了一会儿，赵简子的人马赶到，向东郭先生询问狼的下落。东郭先生推说不知道，骗走了赵简子等人。

东郭先生等赵简子一行人走得看不见影子了，才把狼从袋里放出来。不料狼出袋后，吼叫着对东郭先生说："刚才我被打猎的人赶得好苦，幸亏先生救了我。可是如今我肚子饿极了，先生为什么不把身体送给我吃，让我可以保全这条小小的性命呢？"说罢，狼张牙舞爪地向东郭先生扑去。

在这危急关头，来了一位农夫。农夫设计将恶狼骗入口袋，然后将它打死，为民除掉一害。

孤注一掷

【解释】

"孤注一掷"这则成语的意思是赌徒把全部赌本都押上，来拼最后的输赢。比喻在危急时投入全部力量，力图挽回失败或困难的局面。此成语多用于指带有贬义的事情，如赌博、投机倒把等不正当之事。孤注：把所有的钱物都作为赌注。

【出处】

这个成语来源于《宋史·寇准传》：时契丹入寇，准请帝幸澶州，王钦若谮之曰："陛下闻博乎？博者输钱欲尽，乃罄其所有出之，谓之孤注，陛下，寇准之孤注也，斯已危矣！"

【故事】

北宋真宗时，有一个精明能干的宰相，名叫寇准，经常为皇帝出一些好的主意。有一次，北方的辽国突然发兵侵犯中原，剽悍的骑兵一路势如破竹，很快就打到了澶州（今河南省濮阳县西）。

宋真宗得到边境的报告，马上召集全体文武大臣商议对策。宰相寇准认为敌兵声势十分浩大，只有皇帝御驾亲征，才能振奋将士的士气，打败敌兵。真宗听了寇准的话，觉得很有道理，便采纳了他的建议，亲自统率三军前往澶州。宋军由真宗亲自督战，士气十分高昂，果然一举就把辽兵打得落花流水。辽国兵败以后，不得不同宋朝停战议和。

宋真宗班师回京以后，对寇准更为信任和重用了。不料，奸臣王钦若对寇准十分妒忌，他想方设法寻找机会中伤寇准。

有一次，王钦若陪真宗赌钱，故意接连输了好几次，然后把所有的钱都下了注，真宗觉得很奇怪，问他为什么这样，他便对真宗说："陛下，上次我们在澶州和辽兵作战，你不是也曾孤注一掷吗？那时寇宰相坚持要你御驾亲征，便是拿你的性命当作赌注一样呀！要是当时我方军事失利，那你不就有生命危险吗？"真宗听了这个拿自己的生命当作赌注的比喻，对寇准马上由信任变为怨恨，立刻就把寇准贬了职，从宰相降为陕州知府。

由上面这个故事，人们就常常拿"孤注一掷"这个原来用于赌博的词来形容把所有的力量集中在一件事情上，并且因为这个词源自赌博，因此后人在运用时，常用它来形容坏的事情，如赌博、投机买卖或做不正当的生意等。

宋真宗

刮目相待

【解释】

"刮目相待"这则成语的意思是去掉旧日的看法用新眼光看待人或物。刮：擦拭。

【出处】

这个成语来源于《三国志·吴志·吕蒙传》注引《江表传》："士别三日，即更刮目相待。"

【故事】

吕蒙，字子明，三国时吴国名将，幼年时家境贫困，没有读过什么书。后来在军队里，领兵打仗，也很少读书。文化水平不高，因此他受到一些大官员的轻视。

吴王孙权曾劝吕蒙要好好读书，可是吕蒙说："军队里事情太多了，每天忙都忙不过来，哪有时间读书。""我难道要你精研经书去当博士吗？但是普通知识总得具备啊！你说事情多，比起我来如何？为什么你不能抓紧时间自学呢？"孙权说。

接着，孙权谈了自己读书的收获，又举了汉光武帝即使在战乱年代，也不忘学习，经常手不释卷和曹操也自称老而好学等事例来启发吕蒙。

吕蒙听了孙权这一番话，很受感动，从此认真读书，孜孜不倦。不久，他读的书就超过了一般的读书人。后来，鲁肃奉命去陆口镇守，路过吕蒙营寨。鲁肃一直都很看不起吕蒙。经别人劝说，鲁肃为了表示礼貌，去拜访吕蒙。吕蒙热情招待他，并问他去陆口和蜀将关羽相邻，打算怎样既联合他又警惕他。鲁肃满不

在乎，随口应答："没有考虑过，到时候看着办。"吕蒙严肃地批评了鲁肃，不应该如此轻敌。他还献了五条计策，当时就给鲁肃过目。鲁肃顿时改变了态度，惊奇地说："我一直认为你能武不能文，但你现在的学识却很渊博，已经不是以前的没有学识的粗人了！"吕蒙笑道："士别三日，就应当刮目相待呀！"从此，鲁肃和吕蒙成了好朋友，后来鲁肃临终，还推荐吕蒙继任为大都督呢！

管中窥豹

【解释】

"管中窥豹"这则成语原或作"管中窥虎"，形容只看到事物的一小部分，未能看到事物的全貌因而只是片面的了解。后世多作"管中窥豹"。比喻看到的只是局部而不是全部。有时与"可见一斑"连用，比喻从看到的一部分中可以推测全部。窥：从小孔、缝隙或隐蔽处偷看。

【出处】

这个成语来源于《晋书·王献之传》：（献之）年数岁，尝观门生樗蒲，曰："南风不竞。"门生曰："此郎亦管中窥豹，时见一斑。"

【故事】

东晋著名书法家王羲之的小儿子王献之，和他父亲一样，是个著名的书法家，当时人称"二王"。王献之年幼时就很聪明伶俐。有一次，他和两个哥哥徽之、操之一起去见宰相谢安。当时，徽之、操之都说了不少家常琐碎的事，而献之只问候一下就不作声了。他们走了以后，有人问谢安三个孩子中哪个较好。谢安说："最小的一个较好。"有人问谢安为什么，谢安说献之说话不多，但并不腼腆，所以说他好。

又有一次，献之和徽之在房中谈话，突然发生火警，徽之吓得连鞋也没穿就急忙往外跑，献之却一点也不惊慌，很镇静地慢慢走出去。

还有一天晚上，一个小偷潜入他的卧室，把所有能偷的东西都偷了。小偷正要走，献之低沉地喝道："小偷，青毡是我家的旧东西，留下吧！"吓得小偷什么东西都没拿就跑了。有一天，他父亲的几个学生在一起玩一种赌博游戏，年仅几岁的献之在一旁瞧着，看出了胜负，便对其中一方说："你这方赢

不了啦！"那些学生见他年纪这么小，竟也看出了胜负的道理，便取笑他说："这小孩从'管中窥豹'，有时也看到了豹子身上的一处斑纹哩！"意思是虽不全懂，但也知道一点。

后来，人们就用"管中窥豹"这一成语，比喻人眼光狭窄，观察事物只看见一部分，看不见整体，非常不全面，就如从竹管中看豹子，只看见豹身上的一处斑纹，看不见全部斑纹一样。

骇人听闻

【解释】

"骇人听闻"这则成语原或作"骇人视听"，使人看了听了非常吃惊。多指著述怪诞，违背常理。视也作"观"。后世多作"骇人听闻"，意思是使人听了非常吃惊。骇：惊吓，震惊。

【出处】

这个成语来源于《隋书·王劭传》：初撰《齐志》，为编年体，二十卷，复为《齐书》纪传一百卷，及《平贼记》三卷。劭在著作，将二十年，专典国

隋文帝

史，撰《隋书》八十卷……或文词鄙野，或不轨不物，骇人视听，大为有识者所嗤鄙。

【故事】

王劭，字君懋，太原晋阳人。他从小爱好读书，年轻时就因为博闻强记而闻名。当时的一些文人如果遗忘了古书上的内容而一时又无书可查时，就会去请教王劭，王劭都能一一回答。以后有机会查对古书时，他们便发现王劭答的和书上一字不差。隋文帝杨坚看到王劭很有才学，就任命他为著作佐郎。

王劭尽管有一肚子学识，但他在品行操守上却不怎么高尚。他另有一大本领——拍马屁。

有一次，隋文帝做了一个梦，梦见他想爬上一座高山，却爬不上去，后来得到侍从崔彭等人的相助才上得山去。王劭听说后对皇帝说："这是一个大吉大利的梦：梦见高山，说明皇上的帝位像高山一样稳固。崔彭好比彭祖（传说中的长寿人物），这是长寿的象征。"隋文帝听了很高兴。

王劭除了拍马屁外，还用故弄玄虚的手法欺骗隋文帝。他经常假托什么图谶命符散布荒诞的童谣，谎报各种神奇怪异的现象，借此来逢迎皇帝希望国家兴旺的心愿。

例如有一次王劭谎报某地发现神龟，龟腹上有"天下杨兴"四个字。皇后死后，他也胡编乱造，说皇后是"妙善菩萨"转生，她不是死，而是"返真升入仙道"，以此讨得文帝的欢心，保持他的官职。

所以《隋书》评价王劭说：王劭喜欢用怪诞不经的语言、粗俗鄙野的文字、不合实际的内容，使得大家都看不起他。

邯郸学步

【解释】

"邯郸学步"这则成语的意思是到邯郸去学走路的步法。比喻模仿别人不得法，反而把自己原有的本领也忘掉了。也比喻照搬别人的一套，出乖露丑。

邯郸：战国时赵国都城。步：迈步走路。

【出处】

这个成语来源于《庄子·秋水》：且子独不闻夫寿陵余子之学行于邯郸与？未得国能，又失其故行矣，直匍匐而归耳！

【故事】

燕国寿陵有个少年，听说赵国都城邯郸的人走路的步法非常优美，便不顾路途遥远，特地到邯郸去学步法。

少年到了邯郸，见那里人走路的步法确实与寿陵的不一样，并且比寿陵的要优美得多。他觉得应该不虚此行，打算好好地学。

开始他只是看人家怎样走，回到住处凭记忆学着走。后来觉得这样容易遗忘，便跟在人家后面模仿着走。但不知为什么，他总觉得学不像。

他想来想去，是自己太习惯原来的步法，于是重起炉灶，他放弃原来的步法，完全照邯郸人的步法走路。

不料，这一来更糟糕了。他走路时要考虑的因素太多：既要注意手脚如何移动，又要注意上身如何摆动，甚至还要计算移动的距离和摆动的幅度。结果，每走一步都弄得满头大汗、紧张万分。

少年学得辛苦万分。最后，他连原来走路的步法也忘记了，不得不爬回寿陵去。

汗流浃背

【解释】

"汗流浃背"这则成语原作"汗出沾背"，意思是汗水流得满背都是，形容非常恐惧或惭愧。现也形容流汗很多，衣服都湿透了。浃：湿透，出汗多，湿透脊背。

【出处】

这个成语来源于《汉书·杨敞传》：敞惊惧，不知所言。汗出浃背徒唯唯而已。

【故事】

汉大将军霍光，是汉武帝的托孤重臣，辅佐八岁即位的汉昭帝执政，权势很重。霍光身边有个叫杨敞的人，行事谨小慎微，颇受霍光赏识，升至丞相职位，封为安平侯。其实，杨敞为人懦弱无能，胆小怕事，根本不是当丞相的材料。公元前74年，年仅二十一岁的汉昭帝驾崩于未央宫，霍光与众臣商议，选了汉武帝的孙子昌邑王刘贺做继承人。谁知刘贺继位后，经常宴饮歌舞，寻欢作乐。霍光听说后，忧心忡忡，与车骑将军张安世、大司农田延年秘密商议，打算废掉刘贺，另立贤君。计议商定后，霍光派田延年告知杨敞，以便共同行事。杨敞一听，顿时吓得汗流浃背、惊恐万分，说话含含糊糊，不置可否。

杨敞的妻子，是太史公司马迁的女儿，颇有胆识。她见到丈夫犹豫不决的样子，暗暗着急，趁田延年更衣走开时，上前劝丈夫说："国家大事，怎么可以犹豫不决。大将军已有成议，你也应当当机立断，否则必然大难临头。"杨敞在房里来回踱步，却拿不定主意。正巧此时田延年回来，司马夫人回避不及，索性大大方方地与田延年相见，告知田延年，她丈夫愿意听从大将军的吩咐。田延年听后，很高兴地走了。

田延年回报霍光，霍光十分满意，马上安排杨敞领众臣上表，奏请皇太后。

第二天，杨敞与群臣谒见皇太后，陈述昌邑王不能担当国家君主的原因。太后立即下诏废去刘贺，另立汉武帝的曾孙刘洵为君，史称汉宣帝。

沆瀣一气

【解释】

"沆瀣一气"这则成语用来比喻气味相投的人凑在一起。现带贬义,表示臭味相投的人勾结在一起。

【出处】

这个成语来源于宋·王谠《唐语林·补遗》,崔相沆知贡举,得崔瀣。时榜中同姓,瀣最为沆知。谈者称:"座主门生,沆瀣一气。"

【故事】

隋唐时,读书人要做官,都要经过科举考试。唐僖宗当政期间,在京城长安举行了一次考试,各地已经取得一定资格的读书人,来到长安应考。

在众多的考生中,有个叫崔瀣的很有才学,考完自己感觉也不错,就等着发榜了。主持这次考试的官员叫崔沆。他批阅到崔瀣的卷子,越看越觉得好,就把他录取了。发榜那天,崔瀣见自己榜上有名,非常高兴。

按照当时的习俗,考试及第的人,都算是主考官的门生;而主考官就是考试及第的人的座主,大家都尊称他为恩师。发榜后,门生要去拜访恩师。崔瀣自然也不例外。崔沆作为座主,见到崔瀣这位与自己同姓的门生,显得格外高兴。非常巧的是,"沆""瀣"二字合起来是一个词,表示夜间的水汽、雾露。于是,爱凑趣的人把这两个字合在一起编成两句话:"座主门生,沆瀣一气。"意思是,他们师生两人像是夜间的水汽、雾露连在一起。

鹤立鸡群

【解释】

"鹤立鸡群"这则成语的意思是像鹤站在鸡群中一样。比喻仪表出众,品质、才能显得非常突出,明显地高于一般人。

【出处】

这个成语来源于《世说新语·容止》：有人语王戎曰："嵇延祖卓卓如野鹤之在鸡群。"答曰："君未见其父耳。"

【故事】

嵇康，是三国时代魏国著名的文学家、音乐家。他才学出众，性格耿直，又长得高大魁梧，非常引人注目。后来他因得罪了操纵朝政的司马氏集团，被司马昭借一件事杀害，死时年仅四十一岁。

嵇康的儿子嵇绍，和他父亲一样很有才学，并且身材魁梧，仪表堂堂。他无论走到哪里，都显得卓然超群。

司马炎代魏称帝后，嵇绍被征召到京都洛阳做官。有人见了他后，向他父亲的好友王戎夸赞嵇绍高大雄伟："在人群之中，就像一只仙鹤站在鸡群里那样突出。"王戎听了，说："你还没有见过他父亲嵇康呢，比他更突出！"晋惠帝司马衷继位后，嵇绍担任侍中，侍从皇帝，经常出入宫廷。后来，西晋皇族内部发生了"八王之乱"。嵇绍在跟随惠帝出兵作战时，尽力护卫惠帝，不幸中箭身死，鲜血溅在惠帝的战袍上。惠帝很受感动，不让内侍洗去这件战袍上的血迹，表示他非常赞赏和怀念嵇绍的高贵品质。

鸿鹄之志

【解释】

"鸿鹄之志"这则成语意指大雁和天鹅的志向。后世用"鸿鹄之志"来比喻一个人有远大的志向和抱负。

【出处】

这个成语来源于《史记·陈涉世家》：陈涉叹息曰："嗟乎！燕雀安知鸿鹄之志哉！"

【故事】

秦朝末年，老百姓深受压迫和剥削。农民被迫交纳收获物三分之二的赋税，还要被征去建造宫殿坟墓，修筑长城，镇守边境地区。秦朝的法律很残酷，往往一人犯罪处死，亲戚朋友都要受牵连。百姓处于水深火热之中。

当时有个雇农姓陈名胜，字涉，出身贫贱，从小就有大志。他看到秦朝暴虐无道，穷人吃尽了苦头，决心改变这种现状。

一天，陈胜和一些雇工一起在地里干活。休息时，雇工们谈起目前过的苦日子，都非常愤恨，但又无可奈何。

陈胜听了，连声叹气。过了一会儿，他对大家说："今后假使我们之中谁能够富贵，谁也不要忘记谁！"雇工们都笑着说："你也是受人雇用的种田人，哪里来的富贵啊？"陈胜又叹了一口气，说："唉！燕子和麻雀怎么能知道鸿鹄的志向呢？"陈胜这话的意思是：目光短浅的人，怎么能知道有远大抱负的人的志向呢？

雇工们听了，都哈哈大笑起来。他们当中当然谁也没有想到，后来陈胜在大泽乡发动起义，成为中国历史上第一次农民大起义的领袖。

后生可畏

【解释】

"后生可畏"这则成语意指年轻人往往能够超过老一辈，是可敬畏的。赞扬青少年聪明努力，有光明的前途。

【出处】

这个成语来源于《论语·子罕》：后生可畏，焉知来者之不如今也？

【故事】

孔子在游历的时候，碰见三个小孩，有两个正在玩耍，另一个小孩却站在旁边。孔子觉得奇怪，就问站着的小孩为什么不和大家一起玩。

小孩很认真地回答："激烈的打闹能害人的性命，拉拉扯扯的玩耍也会伤人的身体；再退一步说，撕破了衣服，也没有什么好处。所以，我不愿和他们玩。这有什么可奇怪的呢？"过了一会儿，小孩用泥土堆成一座城堡，自己坐在里面，好久不出来，也不给准备动身的孔子让路。孔子忍不住又问："你坐在里面，为什么不避让车子？""我只听说车子要绕城走，没有听说过城堡还要避车子的！"孩子说。

孔子非常惊讶，觉得这么小的孩子，竟如此会说话，实在是了不起，于是称赞他年龄虽小但是懂得很多。小孩却回答说："我听人说，鱼生下来，三天就会游泳；兔生下来，三天就能在地里跑；马生下来，三天就可跟着母马行走，这些都是自然的事，有什么大小可言呢？"孔子不由得感叹说："好啊，我现在才知道少年人实在了不起呀！"

囫囵吞枣

【解释】

"囫囵吞枣"这则成语原写作"浑囵吞枣"，意思是把整个枣吞下去。后世多作"囫囵吞枣"，比喻含混笼统地接受，不加分析辨别，在学习上不求甚解。

【出处】

这个成语来源于朱熹《答许顺之书》：今动不动便先说个本末精初无二致，正是囫囵吞枣。

【故事】

有一位医生对人说，生梨对人的牙齿很有好处，但对脾却有害处；而枣对脾有好处，但对牙齿却有害处。一个自作聪明的人听后，连忙对旁人说："我倒有个好法子，既可以吸收生梨和枣子各自对于人的好处，而又可以避免害处。那就是我吃生梨的时候，只用牙齿咀嚼，却不咽到肚里去，这可以使生梨对牙齿有益，而免得伤脾；等到吃枣子的时候，我就不用牙齿咬，而是一口吞下肚去，这样就可以让枣子对脾有益，而避免伤害牙齿。"旁人听了，笑着说："你吃生梨只嚼不咽，倒还可以做到；可吃枣子只咽不嚼，就很难了，像你那样囫囵吞枣，枣核咽下去，肚子可受不了啊！"

狐假虎威

【解释】

"狐假虎威"这则成语的意思是狐狸依仗老虎的威势来吓唬百兽。比喻借别人的权势吓人、欺压人。

【出处】

这个成语来源于《战国策·楚策一》：虎求百兽而食之，得狐。狐曰："子无敢食我也。天帝令我长百兽，今之……子随我后，观百兽之见我而敢不走乎？"兽见之皆走，虎不知兽畏己而走也，以为畏狐也。

【故事】

楚国在宣王当政的时候，北方各诸侯国很害怕楚国的大将昭奚恤。宣王对此大惑不解，一天朝会时趁昭奚恤不在，向大臣们询问其中的原因。

有个名叫江一的大臣，给宣王讲了一则寓言故事：从前，某个深山老林中有只凶猛的老虎，专门搜寻各种野兽吃。一次，他抓到一只狐狸，想把它吃了充饥。

狡猾的狐狸急中生智，装出一副神圣不可侵犯的样子，说："你不敢吃掉我的，因为天帝派我当百兽之王。你要是吃掉我，就违背了天帝的命令！"说到这里，狐狸故意傲慢地瞧了瞧老虎。它看到老虎露出不信的神色，又说："你以为我的话不可信吗？好吧，那么我走在前面，你跟在后边，看这深山老林中的百兽见到我之后，有谁敢不逃跑吗？"老虎觉得这话对，不妨照着做，于是跟着它走去。一路上，所有的野兽见到它们都逃得远远的。老虎并不知道百兽是害怕威风凛凛的自己，还以为它们害怕假借"百兽之王"名义的狐狸才跑的。

讲完这个寓言故事后，江一转上了正题："大王如今有五千里地盘和百万军队，但全把它交给昭将军管辖。因此，北方的诸侯国都怕他。其实怕的是您交给他的军队，就像深山老林中百兽害怕的不是狐狸而是老虎一样。"宣王听后，才一下解了心中的疑团。

怙恶不悛

【解释】

"怙恶不悛"这则成语原作"长恶不悛",后世多作"怙恶不悛",形容坚持作恶,不思悔改。怙:依恃,依仗。悛:改过,悔改。

【出处】

这个成语来源于《左传·隐公六年》:君子曰:"善不可失,恶不可长,其陈桓公之谓乎!长恶不悛,从自及也。"

【故事】

公元前743年,十四岁的寤生继任郑国国君,史称郑庄公。过了三年,卫国联合宋、陈等国进攻郑国。为了离间卫国的盟国陈国,庄公派使者到陈国去要求和好,并希望结成联盟。

不料,陈桓公瞧不起郑庄公,不愿与郑国结盟。他的弟弟五父劝谏说:"对邻国亲近、仁爱和友善,是立国的根本。您应该考虑到这些,答应郑国的要求。"但是,桓公没有听从五父的劝告,反驳说:"宋国和卫国都是大国,它们才是我们陈国难以对付的。郑国有什么作为,能把我们陈国怎样?"庄公得知桓公拒绝与自己结盟,勃然大怒,决定给他点颜色看看。公元前717年,他率领大军攻伐陈国。桓公仓促率军应战,结果大败。

后来,史学家对上面这段历史发表评论说:"友善不可丢失,罪恶不能滋长,这是针对陈桓公说的,一直做罪恶的事而不改过,最后一定会自食其果。"

画饼充饥

【解释】

"画饼充饥"这则成语的意思是画个饼来解除饥饿。比喻虚假的东西无补于事。也比喻徒有虚名、愿望等,不能解决实际问题,或用空想来自我安慰。

【出处】

这个成语来源于《三国志·魏志·卢毓传》:选举莫取有名,名如画地作饼,不可啖也。啖:吃。

【故事】

三国时魏国的大臣卢毓,十岁时就父母双亡,后来两位兄长又先后去世,他成了孤儿,但他奋发读书,终于成为很有才学的人。

卢毓当官清正廉洁,很快被提升为侍中,在皇帝左右侍奉。过了三年,被提升为中书郎,掌管机要、政令等事宜。后来,又被任命为吏部尚书,负责管理全国官吏的任免、升降、调动等事务。

卢毓升任吏部尚书后,需要选人来担任中书郎一职。魏文帝要卢毓选好这个官员,并对他说:"这次选拔中书郎,能否选到合适的人,关键就看你了。挑选人才,千万不要选那些只有名气而没有实际才干的人。名气就像是在地上画的饼,不能充饥的。"卢毓有些不同的意见,他说:"陛下说得很对。要选拔特别优秀的人才,不能单看名气。但是臣以为,名气毕竟能反映一定的实际情况。根据名气来选拔一般的人才,还是可以的。如果是修养高、德行好而有名气的,就不应该嫌弃他们。因此,陛下也不要一听是有名气的就讨厌。臣建议主要应对他们进行考核,看他们是否有真才实学。"魏文帝觉得卢毓讲的话比较中肯,于是下令制定官员考核法。

画虎类犬

【解释】

"画虎类犬"这则成语的意思是因为画技不高,画虎画不成,画得像条狗。比喻模仿的效果很坏,弄得不伦不类;从事非力所能及的事情而一无所成。也常用来比喻不切实际地追求过高目标,反而弄巧成拙,留下笑柄。类:类似,好像。

【出处】

这个成语来源于《后汉书·马援传》:效季良不得,陷为天下轻薄子,所谓画虎不成反类狗也。

【故事】

马援,字文渊,东汉初年光武帝刘秀手下的名将之一。他志向远大,英勇善战,为东汉王朝的建立,立下了不少战功,被光武帝封为"伏波将军"。

马援平常对子侄辈的教育十分严格,他希望他们将来都能成为有用的人才,甚至随军出征时,也不断地关心他们。

马援有两个侄子,一个叫马严,一个叫马敦。马严和马敦都喜欢讥讽和议论别人,并喜欢和侠客交游。马援在军中得知这一情况,就写了一封信去教育他们。这就是著名的《诫兄子严敦书》。

在这封信中,马援教育他们说:"我希望你们在听到有人议论别人的过失时,能够像听到议论自己父母那样,只可以用耳朵听,而不要去参与议论。

"我一生最反对议论别人的长短。山都长龙伯高是一个厚道谨慎、说话很有分寸、恭谦节俭、廉明公正的人,虽然他的职位不高,但我很尊敬他,他很值得你们学习。

"越骑司马杜季良为人豪侠,好讲

义气，能够和别人同忧共乐，不论好人坏人，都能和他交朋友。他替他父亲办丧事时，宾客如云，良莠皆有。我虽然也很尊敬他，但我认为他不是你们仿效的好对象。

"你们如向龙伯高学，即使学不成，还尚且能成为谨慎之人，就好像刻一只天鹅不成，尚可成为一只鸭子；但如果你们学杜季良，如果学不成，就会成为轻浮浪荡的人，那就像画一只老虎，如果画不成老虎，就只能画得像只狗了。"

后来，人们便把"画虎不成反类狗"引申为成语"画虎类犬"，用来比喻好高骛远，想干一番大事业，结果却一事无成，反成笑柄。

画龙点睛

【解释】

"画龙点睛"这则成语的意思是给画在墙上的龙点上眼睛。比喻说话、写文章时，在关键性的地方用上一两句精辟的语言来点明要旨，使内容更生动精彩。

【出处】

这个成语来源于唐·张彦远《历代名画记·张僧繇》：金陵安乐寺四白龙不点眼睛，每云："点睛即飞去。"

【故事】

南北朝时期，梁朝的张僧繇擅长画龙。他画龙，已经到了出神入化的程度。最为神奇的，就是他画龙点睛的传说了。

有一次，张僧繇在金陵（在今江苏南京市清凉山）安乐寺的墙上，画了四条白龙。

奇怪的是，这四条白龙都没有点上眼睛。

许多人对此不解，问他是否因为点眼睛很难而不画，张僧繇郑重地回答说："点睛很容易，但一点上，龙就会破壁乘云飞去。"大家都不相信他的回答，纷纷要他点睛，看看龙是否会飞跃而去。

张僧繇一再解释，点了睛龙就要飞去，但大家执意要他点睛。于是他提起笔来点睛。

奇迹出现了：他刚点了其中两条龙的眼睛，就雷电大作，暴雨倾盆而下。突然"轰"的一声巨响，墙壁破裂。大家定睛看去，两条刚点上眼睛的白龙，已经乘着云雾，飞跃到空中去了，而那两条未曾点睛的白龙，还是留在墙壁上。大家这才信服。

画蛇添足

【解释】

"画蛇添足"这则成语原指画蛇的人无中生有地给蛇添上脚。比喻多此一举，反而弄巧成拙。

【出处】

这个成语来源于《战国策·齐策二》：楚有祠者，赐其舍人卮酒。舍人相谓曰："数人饮之不足，一人饮之有余。请画地为蛇，先成者饮酒。"一人蛇先成，引酒且饮之，乃左手持卮，右手画蛇，曰："吾能为之足。"未成，一人之蛇成，夺其卮曰："蛇固无足，子安能为之足？"遂饮其酒。

【故事】

战国时，楚国有一个贵族在祭祀了祖先以后，把祭祀用的一壶酒赏给为他办事的几个人喝。那几个人相互看了看酒，认为酒太少了些，于是其中一个人提议说："这一壶酒如果我们每个人都喝的话，大概一人只能喝一口，最好是只让给一个人喝，你们觉得怎么样？"大家虽然都表示同意，可是对于应该由谁来喝这壶酒却争执不休。于是，最先提议的那个人又说："我看，我们几个人在地上比赛画蛇，谁先画好，谁就是这壶酒的主人，行不行？"大家都认为这个主意不错，便一致赞成。于是，他们几个人就蹲在地上画起蛇来。其中有一个人很快就把蛇画好了，可是当他正要拿起酒壶喝的时候，看到其他几个人仍手忙脚乱地画着，于是便自作聪明地用左手端着酒壶，右手又在地上画起来，嘴里还洋洋得意地说："你们看，我还能给蛇添上脚呢！"可是正当他在画脚的时候，另外有一个人已经画好了蛇。那个人立刻把那壶酒抢过来，毫不客气地说："蛇本来就没有脚，你怎么能够给它添上脚呢？"然后，他举起酒壶，很高兴地喝起酒来；而原先那个替蛇添脚的人，只能懊悔不已地在一旁吞口水了。

黄粱一梦

【解释】

"黄粱一梦"这则成语比喻虚幻不能实现的梦想。后比喻荣华富贵如梦一般，短促而虚幻；美好之事物，亦不过顷刻而已，转眼成空。

【出处】

这个成语来源于唐·沈既济《枕中记》：开成七年，有卢生名英，字萃之。于邯郸逆旅，遇道者吕翁，生言下甚自叹困穷，翁乃取囊中枕授之。曰："子枕吾此枕，当令子荣显适意。"时主人方蒸黍，生俛首就之，梦入枕中……及醒，蒸黍尚未熟。

【故事】

从前有一个姓卢的穷书生，一次，他在邯郸的一家旅馆里遇到了道士吕翁，对吕翁大倒苦水，说自己的一生是如何的穷困潦倒。吕翁便从袖子里取出一个枕头让他枕在头下，吕翁说话的时候，旅店主人正在煮黄粱饭，而卢生因为旅途辛苦，确实很累，便糊里糊涂地倒在吕翁给他的枕头上睡着了。

不久，他便进入了梦乡，梦见自己来到一个不知名的地方，娶了当地一位年轻美貌、善良温顺的崔姓女子为妻。那个女子不但家境富有，贤淑能干，帮助他踏上了仕途，而且还替他生了几个子女。

后来，他的儿女都长大了，娶亲的娶亲，嫁人的嫁人，每个人都生活得非常舒适优裕，而卢生也一帆风顺，一直升到宰相的高位。

又过了若干年，儿女们给他添了孙子外孙，他便闲居在家里享福，做起老太爷来。由于他家境非常好，住得好，吃得好，生活安逸，心情愉快，因此一直活到八十多岁才安然死去。

黄粱一梦

当他从梦中醒来的时候，嘴角边还挂着满足的微笑。可等他睁开眼睛一看，原来自己仍住在旅店的小房间中，刚才那些荣华富贵只是短暂的一场美梦罢了。甚至店主人煮的黄粱饭，也还没有熟呢。

卢生不由惆怅、失望极了。吕翁拍拍他的肩膀，安慰他说："老弟，其实人生的荣华富贵，说穿了也不过是一场短促的梦罢了，你何必如此想不开呢？"

讳疾忌医

【解释】

"讳疾忌医"这则成语的意思是隐藏疾病，不愿医治。比喻怕人批评而掩饰自己的缺点和错误，不肯接受规劝，不愿改正。

【出处】

这个成语来源于宋·周敦颐《通书·过》：今人有过，不喜人规，如讳疾而忌医，宁灭其身而无悟也。

【故事】

扁鹊是战国时的名医。有一天，扁鹊去见蔡桓公，说："大王，您有病了，病只在皮肤里，赶快医治吧。"蔡桓公说："不用治，我没有病！"十天以后，扁鹊来见桓公，说："大王，您的病已经到了肌肉里，再不医治就会加重！"桓公听了很不高兴。过了十多天，扁鹊见到蔡桓公，又说："大王，您的病已经发展到肠胃，再不治就危险了！"桓公仍然不理，而且愈加生气。又过了十多天，扁鹊再见蔡桓公的时候，看了几眼，转身就跑。桓公觉得奇怪，派人追问。扁鹊回答："一个人生了病，病在皮肤、肌肉、肠胃的时候，都有办法医治好，但是病到骨髓就没有办法了。现在，大王的病，已经发展到骨髓，我没有办法医治了。"五天以后，蔡桓公遍身疼痛，派人去请扁鹊，扁鹊知道他的病已无法医治，早就跑到秦国躲起来了。蔡桓公最后病死了。

击楫中流

【解释】

"击楫中流"这则成语的意思是指船到了河流的中央，举起楫（木桨）叩击船舷，表示收复失地、报效国家的雄心壮志。比喻立志奋发图强。中流：河流的中央。楫：桨。

【出处】

这个成语来源于《晋书·祖逖传》：中流击楫而誓曰："祖逖不能清中原而复济者，有如大江！"

【故事】

311年，匈奴贵族刘曜率军攻陷了晋朝的都城洛阳（今属河南），晋怀帝仓皇出逃。结果，半路被刘曜的骑兵抓住，当了俘虏。

这个消息传到南方，引起了许多爱国志士的强烈愤慨。有位名叫祖逖的将领，更是义愤填膺，强烈要求出兵北伐，收复中原。

祖逖，字士稚，范阳遒县（今河北涞水北）人。西晋末年，他率领数百户族人渡过黄河，南迁到淮河流域，后来抵达京口（今江苏镇江）。当时，晋朝在北方大势已去，但驻守在建业（今江苏南京）的琅琊王司马睿手中还有一些兵力。他任命祖逖为军谘祭酒（军事顾问官）。祖逖几次向他请兵北伐，他都置之不理。这次怀帝被俘，祖逖再也忍不下去了，便特地到建业，强烈要求司马睿发兵北伐，奋击戎狄（指外族统治集团），把受苦的百姓解救出来。司马睿想保存自己的力量，无意出战，因而沉默不言。于是祖逖再次请命道："大王如能下令出兵，并派我去收复中原，那里的百姓一定会响应！"司马睿没理由拒绝，便封他为奋威将军、豫州刺史，拨给一千人的粮饷和三千匹布，其余全让祖逖自己去筹集解决。

祖逖知道司马睿只是表面上支持他北伐，但他仍然不改志向。他马上返回京口，率领一百多户族人，渡过长江北去。

船到中流，祖逖望着滚滚东去的江水，举起船楫，叩击着船舷，激昂地起誓道："我祖逖这回如不能收复中原，就像这大江之水，有去无回！"祖逖率领族人过江后，一面招兵买马，一面打造武器，使队伍迅速扩大。后来挥师北上，终于收复了黄河以南的大部分地区。

鸡鸣狗盗

【解释】

"鸡鸣狗盗"这则成语的意思是装鸡叫哄人，装狗进行偷盗。后来用"鸡鸣狗盗"来比喻微不足道的技能（也指有这类技能的人）或不正当的小伎俩。

【出处】

这个成语来源于《史记·孟尝君列传》：最下坐者有能为狗盗者，曰："臣能得狐白裘。"……客之居下坐者有能为鸡鸣，而鸡齐鸣，遂发传出。

【故事】

秦昭王仰慕齐国相国孟尝君的贤名，请他到秦国去。孟尝君带了许多门客前往，并献给秦王许多礼物。其中最珍贵的，是一件天下无双的白狐裘。秦王非常高兴，吩咐手下好好收藏起来。不久，秦王便拜孟尝君为相国。但后来听了一些大臣的话，又觉得他是齐国贵族，任用他对秦国不利；而放他回国，则担心他已掌握了秦国的情况，考虑再三，下令先把他软禁起来。

孟尝君不清楚秦王这样做的意图。秦王的弟弟泾阳君秘密地告诉他，又建议孟尝君买通秦王宠爱的燕姬，让她在秦王面前说好话，争取释放回国。

孟尝君取出一对上好的白璧，请泾阳君赠给燕姬，让她在秦王面前为自己说好话。不料，燕姬不要白璧，而要白狐裘。只有得到白狐裘，她才肯向秦王求情。

白狐裘只有一件，并且已献给秦王，孟尝君就与门客商量应该怎么办，大家一筹莫展。后来，有个坐在末位的门客说："我潜进宫去，把早先献给秦王的那件白狐裘偷出来！""你准备用什么办法去偷呢？"孟尝君问。

"我打算装扮成一条狗去偷！"孟尝君急于获救，马上同意。当天夜里，这门客从狗洞里钻进宫内，终于偷到了白狐裘。燕姬得到白狐裘后，马上说服秦王签发了过关的凭证，释放了孟尝君。

孟尝君怕秦王反悔，一拿到过关凭证，马上带着门客离开秦都。来到边境的函谷关时，因天还未亮，城门紧闭。按照规定，必须等鸡鸣才能开关。

这时，有一个门客捏着脖子，发出鸡鸣的声音。连续的叫声，引得附近公鸡都啼叫起来。守关士兵听到鸡鸣声，以为天快亮了，验看了凭证，就开城门放孟尝君一行出去。

秦王果然反悔，派人迅速追赶，但追到函谷关时，孟尝君等人早已出关了。

鸡犬不宁

【解释】

"鸡犬不宁"这则成语的意思是连鸡狗都不得安宁，形容骚扰得十分厉害。宁：安宁。

【出处】

这个成语来源于唐·柳宗元《捕蛇者说》：悍吏之来吾乡，叫嚣乎东西，隳突乎南北，哗然而骇者，虽鸡狗不得宁焉。

【故事】

唐朝中期，宦官专权，藩镇割据。统治者为了筹措军费和供他们挥霍花用，横征暴敛，拼命搜刮，弄得老百姓的生活困苦不堪。

805年，唐朝著名的文学家柳宗元被贬到边远的永州担任司马，他目睹了民间哀鸿遍野、民不聊生的悲惨局面，写下了一篇著名的散文《捕蛇者说》，揭露和批判了当时的黑暗社会。

在《捕蛇者说》中，柳宗元记述了一个捕蛇人的悲惨故事。这个捕蛇人一家三代都以捕蛇为业。他祖父、父亲都被毒蛇咬死了，但他

柳宗元

还是坚持以捕蛇为业。有人问他为什么不放弃捕蛇这个既苦又危险的工作呢？捕蛇人说："虽然捕蛇又苦又危险，但比起种田来要好得多。我那些以种田为业的邻居，与我祖父是同时期的，现在十家中只剩一家了；和我父亲同时期的，十家之中只剩下两三家了；和我在一起居住了十二年的，十家之中也剩下不到四五家了。他们不是逃亡，就是搬迁了。这是什么原因呢？因为凶狠的官吏经常来到乡里，气焰嚣张地催交各种赋税，不但使百姓担惊受怕，就是连鸡狗也不得安宁。我们却因为以捕蛇为业，每年只要交几条毒蛇就行了。因此，捕捉毒蛇虽有生命危险，我却仍不肯放弃呀！"后来，人们把"虽鸡狗不得宁焉"简化成"鸡犬不宁"这个成语，用来形容骚扰得很厉害，连鸡狗都不得安宁。

鸡犬升天

【解释】

"鸡犬升天"这则成语的意思是一个人得了道，成了仙，连他家的鸡和狗都随着升了天。形容一人发迹得势，与他有密切关系的人也跟着沾光。

【出处】

这个成语来源于晋·葛洪《神仙传·刘安》：汉淮南王刘安好道，修炼成仙，临去时，余药器置在中庭，鸡犬啄舐之，尽得升天。

【故事】

汉高祖刘邦的孙子刘安，世袭淮南王的封号。他是汉代著名的思想家、文学家，又极其爱好炼丹修道，并且到了废寝忘食的程度。

传说有一天，有八位老人，要求见刘安。刘安授意下属向八位老人提些难题，看他们是否有真本事。刘安的下属来到门口，问："你们年纪这么老，能为王爷传授长生不老之术吗？"话音刚落，一眨眼，八位老人都变成了年仅十四五岁的少年。门吏赶紧报告刘安。刘安慌忙出来迎接，跪在地上，请求八公收他为徒。

八公表示，他们早就知道刘安一心想修道成仙，所以特地到这里来收他为徒。说罢又变回了老人。从此，刘安早晚朝拜并款待八公，请他们一一施行各种法术。八公果然神通广大，呼风唤雨、役使鬼神、腾云驾雾等，几乎无所不能。接着，八公向刘安传授丹经，并开始为他炼制服了能升天的仙药。

就在这时，刘安被人控告谋反。汉武帝派人去捉拿刘安。

刘安闻讯大惊，忙问八公该怎么办。八公笑着对他说："这是上天要召王爷去了。不然，王爷还不能离开这个世界呢。"

八公把刘安带到一个山顶上，拜祭了天，然后回到王府，让他服下刚炼制好的仙药。

刘安服下仙药后，马上觉得身体轻飘飘的。一会儿，就和八公一起徐徐升天。

刘安临升天时，将剩余的仙药撒在庭院里的地上。王府的鸡和狗吃了，也都升上了天。

寄人篱下

【解释】

"寄人篱下"这则成语原作"寄食门下"，依附于他人门庭之下生活。后世多作"寄人篱下"，用以比喻依附别人生活，无法自立。

【出处】

这个成语来源于《南史·张融传》：丈夫当删诗书，制礼乐，何至因循寄人篱下？

【故事】

南齐时，有个名叫张融的读书人，生性怪僻，行动举止奇特。他身材矮小，面貌丑陋，但精神焕发，走起路来抬头挺胸，旁若无人。

萧道成在没有当皇帝的时候，就很欣赏张融的才学和品格，两人交情很好，萧道成经常对别人说，像张融这样的人才，是必不可少的，但又不可多得。后来萧道成建立了南齐政权，就常常与张融探讨文学艺术方面的问题。

有一次，萧道成与张融讨论起书法问题，对他说："你的书法颇有骨力，但还缺少二王（指晋代书法家王羲之、王献之父子）的法度。"张融对萧道成的评价不服气，说："请陛下别怨我缺少二王的法度，应该怨二王缺乏臣的法度。"张融主张写文章也要有独创性，形成自己的风格。他在一篇文章的序文中写道："作为男子汉大丈夫，做文章应当像孔子删诗书、定礼乐那样，发扬自己的创造性，又何必要因袭他人，像鸟雀那样寄居在人家的篱笆下面。"

渐入佳境

【解释】

"渐入佳境"这则成语的意思是逐渐进入佳美的境地。比喻兴味逐渐浓厚或境况逐渐好转。渐：逐渐。

【出处】

这个成语来源于《晋书·顾恺之传》：恺之每食甘蔗，恒自尾至本，人或怪之。云："渐入佳境。"

顾恺之

【故事】

顾恺之是东晋时人，字长康，小名叫虎头，晋陵无锡（今属江苏）人。他多才多艺，不但诗赋写得好，而且字也写得很漂亮。他特别擅长的是绘画，是当时的著名画家，时人称其为"三绝"（才绝、画绝、痴绝）。

他年轻的时候，曾经做过大司马桓温的参军。那时，东晋地方割据十分严重。桓温主张国家统一，常常率领部队去讨伐那些割据势力，顾恺之也随桓温南征北战了许多年。桓温很看重他，两人结下了深厚的友谊。

有一次，顾恺之随桓温乘船到江陵去视察部队。到江陵的第二天，江陵的官员前来拜见，并送来很多捆当地的特产甘蔗。桓温见了十分高兴，吩咐大家一起尝尝。于是大家都拿着吃了起来，纷纷称赞甘蔗味道很甜。

这时，顾恺之正独自欣赏江景，没有去拿甘蔗。桓温见了，故意挑了一根长长的甘蔗，走到顾恺之跟前，把甘蔗末梢的一段塞到他手里。顾恺之看也不看，竟自啃了起来。

桓温又故意问顾恺之甘蔗甜不甜，旁边的人也一起笑着问他。顾恺之这时才发现自己正在啃甘蔗的末梢，便知道大家为什么笑了。他灵机一动说："你们笑什么？吃甘蔗，就应该从末梢吃起，这样，越吃越甜，叫作'渐入佳境'！"大家听了，一起哈哈大笑起来。据史书记载，后来，顾恺之每次吃甘蔗时，便都从末梢吃起，也有很多人渐渐仿效他的吃法！

其实，顾恺之是因为欣赏江景而忘情，但他善于应对，说得好像真的一样，并津津有味地从甘蔗末梢吃了起来，似乎真的越吃越甜一样。

后来，"渐入佳境"演化为成语，比喻兴味逐渐浓厚或者境况一点点好起来。

江郎才尽

【解释】

"江郎才尽"这则成语的意思是年轻时很有才气，到晚年文思渐渐衰退没了。比喻才思减退。尽：完，没了。江郎：指南朝文学家江淹。

【出处】

这个成语来源于《南史·江淹传》：尝宿于冶亭，梦一丈夫，自称郭璞，谓淹曰："吾有笔在卿处多年，可以见还。"淹乃探怀中得五色笔一以授之。尔后为诗，绝无美句，时人谓之才尽。

【故事】

江淹，字文通，是南北朝时梁朝考城人。他年轻的时候，家中很穷，连纸和笔都买不起。但他读书十分刻苦，经过发愤用功，不仅官至光禄大夫，而且成为一个非常有名的文学家，他的诗和文章在当时都获得极高的评价。

可是，当他年纪渐渐大了以后，他的文章不但没有以前写得好了，而且退步不少。他的诗写出来也平淡无奇。过去他写作时，文思如潮，下笔如神，而且常常有绝妙的佳句。而现在提笔苦苦思索了很久，依旧写不出一个字来，偶尔灵感来了，诗写出来了，但文句枯涩，内容平淡得一无可取。

于是就有人传说，有一次江淹乘船停在禅灵寺的河边，梦见一个自称叫张景阳的人，向他讨还一匹绸缎，他就从怀中掏出几尺绸缎还他。因此，他的文章以后便不精彩了。

又有人传说，有一次江淹在凉亭中睡午觉，梦见一个自称郭璞的人，走到他的身边，对他说："文通兄，我有一支笔在你那儿已经很久了，现在应该可以还给我了吧！"江淹听了，就顺手从怀里取出一支五色笔来还他。据说从此以后，江淹就文思枯竭，再也写不出什么好的文章了。

骄奢淫逸

【解释】

"骄奢淫逸"这则成语是指生活放纵奢侈，荒淫无度。逸同"佚""泆"，放荡的意思。

【出处】

这个成语来源于《左传·隐公三年》：石碏谏曰："臣闻爱子，教之以义方，弗纳于邪。骄奢淫泆，所自邪也。"四者之来，宠禄过也。

【故事】

春秋时，卫国国君卫庄公非常溺爱他宠姬生的儿子州吁。州吁长大后非常任性，生活放荡，到处惹是生非，专横霸道。庄公对他听之任之，从不严加管教。

卫国的大夫石碏劝告庄公说："我听说，父亲喜爱孩子，应当用道义来教育他，不要让他走上邪路。骄横、奢侈、荒淫、好逸的恶习，都来自邪恶。这些恶习之所以产生，就是因为父母宠爱得太过分。"庄公对石碏的劝告没有放在心上，使得州吁变得越来越坏。不久庄公病死，太子姬完继位当国君，称卫桓公。第二年春天，州吁杀死了兄长桓公，自立为国君。

州吁的统治非常残暴，名声很坏，遭到卫国人的强烈反对。他篡位不到一年，石碏便联合陈国国君，巧施计谋，把州吁杀死了。

狡兔三窟

【解释】

"狡兔三窟"这则成语的意思是狡猾的兔子有三个洞穴。原来比喻有多处藏身之地,以便逃避灾祸。现在一般用来表示留有余地,具有多种应变能力,带有贬义。

【出处】

这个成语来源于《战国策·齐策四》:冯谖曰:"狡兔有三窟,仅得免其死耳;今君有一窟,未得高枕而卧也。请为君复凿二窟!"

【故事】

齐国相国孟尝君的门下,有个名叫冯谖的食客。一次,他奉命到孟尝君的封地薛去收债。临行时,他问孟尝君收完债买些什么回来。孟尝君说家里缺什么就买什么。冯谖到薛地后,假借孟尝君的命令,将债契全都烧了。借债的百姓对孟尝君感激涕零,齐呼万岁。冯谖回来后,孟尝君问他债收齐了没有,买了些什么回来。冯谖说,他见相国家什么都不缺,就缺一个"义"字,因此以相国的名义将债契全烧了,把"义"买了回来。孟尝君听了不太高兴,但也无可奈何。

一年后,孟尝君被罢免,只好回到薛地去。离薛地还有一百多里路,百姓就扶老携幼前来迎接。孟尝君这才看到了冯谖给他买的珍贵的"义",非常感谢冯谖。但冯谖对他说:"狡猾的兔子有三个洞穴,但这仅仅使它免于被猎人打死,被猛兽咬死。如今您只有一处安身之所,不能高枕无忧啊!"在孟尝君的要求下,冯谖表示愿意再为他凿两个洞穴。于是冯谖来到魏国,在魏王面前说孟尝君的好话。魏王马上派使臣携带许多财物和马车去齐国,聘请孟尝君来魏国当相国。

冯谖又赶在使臣之前回到薛地,告诫孟尝君不要接受聘请。魏国使者如此往返三次,孟尝君还是拒绝接受聘请。齐王得知后,赶紧恢复了孟尝君相国的职位,并向他谢罪。这样,冯谖为他凿成了第二个窟。

之后,冯谖又建议孟尝君借机要求齐王赐给自己先王的祭器,在薛地建造宗庙供奉。这样一来,齐王就会派兵来保护,使薛地不受他国侵袭。齐王答应了。等宗庙建成，冯谖对孟尝君说："三窟已成，现在您可以高枕无忧了！"

矫枉过正

【解释】

"矫枉过正"这则成语是指把弯曲的东西扭直，结果过了头，又歪向另一方。比喻纠正偏差或错误过了头，超过了应有的限度。

【出处】

这个成语来源于《汉书·诸侯王表》：而藩国大者夸州兼郡，连城数十，宫室百官同制京师，可谓矫枉过其正矣。

【故事】

公元前206年，秦朝被刘邦领导的起义军所灭。刘邦建立西汉王朝后，认为秦王朝之所以灭亡，是因为没有分封诸侯，造成处境孤立的局面。于是，他决定改变这种局面，恢复分封制。刘邦设立王、侯两级爵位，大封功臣。后来，异姓诸侯王纷纷叛乱。刘邦于是消灭了异姓诸侯，而大力分封同姓王。这些同姓诸侯王依仗与皇帝同宗，骄横跋扈，为所欲为，甚至想夺取皇帝大权。文帝时发生济北、淮南两王谋反，景帝时又发生吴楚七国之乱。景帝镇压了吴楚七国叛乱后，下令把诸侯王任免官吏的权力收归朝廷；王国的行政由朝廷任命官吏管理，以巩固中央集权。汉武帝执政后，又颁布"推恩令"，使诸侯王可以分封子弟为侯。从此，各王国分成若干小的封地，势力不断被削弱，名存实亡。

东汉史学家班固在撰写《汉书·诸侯王表序》时，对此评论说：西汉初年恢复分封，大的诸侯王国跨州兼郡，拥有几十座城池，宫室百官的制度同京都的朝廷一样，真可说是矫正弯曲的东西超过了限度，结果弯向了另一方。

嗟来之食

【解释】

"嗟来之食"这则成语的意思是指带有侮辱性的或不怀好意的施舍。嗟：不礼貌的招呼声，相当于现在的"喂"。

【出处】

这个成语来源于《礼记·檀弓下》：齐大饥。黔敖为食于路，以待饿者而食之。有饿者，蒙袂辑屦，贸贸然来。黔敖左奉食，右执饮，曰："嗟！来食！"扬其目而视之，曰："予唯不食嗟来之食，以至于斯也。"从而谢焉，终不食而死。

【故事】

春秋战国时期，有一年，齐国发生了一次严重的饥荒，国内民穷粮缺。一大批穷人由于缺粮少食，而被活活地饿死。

这时，有一位名叫黔敖的贵族奴隶主，想发点"善心"。每天一早，他便在大路旁摆上一些食物，施舍给经过的饥民，以显示他的"仁慈"。

一天，黔敖又坐在路旁的车子上，等着有人经过。正在这时，一个饿得不成样子的人走了过来。他用袖子遮着脸，拖着一双破鞋子，眯着眼睛，摇摇晃晃地走过。黔敖看到后，认为显示自己"仁慈"的时候到了，便左手拿起食物，右手端起汤，老远地、傲慢地吆喝道："喂！来吃吧！"他一心以为那个饿汉会对他感激不尽，感谢他的好意和慷慨。可出乎意料的是，那个饿汉抬起头抖了抖衣袖，轻蔑地瞪了他一眼，说道："我就是因为不吃这种'嗟来之食'才饿成这个样子的。你以为一个人为了食物，就会放弃自己的尊严，接受这种侮辱性的施舍吗？你还是收起你那假仁假义的一套吧！"说完，那饿汉扭头就走。最后，他终因饥饿而死于路旁。

竭泽而渔

【解释】

"竭泽而渔"这则成语的意思是排尽湖泊或池塘中的水捕鱼。比喻只图眼前利益,没有长远打算,丝毫不为子孙后代着想,不留余地地进行掠夺式的索取。竭泽:把池塘里的水弄干。渔:捉鱼。

【出处】

这个成语来源于《吕氏春秋·义赏》:竭泽而渔,岂不获得,而明年无鱼。

【故事】

公元前636年,晋公子重耳回晋国即位,这就是晋文公。当时,曹、卫、陈、蔡、郑等诸侯国都倒向强大的楚国,只有宋国不肯投靠楚国而是投靠了晋国。楚威王大怒,命大将子玉统帅三军,包围了宋国的都城商丘。

宋成王赶紧向晋文公求援,晋文公收到宋国的告急文书后,把舅父狐偃召来商议。狐偃认为,救援宋国,有利于提高晋国的威望,应该去打这一仗。晋文公说:"楚军的兵力超过我晋军的兵力,你看怎样才能取得胜利呢?"狐偃认为讲究礼节的人不厌烦琐,善于打仗的人不厌欺诈。应该用欺诈的方法。晋文公对狐偃提出的方法有疑虑,又把大臣雍季召来,询问他有什么见解。雍季并不赞成狐偃的主意,他比喻说:"有个人要捉鱼,把池塘里的水都弄干了,当然能捉到池塘里所有的鱼。可是,明年这池塘里就无鱼可捉了。还有个人要捕捉野兽,把山上的树木都烧光,当然能捕捉到许多野兽。可是,明年这里就没有野兽可捕了。欺诈的方法虽然偶然用一次会取得成功,可是常用就会失灵,这不是长久之计。"

近水楼台

【解释】

"近水楼台"这则成语的意思是坐落在水边的楼台先得到月光。比喻地处近便而获得优先的机会。也用来比喻由于接近某些人或事物而条件优越,能首先得到好处。

【出处】

这个成语来源于宋·俞文豹《清夜录》:范文正公镇钱塘,兵官皆被荐,独巡检苏麟不见录,乃献诗云:"近水楼台先得月,向阳花木易为春。"

【故事】

北宋时,有个著名的政治家和文学家,名叫范仲淹。范仲淹小时家境贫困,但他勤奋学习,读了很多书。后来,他做过右司谏(向皇帝提意见的官)、知州(地方行政长官)、参知政事(副宰相)等地位很高的官。"先天下之忧而忧,后天下乐而乐"就是他在岳阳楼题写的千古名句。

范仲淹虽然官位很高,但他为人正直、待人谦和,特别善于使用人才。范仲淹在杭州做知府的时候,城中的文武官员大多都得到过他的关心帮助,在他的推荐下,那些官员们都有了能发挥自己才干的职务,心里很感激和崇敬他。只有一个名叫苏麟的巡检官,在杭州所属的外县工作,接近范仲淹的机会很少,所以一直没有被推荐和提拔,心中感到十分遗憾。

一天苏麟趁着与范仲淹谈公事的机会,写了一首诗献给范仲淹。诗中有两句是"近水楼台先得月,向阳花木易为春"。意思是靠近水边的楼最先可以看到月亮,朝着阳光的地方生长的花草树木容易成长开花,显现出春天的景象。苏麟用这两句诗来表达他对范仲淹的不满,巧妙地指出那些接近你的人都得到

了好处。范仲淹看了心领神会，于是，就根据苏麟的意见和希望，为他安排了合适的职位。

后来，人们常用"近水楼台先得月"，或把它概括为"近水楼台"这个成语，来比喻由于个人关系比较接近，或是职务、环境方面比较便利，而优先得到利益和方便。

噤若寒蝉

【解释】

"噤若寒蝉"这则成语原作"自同寒蝉"，指像冷天时已不再鸣叫的蝉一样，闭口不说话。后世多作"噤若寒蝉"，比喻因害怕有所顾虑而不敢做声或说话，含贬义。噤：闭口不说话。

【出处】

这个成语来源于《后汉书·杜密传》：刘胜位为大夫，见礼上宾，而知善不荐，闻恶无言，隐情惜己，自同寒蝉，此罪人也。

【故事】

东汉时，担任过郡太守、尚书令的杜密才华出众，为官清正，执法严明。他曾参加过打击宦官集团的斗争，对宦官和豪强子弟有恶必查，有罪必办。他对有才能的人十分爱惜，总是设法使他们得到升迁或深造。

有一年，他到高密县巡视，发现有个名叫郑玄的乡官才学过人，便提拔他到郡里来任职，不久，又把他送到太学去深造。后来，郑玄成为东汉极负盛名的经学家。

杜密后来辞官回到了家乡，但仍然非常关心政事，时常和当地的郡守、县令谈论天下大事，推举贤士，揭发坏人坏事。

当时，同郡的刘胜告老还乡。他的处世哲学就与杜密不同，只是明哲保身。所以他闭门谢客，不问政事，对好人坏人一概不闻不问，被当时的人认为是清高的表现。

有一次，太守王昱和杜密谈起刘胜，夸他是清高之士，还说公卿们都称赞他的为人。杜密却不这样认为，说："刘胜地位很高，受到上宾的礼遇。但他知道有贤士不推荐，听到有人干坏事不吭声，如同冷天的蝉不再鸣，这实际上是罪人。"

惊弓之鸟

【解释】

"惊弓之鸟"这则成语是指被弓箭吓怕了的鸟。比喻受过惊吓或打击的人,遇到一点动静就非常害怕。

【出处】

这个成语来源于《战国策·楚策四》:更羸与魏王处京台之下,仰见飞鸟。更羸谓魏王曰:"臣为王引弓虚发而下鸟。"……有间,雁从东方来,更羸以虚发而下之。

【故事】

战国末年,秦国日益强大,对其他各国虎视眈眈。后来,赵、楚、燕、齐、韩、魏六国决定联合抗秦。一天,赵国使者魏加和楚国春申君一起商谈抗秦主将的人选。当魏加知道春申君准备让临武君担任主将时,只是摇头叹气不吭声。春申君问他为什么不同意,魏加想了想说:"我讲一个故事给你听,听完了,你就会明白的。"接着他就讲了起来:

"从前魏国有个神箭手名叫更羸,射起箭来真可以说是百发百中。一天,他和魏王一起散步时,天空中飞过几只大雁。他对魏王说:'大王,我只要用弓,不用箭,就可以把鸟射下来。'魏王哪里相信。更羸又说:'我试给你看。'过了一会儿,一只大雁从东方飞来,更羸举起弓,不用箭,拉了一下弓弦,随着'咚'的一声弦响,大雁从空中掉了下来。

"魏王大吃一惊说:'想不到你会有这样的本领。'更羸说:'这并不是我有什么超人的本领,而是这只大雁受过箭伤。你没有看见它飞得很慢,而且叫声很悲凄吗?飞得慢,是它的伤口疼痛,叫得悲是离开雁群很久了。它惊魂未定,又听到弦响,就拼命想往高处飞,一使劲,伤口又裂开,所以就掉下来了。'"

接着,魏加话锋一转说:"临武君刚被秦军打败过,看到秦军就会害怕,如同受过伤的鸟一样,怎么能再让他担任主将呢?"果然,这次联合抗秦又以失败告终。楚国军队由于屡败于秦军,一开战便纷纷溃退,就像是一群惊弓之鸟。

精疲力尽

【解释】

"精疲力尽"这则成语的意思是由于长期从事超负荷的过重劳动(或体力活动),从而导致人(或畜)的筋骨、肌肉过度疲乏劳损,整个躯体的精力完全耗尽,连最后一点儿微弱的力气也没有了。

【出处】

这个成语来源于李纲《病牛》:耕犁千亩实千箱,力尽筋疲谁复伤?但得众生皆得饱,不辞羸病卧残阳。

【故事】

李纲是宋朝的一位大臣,字伯纪,邵武(今属福建)人,宋徽宗政和年中进士,后任太常少卿,高宗即位时曾任命他为宰相,但仅做了七十天就被贬了。李纲为人耿直,对国家一片赤胆忠心,他一贯主张抗金,反对议和。靖康元年(1126)金兵围困开封,投降派们有的劝皇帝割地求和,有的让皇帝撤离逃跑。李纲坚决反对,他慷慨陈词:"祖宗疆土,应当死守,一尺一寸都不能让给敌人!"敌兵攻城时,李纲亲自上战场督战,士气大振,军民们一鼓作气,杀退了敌人。可是,昏庸的皇帝还是听信投降派的谗言,多次贬逐李纲。

以国家、民族兴亡为己任的李纲,从不计较个人得失,无论是在位时还是被贬时,他总是一再上书,陈说抗金大计,尽管都没有被采用,但他毫不气馁。他的凛然正气使得敌人也很敬畏,以至于宋朝的使者一到金人处,他们总要问李纲是否安好。

李纲曾写下《病牛》一诗,这首诗的题目虽然是"病牛",但实际上作者采用了拟人的手法来表达自己的抱负和心情。

全诗共四句:耕犁千亩实千箱,力尽筋疲谁复伤?但得众生皆得饱,不辞羸病卧残阳。

李纲

诗的大意是：牛为主人辛勤耕耘了千百亩田地，主人粮谷满仓，可是累得一点力气也没有的牛却得不到一点同情和哀怜，只要大众百姓都能吃饱饭，哪怕累得爬不起来也心甘情愿。

后来，人们就用"力尽筋疲"或"精疲力尽"来形容累得一点力气也没有了。

精卫填海

【解释】

"精卫填海"是中国上古神话传说之一。相传炎帝之女被海水淹死，变为精卫鸟，衔树枝、石子，想填平东海。后比喻心怀怨愤，立志必报；也比喻意志坚强，不畏艰难，奋斗不止。精卫：古代神话中的小鸟。

【出处】

这个成语来源于《山海经·北山经》：有鸟焉，其状如乌，文首、白喙、赤足，名曰精卫……常衔西山之木石，以堙于东海。

【故事】

传说在上古时代的发鸠山上有许多柘树（桑树）。树上有只小鸟，它的形状像乌鸦，头上有花纹，白色的嘴巴，红色的脚爪。由于它的啼叫声像"精卫！精卫！"，因此而得名。

精卫鸟本是炎帝（神农氏，传说中我国农业和医药的始祖）的小女儿，名叫女娃。她很喜欢玩水，一天到东海去游泳，不幸遇到巨浪，被海水吞没。女娃死后变成精卫鸟。她从不闲着，每天从西山衔着树枝、石子飞到东海

精卫

上空，将它们投下去。一天又一天，一月又一月，一年又一年，一直如此。原来，它决心要把东海填平，免得别人也淹死在大海里。

"精卫填海"的故事，反映了上古时代人类同大自然艰难的斗争。由于当时人们抵御大自然的能力非常低下，大海经常吞没人的生命财产，于是产生了填平大海的愿望，精卫鸟正是当时人们征服大海的坚强决心的象征。

居安思危

【解释】

"居安思危"这则成语的意思是处在安定的环境中要想到随时有可能产生的危难祸害。

【出处】

这个成语来源于《左传·襄公十一年》：《书》曰："居安思危。"思则有备，有备无患，敢以此规。

【故事】

有一次，宋、齐、晋、卫等十二国联合围攻郑国。郑国慌了，马上向十二国中最大的晋国求和。晋国表示同意，其余十一国因为惧怕晋国，也就停止了进攻。

郑国为了答谢晋国，赠送给晋国许多兵车、乐器、乐师和歌女。晋悼公十分高兴，于是把歌女的一半分赠给他的功臣魏绛，并对他说："你这几年中为我出谋划策，使得晋国国泰民安，现在让咱们一同来享受享受吧！"然而，魏绛却不肯接受，劝晋悼公说："现在您能团结和统率许多国家，这是您的能耐，也是大臣齐心合力的结果，我并没有什么功劳，怎能无功受禄呢？不过，我很希望您在享受快乐的时候，能

晋悼公驾楚会萧

够想到国家以后的许多事情。听人说：'安居的时候，应该想到可能发生的危险。'能够这样做事才会先有准备，有准备才可避免失败和灾祸的到来。"

鞠躬尽瘁

【解释】

"鞠躬尽瘁"这则成语常和"死而后已"连用，意思是表示小心谨慎，竭尽全力去效劳，一直到死为止。鞠躬：弯着身子，表示恭敬谨慎。瘁：劳累。已：止。

【出处】

这个成语来源于诸葛亮《后出师表》（《三国志》裴松之注引《汉晋春秋》）：臣鞠躬尽瘁，死而后已。

【故事】

东汉末年，曹操死后，他的儿子曹丕执掌了政权。不久，曹丕推翻汉献帝的统治，改国号为魏，自己做了皇帝，史称魏文帝。

这时，占据四川一带的刘备也正式登基，江东的孙权也正式登基。于是，出现了魏、蜀、吴三国。

蜀汉的皇帝刘备任命诸葛亮为丞相。诸葛亮辅佐刘备，把蜀国治理得国富民强，百姓安居乐业。

不久，刘备去世，刘备的儿子刘禅继位。刘禅就是历史上著名的"刘阿斗"，他十分昏庸无能，只知享乐，把军政大权全交给了诸葛亮。

诸葛亮一贯主张联吴伐魏，这时他一面和东吴交好，一面南征孟获，平定南方边境，然后积蓄力量，积极准备北伐。

过了一段时间，诸葛亮感到力量积聚得差不多了，便决定出祁山北伐魏国。在出师前，他给后主刘禅上表，要他听信忠言，任用贤臣，富国强兵。这道奏表，便是历史上有名的《前出师表》。

可是，这次北伐并没有成功，诸葛亮兵败以后，只得退兵回蜀。过了几年，诸葛亮决定再次北伐。当时，有一些臣子不赞成诸葛亮出师北伐。于是，诸葛亮再次上表给后主，详细分析了当时的敌我形势，说明蜀汉和魏国势不两立，你不去伐他，他就要来伐你。这道奏章深深打动了刘禅，他同意了诸葛亮北伐。

这第二道表，便是历史上有名的《后出师表》。在这道表的最后，诸葛亮表示他忠心为国，鞠躬尽瘁，死而后已。

《前出师表》和《后出师表》由于表现了诸葛亮一心为国的忠贞气节，成了历史上广为传诵的散文名篇，在文学史上也有很高的价值。

举案齐眉

【解释】

"举案齐眉"这则成语是指送饭时把托盘举得跟眉毛一样高。形容夫妻间互相敬重。

【出处】

这个成语来源于《后汉书·梁鸿传》：（鸿）为人赁舂，每归，妻为具食，不敢于鸿前仰视，举案齐眉。

【故事】

东汉时，有个名叫梁鸿的穷书生，依靠勤奋努力进入当时的最高学府太学。

梁鸿

梁鸿完成学业后，回到了家乡。乡里人知道他品格高，学问好，这次又从京师回来，都很尊敬他。但他一点儿也没有太学生的架子，还是像农民一样下地干农活。

这样过了几年，家乡远近的人都知道梁鸿是个有学问的种地人，不少人想把女儿嫁给他，但都被他拒绝了。

县里有个孟大爷非常有钱，他为女儿不肯出嫁而烦恼。有一次，孟大爷生气地问道："你已经三十岁了，还这个不嫁，那个不嫁，到底打算怎么办？难道一辈子不嫁人？"女儿回答说:"除非像梁鸿那样的人,我才会嫁给他!"孟大爷听了,赶紧托人去向梁鸿传达女儿的心意。梁鸿觉得孟小姐很合适,就央人去求婚,孟家自然马上答应。

举案齐眉

不久,梁鸿便和孟小姐成了亲。可是一连七天,梁鸿却不与新娘子说一句话。孟小姐十分奇怪,猜不透他为什么这样,便跪着对他说:"我听说你品格高尚,挑选妻子十分慎重,曾经拒绝过不少说亲的人家。我虽然长得不美,但也谢绝了好多人家。我和你情投意合,才做了夫妻,我也感到很幸运。但是七天了,你却不和我说一句话。我一定是有什么罪过,就向你请罪吧!"梁鸿不能不开口了,他开诚布公地说:"我想娶的是吃穿俭朴的妻子,这样才能跟我一块儿种庄稼,过隐居生活。现在你穿的是绫罗绸缎,戴的是金银珠宝,这怎么符合我的意愿呢?"孟小姐明白了丈夫的心思,对他说:"我身上穿的是婚礼服。但我知道你的心思,所以早就准备了粗布衣服麻布鞋,你不必为此烦恼。"说完,她退到内室,摘去首饰,换上粗布衣服,挎一只筐子出来。梁鸿见了,高兴地说:"这才是我的好妻子!"说罢,他高兴地给妻子起了个名字:孟光。不久,他们搬到了霸陵山中。夫妻俩靠种地和织布过日子,空下来就看看书,写写文章,弹弹琴。没过多久,他俩在霸陵也出了名。于是他们更名换姓,在齐、鲁一带住了一段时间。最后,他们搬到了吴中,故意投奔到富翁皋伯通家里,向他借了一间房子住下来。梁鸿天天出去给人家舂米或者种地,孟光则在家里纺纱织布。

每天当梁鸿回家的时候,孟光就托着放有饭菜的盘子,恭恭敬敬地送到梁鸿面前。为了表示对丈夫的尊敬,她不仰视他,并且每次总是把盘子托得跟眉毛平齐,梁鸿也总是很有礼貌地双手接过盘子。一次,皋伯通看到了他俩互敬互爱的情景,知道梁鸿不是平常的庄稼人,就把他一家接到自己家里,并且供给他们吃的和穿的,让梁鸿安心读书、写文章。不久梁鸿病死,孟光才带着儿子回到老家去。

中华成语故事

·113·

举足轻重

【解释】

"举足轻重"这则成语的意思是只要脚稍微移动一下,就会严重影响两边的轻重。比喻实力强大,地位十分重要,一举一动足以左右局势。

【出处】

这个成语来源于《后汉书·窦融传》:方蜀汉相攻,权在将军,举足左右,便有轻重。

【故事】

东汉时,窦融家世代在河西当官。王莽当政时,他担任波水将军,后来归降起义军首领刘玄,当了巨鹿太守。刘玄失败后他联合酒泉、敦煌等五个郡割据河西,担任河西五郡大将军。

河西这地方民风质朴,窦融施政宽和,境内官民相安,因此财粮丰裕、兵强马壮,引来了很多流亡的百姓。

汉光武帝刘秀取得政权以后,窦融有意归附,于是派长史刘钧向光武帝上书并献上马匹。刘秀见窦融有归顺之意,非常高兴,封他为凉州牧,赏赐黄金二百斤,颁发一道诏书让刘钧捎回。

在这道诏书中,刘秀赞扬窦融治理河西五郡的政绩以及他对窦融的思慕之情,并且分析了当时的政治、军事形势。刘秀特地指出,在他与窦融相隔之间,还有蜀地的公孙述和天水的隗嚣,他们占据着土地,一个想争夺天下,一个则想从战争中渔利。在蜀汉相攻的形势下,窦融的去从对全局起着关键的作用,他要举足移动一步,就会影响两边的轻重。

卷土重来

【解释】

"卷土重来"这则成语的意思是（人马奔跑）卷起尘土，再一次扑过来。后来比喻失败后组织力量，重新猛扑过来。卷土：人马奔跑时卷起的尘土。

【出处】

这个成语来源于唐·杜牧《题乌江亭》：胜败兵家事不期，包羞忍耻是男儿；江东子弟多才俊，卷土重来未可知。

【故事】

秦朝灭亡以后，项羽和刘邦为了争夺天下，开始了长达四年的争战，历史上称为"汉楚相争"。

当时，项羽手下一支最精锐也最受他信赖的军队，是他和叔叔项梁在吴中（今江苏吴县）一带组织的八千子弟兵。这些子弟兵中有许多是他们的好朋友，十分勇敢善战。项羽就是以这八千精兵为基础，逐渐发起一支强大的队伍的。

根据当时的形势来看，项羽兵力强于刘邦，本来可以打败刘邦的，但他没有知人之明，刚愎自用，轻敌自傲，结果在垓下中了刘邦手下大将韩信的埋伏，打了一个大败仗，手下的十万楚兵死的死，逃的逃，最后只剩下八千江东子弟兵守着他。

项羽四面受敌，以为整个楚地都被汉军占领了，于是带着江东子弟兵突围，往南逃到了乌江。这时，前有滔滔江水，后有韩信的追兵，而他的身边只剩下二十八人了。在这危急的情况下，乌江亭长撑着一只渡船靠岸，对他说："江东虽小，但仍有千里之地，还可以在那里称王。现在只有我这里有船，你赶快过江，汉军就是追到，也是无法过江的。"可是项羽不肯上船，他苦笑着说："这是老天叫我死，我怎么能渡江而走呢？况且当初我带领江东八千子弟渡江西进，如今没一个人活着回去。即使江东父老可怜我、宽恕我，我也没有颜面去见他们啊！"说完，他把自己的乌骓马送给亭长，表示谢意。当汉军赶到，项羽又连杀数十人，才在乌江边自刎而死，年仅三十一岁。

后来，唐朝诗人杜牧有一次来到项羽自杀的乌江边，想起项羽和他的八千子弟兵，感慨万千，同时也为项羽惋惜。他认为项羽当时如渡江而去，也许还能卷土重来，于是在乌江亭上题了一首诗，其中有两句是："江东子弟多才俊，卷土重来未可知。"

开诚布公

【解释】

"开诚布公"这则成语原作"开心见诚"，意思是袒露心迹，以示对人真诚。后来人们把"开诚心，布公道"简化为成语"开诚布公"，用来比喻诚意待人，坦白无私。

【出处】

这个成语来源于《三国志·蜀志·诸葛亮传》：诸葛亮之为相国也……开诚心，布公道。

【故事】

三国时，蜀汉的丞相诸葛亮极得皇帝刘备的信任和重用。刘备临终前，曾将自己的儿子刘禅托付给他，请他帮助刘禅治理天下，并且诚恳地表示，你能辅佐他就辅佐他，如果他不好好听你的话，干出危害国家的事来，你就推翻他自己做皇帝。

刘备死后，诸葛亮竭尽全力帮助平庸的后主刘禅治理国家。有人劝他晋爵称王，他严词拒绝，并认为自己受先帝委托，已经担任了这么高的官职；如今讨伐曹魏没见什么成效，却要加官晋爵，这样做是不义的。

诸葛亮待人处事公正合理，不徇私情。马谡是他非常看重的一位将军，在攻打曹魏时当前锋。因为违反节制，失守街亭，诸葛亮按照军令状规定，忍痛杀了他。马谡临

诸葛亮

刑前上书诸葛亮，说自己虽然死去，在九泉之下也没有怨恨。诸葛亮认为自己也要为失守街亭等承担责任，请求后主批准他由丞相降为右将军。他还特地下令，要下属批评他的缺点和错误。这在当时是罕见的。

234年，诸葛亮病死于军中。他一生清贫，并无什么产业留给后代。

开卷有益

【解释】

"开卷有益"这则成语原作"开卷有得"，意为打开书册，就有收获。后世多作"开卷有益"，形容打开书本，总有益处。常用以勉励人们勤奋好学，多读书就会有收获。

【出处】

这个成语来源于宋·王辟之《渑水燕谈录·文儒》：（宋）太宗日阅《御览》三卷，因事有阙，暇日追补之。尝曰："开卷有益，朕不以为劳也。"

【故事】

宋朝初年，宋太宗赵光义命文臣李昉等人编写一部规模宏大的分类百科全书——《太平总类》。这部书收集摘录了一千六百多种古籍的重要内容，分类归成五十五门，全书共一千卷，是一部很有价值的参考书。

这部书是宋太平兴国年间编成的，故定名为《太平总类》。对于这么一部巨著，宋太宗规定自己每天至少要看两三卷，一年内全部看完，遂更名为《太平御览》。

当宋太宗下定决心花精力翻阅这部巨著时，曾有人觉得皇帝每天要处理那么多国家大事，还要去读这么大一部书，太辛苦了，就劝他少看些，也不一定每天都得看，以免过度劳神。

可是，宋太宗却回答说："我很喜欢读书，从书中常常能得到乐趣，

宋太宗

多看些书，总会有益处，况且我并不觉得劳神。"于是，他仍然坚持每天阅读三卷，有时因国事忙耽搁了，他也要抽空补上，并常对左右的人说："只要打开书本，总会有好处的。"宋太宗由于每天阅读三卷《太平御览》，因此学识渊博，处理国家大事也十分得心应手。当时的大臣们也纷纷效仿，所以当时读书的风气很盛，连平常不读书的宰相赵普也孜孜不倦地阅读《论语》，有"半部《论语》治天下"之说。

后来，"开卷有益"便成了成语，形容只要打开书本读书，总有益处。

开天辟地

【解释】

"开天辟地"这则成语用来指有史以来。也用来表示前所未有，是有史以来的第一次。

【出处】

这个成语来源于三国·吴·徐整《三五历记》：天地混沌如鸡子，盘古生在其中，万八千岁，天地开辟，阳清为天，阴浊为地，盘古在其中。

【故事】

远古人生活在天地之间，他们很想知道天地是怎样形成的。渐渐地，他们创造出一个开天辟地的神话故事。

据说很久很久以前，天地还没有形成，到处是一片混沌。它无边无沿，没有上下左右，也不分东南西北，样子好像一个浑圆的鸡蛋。这浑圆的东西当中，孕育着人类的祖先——盘古。

过了一万八千年，盘古在这浑圆的东西中孕育成熟了。他发现眼前漆黑一团，非常生气，就用自己制造的斧子劈开了这混混沌沌的圆东西。随着一声巨响，圆东西被劈开了，里面轻而清的阳气上升，变成了高高的蓝天；重而浊的阴气下沉，变成了广阔的大地。从此，宇宙间就有了天地之分。

盘古出世后，头顶蓝天，脚踏大地，挺立在天地之间。以后，天每日增高一丈，地每日增厚一丈，盘古也每日长高两丈。这样又经过一万八千年，天高得不能再高，地深得不能再深，盘古自己也变成了顶天立地的巨人，像一根柱子一样撑着天和地，使它们不再变成过去的混沌状态。

盘古开天辟地后，天地间只有他一个人。因为天地是他开辟出来的，所以他的情绪有什么变化，天地也跟着发生不同的变化。他高兴的时候，天空晴朗；他发怒的时候，天空阴沉；他哭泣的时候，天空下雨，落到地上汇成江河湖海；他叹气的时候，大地上刮起狂风；他眨眨眼睛，天空出现闪电；他发出鼾声，空中响起隆隆的雷鸣声。

不知经过多少年，盘古死了，他倒下来。他的头部隆起，成为东岳泰山；他的脚朝天，成为西岳华山；他的肚子高挺，成为中岳嵩山；他的两个肩胛，一个成为南岳衡山，另一个成为北岳恒山。至于他的头发和汗毛，则全变成了树木和花草。

后来，才有了传说中的远古帝王——三皇，即天皇、地皇和人皇。

侃侃而谈

【解释】

"侃侃而谈"这则成语是指理直气壮、从容不迫地说话。侃侃：理直气壮。

【出处】

这个成语来源于《论语·乡党》："朝，与下大夫言，侃侃如也；与上大夫言，訚訚如也，君在，踧踖如也，与与如也"。朝：上朝。

【故事】

在周朝的等级制度中，大夫是诸侯下面的一个等级。其中又分为两等，最高一级称为卿，即上大夫，其余称为下大夫。

孔丘是春秋末期的思想家、政治家、教育家，又是儒家学派的创始人。但他在当时的地位仅相当于下大夫。

孔子大力宣传"仁"的学说，并提出"仁"的执行要以"礼"为规范，极力维护贵族等级秩序，所以他是一个一举一动、一言一行都力求合乎周礼的人。在家乡，在朝廷上，和上大夫说话，和下大夫说话，他都有不同的举止和言语。

平时，在家乡与乡亲们说话，他显得温和恭顺，好像不善辞令的样子；但在祭祀和朝见的场合，他却十分善言，只是比较谨慎罢了。在朝廷上，当国君不在场时，与下大夫说话，他言谈毫无顾忌，侃侃而谈，显得从容不迫；但和上大夫说话，他和颜悦色，十分谦恭；如果国君临朝，在国君面前，他一切都按朝仪去做，小心谨慎，唯恐有什么不妥当的地方。

应该说，孔子提倡的礼教，是中华民族传统文化的组成部分，即使就今天而言，也仍有一定的积极意义。

克己奉公

【解释】

"克己奉公"这则成语的意思是约束自己的私欲，以公事为重。比喻一个人对己要求严格，一心为公。克己：克制、约束自己。奉公：以公事为重。

【出处】

这个成语来源于《后汉书·祭遵传》：遵为人廉约小心，克己奉公。赏赐辄尽与士卒，家无私财。

【故事】

祭遵，字弟孙，东汉初年颍阳人。祭遵从小喜欢读书，知书达理，虽然出身豪门，但生活非常俭朴。

24年，刘秀攻打颍阳一带，祭遵去投奔他，被刘秀收为门下吏。后随军转战河北，当了军中的执法官，负责军营的法令。任职中，他执法严明，不徇私情，受到了大家的称赞。

有一次，刘秀身边的一个小侍从犯了罪，祭遵查明真相后，依法把这小侍从处以死刑。刘秀知道后，十分生气，想祭遵竟敢处罚他身边的人，欲降罪于祭遵。但马上有人来劝谏刘秀说："严明军令，本来就是大王的要求。如今祭遵坚守法令，上下一致没有任何过错。只有像他这样言行一致，号令三军才有威信啊！"刘秀听了觉得有理。后来非但没有治罪于祭遵，还封他为征虏将军、颍阳侯。

祭遵为人廉洁，为官清正，处事谨慎，克己奉公，常受到刘秀的赏赐，但他将这些赏赐都拿出来分给手下的人。他生活十分俭朴，家中没有多少私人财产，就算在安排后事时，他也嘱咐手下的人，不许铺张浪费，只用牛车装载自己的尸体和棺木，拉到洛阳草草下葬就可以了。

祭遵死后多年，汉光武帝刘秀仍对他克己奉公的精神念念不忘。

克勤克俭

【解释】

"克勤克俭"这则成语是指既能勤劳地治国，又能节俭地持家。后泛指既能勤劳，又能节俭。多指持家勤俭。克：能、能够。

【出处】

这个成语来源于《尚书·大禹谟》：克勤于邦，克俭于家。

【故事】

古时候，我国黄河流域一带，洪水经常泛滥成灾。人们深深被洪水困扰，热切希望加以治理。

尧帝时，鲧受尧的委派负责治水，九年不成。舜帝时，把这一任务交给了鲧的儿子——禹。禹深知人民的疾苦，他欣然接受了任务，虽然当时他才结婚四天，但他毅然告别了新婚的妻子，踏上了治理水害的征途。

禹认真地察看了地形，吸取了前人失败的教训，废弃了过去一贯采取的堵塞方针，采用了疏导的办法。他日夜辛劳地带领百姓疏通河道，开渠筑坝，把河水引入大海。

在长达十三年的艰苦岁月中，大禹曾三次路过自己的家门口，都顾不上进去看一下。他与百姓一起节衣缩食，同甘共苦，最终治住了水患。

大禹治水成功后，舜见他是一个有德有才的人，便要把自己的职位让给禹，并说："大禹啊，你是一个非常贤能的人，既能勤劳地治国，又能节俭地持家，是能够担当得起这个职位的。"在舜的再三坚持下，禹接替了舜的职位，受到了百姓们的拥戴。

夏禹

刻舟求剑

【解释】

"刻舟求剑"这则成语的意思是在剑落水的船身处刻上记号,再去找剑。用来比喻办事刻板,拘泥而不知变通。

【出处】

这个成语来源于《吕氏春秋·察今》:楚人有涉江者,其剑自舟中坠于水,遽契其舟曰:"是吾剑之所从坠。"舟止,从其所契者入水求之。舟已行矣,而剑不行,求剑若此,不亦惑乎?

【故事】

战国时,楚国有个人坐船渡江。船到江心,他一不小心,把随身携带的一把宝剑掉落到江中。他赶紧去抓,已经来不及了。

船上的人对此感到非常惋惜,但那楚人似乎胸有成竹,马上掏出一把小刀,在船舷上刻上一个记号,并向大家说:"这是我宝剑落水的地方,所以我要刻上一个记号。"大家都对他的举动感到莫名其妙。

船靠岸后,那楚人立即从船上刻记号的地方下水,去捞取掉落的宝剑。捞了半天,不见宝剑的影子。他觉得很奇怪,自言自语地说:"我的宝剑不就是从这里掉下去的吗?我还在这里刻了记号呢,怎么会找不到呢?"至此,船上的人纷纷大笑起来,对他说,剑掉落在江中后,船继续行驶,而宝剑却不会再移动。像他这样去找剑,真是太愚蠢可笑了。

《吕氏春秋》的作者也在写完这个故事后评论说这个"刻舟求剑"的人实在"太愚蠢可笑了"!

空前绝后

【解释】

"空前绝后"这则成语原或作"超前绝后",意为超过前代或前人,后代也无人能继承。后世多作"空前绝后",表示以前不曾有过,今后也不会再有。形容超绝古今,独一无二。也作"冠前绝后"。

【出处】

这个成语来源于宋·赵佶《宣和画谱》:顾(顾恺之,晋代画家)冠于前,张(张僧繇,南朝梁代画家)绝于后,而道子(吴道子,唐代画家)乃兼有之。

【故事】

晋朝顾恺之,才华出众,学识渊博,他的绘画才能更是出色,闻名于世。顾恺之画人物,神态逼真,形象生动。与众不同的是,他画人物,从来不先点眼珠。有人问其原因,他说:人物传神之处,正在这个地方。一语道出了其中的诀窍,使人叹服。当时被人称为三绝:才绝、画绝、痴绝。

南北朝时的梁朝,又出了一个叫张僧繇的大画家。他善画山水、人物、佛像,在当时名气很大。梁武帝建了很多寺庙佛塔,都命他作画。据说,有一次他在一个寺庙的墙上画了四条龙,却没有给龙点眼珠。旁人问他为什么不点上眼珠,他说:"恐怕点了眼珠,这些龙会破壁飞去。"众人不信,坚持要他试一试,他便点了两条,果然破壁飞去。这一传说虽然有点夸张,但说明了他作画技艺是很高超的。

到了唐朝,又出了个更有成就的画家吴道子,集绘画、书法大成于一身。他的山水、佛像画闻名当时,且写得一手好字,有"书圣"之称。据传说,他曾为唐玄宗画巨幅嘉陵江图,几百里山水竟在一天内画好了。他在景玄寺中画了《地狱变相图》,不画鬼怪而阴森逼人,相传有很多人在看过这幅画后都改过自新、弃恶从善了。

所以,后来有人评价这三个画家时,认为顾恺之的画成就超越前人,张僧繇的画成就后人莫及,而吴道子则兼两人的长处。

空中楼阁

【解释】

"空中楼阁"这则成语用来指悬于半空中的城市楼台。比喻脱离实际的理论、计划或虚构的东西。也指人高明通达。

【出处】

这个成语来源于《百喻经·三重楼喻》：愚人见其垒墼作舍，犹怀疑惑，不能了知，而问之言："欲作何等？"木匠答言："作三重屋。"愚人复言："我不欲下二重之屋，先可为我作最上屋。"

【故事】

在很久以前，山村里有一位财主。他非常富有，但生性愚钝，尽做傻事，所以常遭到村里人的嘲笑。

有一天，傻财主到邻村的一位财主家做客。他看到一幢三层楼高的新屋，宽敞明亮，高大壮丽，心里非常羡慕，心想：我也有钱，而且并不比他的少。他有这样一幢楼，我也应该有。一回到家，他马上派人把工匠找来，问道："邻村新造的那幢楼，你们知道是谁造的吗？"工匠们回答："知道，那幢楼是我们几个造的。"傻财主一听，非常高兴，说："好极了，你们照样子再给我盖一幢。记住要三层楼的房子，要和那幢一模一样。"工匠们一边答应，心里一边嘀咕：不知这次他又会做出什么傻事来。尽管如此，工匠们还是要照吩咐去做，大家便各自忙开了。

一天，财主来到工地，东瞅瞅，西瞧瞧，心里十分纳闷，便问正在打地基的工匠："你们这是在干什么？""造一幢三层楼高的屋子呀，是照您的吩咐做的。""不对，不对。我要你们造的是那第三层楼的屋子。我只要最上面的那层，下面那两层我不要，快拆掉。先造最上面的那层。"工匠们听后哈哈大笑，说："只要最上面那层，我们不会造，你自己造吧！"工匠们走了，傻财主望着房基发愣。他不知道，只要最上面一层，不要下面两层，那是再高明的工匠也造不出来的。

口蜜腹剑

【解释】

"口蜜腹剑"这则成语的意思是口头上说话好听,像蜜一样甜,肚子里却怀着暗害人的阴谋。形容奸诈之徒的阴险毒辣。

【出处】

这个成语来源于《资治通鉴·唐玄宗天宝元年》:李林甫为相……尤忌文学之士,或阳与之善,啖以甘言而阴陷之。世谓李林甫"口有蜜,腹有剑"。

【故事】

李林甫,唐玄宗时官居兵部尚书兼中书令,这是宰相的职位。此人若论才艺倒也不错,能书善画。但若论品德,那是坏透了。他忌才害人,凡才能比他强、声望比他高的人,权势地位和他差不多的人他都要不择手段地想方设法加以排斥打击。对唐玄宗,他有一套谄媚奉承的本领。他竭力迁就玄宗,并且采用种种手法,讨好玄宗宠信的妃嫔以及心腹太监,取得他们的欢心和支持,以保住自己的地位。李林甫面对别人时,外表总是一副和蔼可亲的样子,嘴上尽说些动听的"善意"话,但实际上,他非常阴险狡猾,常常暗中害人。例如:有一次,他装作诚恳的样子对同僚李适之说:"华山出产大量黄金,如果能够开采出来,就可大大增加国家的财富。可惜皇上还不知道。"李适之以为这是真话,连忙跑去建议玄宗快点开采。玄宗一听很高兴,立刻把李林甫找来商议,李林甫却说:"这件事我早知道了。华山是帝王'风水'集中的地方,怎么可以随便开采呢?别人劝您开采,恐怕是不怀好意。我几次想把这件事告诉您,只是不敢开口。"玄宗被他这番话打动,认为他真是一位忠君爱国的臣子,认为李适之心怀不轨而疏远了他。

就这样,李林甫凭借这套特殊"本领",稳坐相位十九年。

后来,宋朝司马光在编《资治通鉴》时评价李林甫,指出他是个口蜜腹剑的人,这是很符合实际的。

口若悬河

【解释】

"口若悬河"这则成语原作"悬河泻水",意为像河水由高处往低处那样倾泻直下。后世多作"口若悬河",指讲起话来像瀑布一样滔滔不绝。形容能言善辩,也比喻十分健谈。悬河:瀑布。

【出处】

这个成语来源于《晋书·郭象传》:王衍每云:"听象语,如悬河泻水,注而不竭。"

【故事】

晋朝时,有一位大学问家,名叫郭象,字子玄。他在年轻的时候,就已经是一个很有才学的人。尤其是他对于日常生活中所接触的一些现象,都能留心观察,然后再冷静地去思考其中的道理。因此,他的知识十分渊博,对于事情也常常能有独到的见解。后来,他又潜心研究老子和庄子的学说,并且取得了不小的成就。当时,有不少人慕名而来,请他出去做官,他都一概谢绝,每天只是埋头研究学问,或者和志同道合的人谈论哲理。他认为,只有这样,才能得到永恒的快乐,活得充实自在。

但是,又过了些年,朝廷一再派人来请他,他实在推辞不掉,只好到朝廷中做了黄门侍郎。

到了京城,因为他的知识很丰富,所以无论对什么事情他都能说得头头是道,再加上他的口才很好,又非常喜欢发表自己的见解,因此每当人们听他谈论时,都觉得津津有味。

当时有一位太尉王衍，十分欣赏郭象的口才，他常常在别人面前赞扬郭象说："听郭象说话，就好像一条倒悬起来的河流，滔滔不绝地往下灌注，永远没有枯竭的时候。"郭象的口才，由此可知。

而后人就以"口若悬河"来形容人善于说话，一旦说起话来就像倒悬的河水，滔滔不绝，永远没有停止的时候。

脍炙人口

【解释】

"脍炙人口"这则成语原指人人爱吃的美食（烤肉），后用来比喻人人赞美的事物和传诵的诗文。脍：细切的肉。炙：烤肉。

【出处】

这个成语来源于《孟子·尽心下》：曾晳嗜羊枣，而曾子不忍食羊枣。公孙丑问曰："脍炙与羊枣孰美？"孟子曰："脍炙哉！"公孙丑曰："然则曾子何为食脍炙而不食羊枣？"曰："脍炙所同也，羊枣所独也。讳名不讳姓，姓所同也，名所独也。"

【故事】

春秋时，有父子两人，他们同是孔子的弟子。父亲曾晳爱吃羊枣（一种野生果子，俗名叫牛奶柿）；儿子曾参是个孝子，父亲死后，竟不忍心吃羊枣。这件事情在当时曾被儒家弟子广为传颂。到了战国时，孟子的弟子公孙丑对这件事不能理解，于是就去向老师孟子请教。公孙丑问："老师，脍炙和羊枣，哪一样好吃？""当然是脍炙好吃，没有哪个不爱吃脍炙的！"公孙丑又问："既然脍炙好吃，那么曾参和他父亲也应该都爱吃脍炙了？那曾参为什么不戒吃脍炙，而只戒吃羊枣呢？"孟子回答

·127·

说："脍炙，是大家都爱吃的；羊枣的滋味虽比不上脍炙，但是曾皙特别爱吃的。所以曾参只戒吃羊枣。好比对长辈只忌讳叫名字，不忌讳称姓一样，姓有相同的，名字却是自己所独有的。"孟子的一席话，使公孙丑明白了其中的道理。后来人们从孟子所说的"脍炙，所同也"里引申出"脍炙人口"这个成语，用来比喻人人赞美的事物和传诵的诗文。

旷日持久

【解释】

"旷日持久"这则成语的意思是荒废时日，长期拖延。旷：耽误，荒废。

【出处】

这个成语来源于《战国策·赵策四》：今得强赵之兵以杜燕将，旷日持久数岁，令士大夫余子之力尽于沟垒。

【故事】

平原君赵胜

战国时期，有个名叫荣蚠（fén）的人，被燕国封为高阳君，并派他为统帅，带领军队攻打赵国（今河北南部、山西北部一带）。荣蚠能征善战，赵王得到消息后，非常害怕，立即召集大臣商议对策。相国赵胜建议说："齐国的名将田单，善勇多谋。我国割三座城池送给齐国，以此作为条件，请田单来帮助我们带领赵军作战，一定可以取得胜利。"但大将赵奢不同意这么做，他说："难道我们赵国就没有大将可以领兵了吗？仗还没有打，就先要割三座城池给齐国，那怎么行啊？我对燕军的情况很熟悉，为什么不派我领兵抵抗呢？"赵奢还进一步分析道："第一，即使田单肯来指挥赵军，我国也不一定能取胜，也可能敌不过荣蚠，那就是白请他来了；第二，就算田单确实有本领，他也未必肯为我国出力，因为我国强大起来，对他们齐国称霸不是很不利吗？所以，他不可能会为我国的利益而认真地对付燕军。"接着，赵奢又说："田单要是来了他一定会把我们赵国的军队拖在战场上，'旷日持久'，荒废时间。这样长久地拖下去，几年之后，会把我国的人力、财力、物力消耗殆尽，后果不堪设想！"但是，赵孝成王和相国赵胜并没有听取赵奢的意见，仍然割让三城，聘请齐国的田单来当赵军的统帅。结果，不出赵奢所料，赵国陷入了一场得不偿失的消耗战，付出了很大的代价，只夺取了燕国一个小城，却没有获得理想的胜利。

滥竽充数

【解释】

"滥竽充数"这则成语字面意思是不会吹竽的人混迹在吹竽的队伍里充数。比喻没有真才实学的人混在行家里充数，或是以次充好，有时也用作自谦之辞。滥：失实，与真实不符，引申为蒙混的意思。竽：一种簧管乐器。充数：凑数。

【出处】

这个成语来源于《韩非子·内储说上》：齐宣王使人吹竽，必三百人。南郭处士请为王吹竽，宣王说之，廪食以数百人。宣王死，湣王立，好一一听之，处士逃。

【故事】

战国时期，齐宣王非常喜欢听人吹竽，而且喜欢许多人一起合奏给他听，所以齐宣王派人到处搜罗能吹善奏的乐工，组成了一支三百人的吹竽乐队。而那些被挑选入宫的乐师，受到了特别优厚的待遇。

当时，有一个游手好闲、不务正业的浪荡子弟，名叫南郭。他听说齐宣王有这种嗜好，就一心想混进那个乐队。于是，他便设法求见宣王，向宣王吹嘘自己是一名了不起的乐师，如愿以偿，他博得了宣王的欢心，被编入了吹竽的乐队。

可笑的是，这位南郭先生根本不会吹竽。每当乐队给齐宣王吹奏的时候，他就混在队伍里，学着其他乐工的样子，摇头晃脑，东摇西摆，装模作样地在那儿"吹奏"。因为他学得惟妙惟肖，而且是几百人在一起吹奏，所以齐宣王也听不出谁会谁不会。就这样，南郭混了好几年，不但没有露出一丝破绽，而且还和别的乐工一样领到一份优厚的赏赐，过着舒适的生活。

后来，齐宣王去世，他儿子齐湣王继位，湣王同样爱听吹竽。但不同的是，他不喜欢合奏，而喜欢乐师们一个个单独吹给他听。

南郭先生听到这个消息后，吓得浑身冒汗，整天提心吊胆的，心想：这回要露出马脚了，丢掉饭碗是小事，要是落个欺君犯上的罪名，连脑袋也保不住了。所以，趁湣王还没叫他演奏，他就赶紧溜走了。

狼狈不堪

【解释】

"狼狈不堪"这则成语的意思是困厄窘迫的处境不能忍受。形容环境十分艰难，进退不能。

【出处】

这个成语来源于李密的《陈情表》：臣进退之难，实为狼狈。

【故事】

晋朝时，武陵人李密品德、文才都很好，在当时颇享盛名。晋朝皇帝司马炎看重他的品德和才能，便想召他入朝为官，但几次都被他婉言谢绝了。

原来，李密很小就没有了父亲，四岁时母亲被迫改嫁，他从小跟自己的祖母刘氏生活。李密在祖母的照料下长大，也是祖母供他读书的。因此，李密与祖母感情非常深厚，他不忍心丢下年迈的祖母不服侍而去做官。

最后，李密给司马炎写了一封信，表明自己的态度。信中说："我出生六个月时便没有了父亲，四岁时母亲被舅舅逼着改嫁，祖母刘氏看我可怜，便抚养我长大。我家中没有兄弟，祖母也没有其他人可以照顾。祖母一人历尽艰辛把我养大，如今她年老了，只有我一人可以服侍她度过残年。可是我不出去做官，又违背了您的旨意，我现在的处境真是进退两难呀！"

狼狈为奸

【解释】

"狼狈为奸"这则成语原指狼和狈常合伙伤害牲畜。现比喻相互勾结干坏事。

【出处】

这个成语来源于《博物典汇》：狼前二足长，后二足短；狈前二足短，后二足长；狼无狈不立，狈无狼不行。

【故事】

狼和狈是两种野兽，它们长得形状十分相似，性情也十分相近。它们之间所不同的是，狼的两条前腿长，两条后腿短；而狈正好相反，它的两条前腿短，而两条后腿长。这两种野兽，常常一起出去偷吃人家蓄养的家畜，对人类造成很大的危害。

传说有一次，一只狼和一只狈一起来到一家农民的羊圈外面，知道里面有好多的羊，便打算偷一只羊来吃。可是，羊圈筑得很高，又很坚固，既跳不过去，也撞不开门，它们一时不知如何是好。

它们商量了一下，终于想到了一个办法，那就是让狼骑在狈的脖子上面，再由狈用两条长腿站立起来，把狼扛得高高的，然后狼再用它的两条长长的前脚，攀住羊圈，把羊叼走。

于是，那狈便蹲下身来，让狼爬到身上，然后用前脚抓住羊圈的竹篱，慢慢地把身子站直。等狈站直后，狼再将两只后脚站在狈的脖颈上，前脚抓住竹篱，一点一点地站直，把两只长长的前脚伸进竹篱，猛地抓住了一只在竹篱旁的羊。

在这次行动中，如果单单只有狼或只有狈，都一定没办法爬上羊圈，把羊偷走；可是，它们却会利用彼此的长处，互相合作，把羊偷走。

后来，人们就根据上面这则故事而引申出"狼狈为奸"这一成语，用来比喻两个或多个人聚集在一起，互相勾结做坏事。

劳而无功

【解释】

"劳而无功"这则成语的意思是花费了力气，却没有收到功效。

【出处】

这个成语来源于《庄子·天运》：今蕲行周于鲁，是犹推舟于陆也！劳而无功，身必有殃。

【故事】

春秋末年，是奴隶社会向封建社会过渡的时期，诸侯国之间常年混战，社会矛盾异常尖锐。孔子作为当时有名的教育家、社会活动家，极力主张以仁义道德来治理国家，恢复过去周朝的礼制。他认为统治者只要用"仁义"来感化百姓、处理诸侯国之间的关系，恢复礼制，天下就会安宁。为此他曾周游列国，向各诸侯国国君宣扬自己的政治主张，并请他们采纳。遗憾的是，他的这些政治主张并不像他的教学见解那样受人敬佩和欢迎，到处碰壁。

一次，孔子带着学生准备到卫国去游说，学生颜回便去问鲁国一个叫太师金的官吏："我的老师孔子到处游说，劝人家接受他的主张，可是到处碰壁。这次去卫国，你看情况会怎样？"太师金摇头说："我看还是不行。现在战乱四起，各国国君为争地盘都在忙于打仗，对你老师的'仁义道德'那一套非常反感，谁会去听那些不合时宜的说教呢？如蔡、陈两国就是如此。如果到卫国去游说，肯定不会有什么好结果。"太师金又举例做进一步解释："船在水里是最好的运输工具，车是陆地上最好的运输工具，如果硬要把船弄到陆上去运货，自然是白费力气，劳而无功。你的老师要去卫国游说，就好比把船弄到陆上去运货一样，其结果必然是劳而无功，可能还会招灾惹祸。你们不要忘了去陈国的教训，那时你们到陈国不是没人理睬，而且七天弄不到饭吃吗？"颜回回忆起那次去陈国的情景，不禁有些担心。他回去把此事告诉了老师孔子，孔子也深有感触。但他还是决定去卫国，结果，依然是碰壁而归。

后来，人们从这个故事里引申出"劳而无功"这个成语。

老当益壮

【解释】

"老当益壮"这则成语用来形容年纪虽老但志气豪壮。

【出处】

这个成语来源于《后汉书·马援传》：（援）常谓宾客曰："丈夫为志，穷当益坚，老当益壮。"

【故事】

东汉名将马援，从小就胸怀大志，希望有朝一日能到边疆去发展畜牧业。马援长大以后，当了扶风郡的督邮。有一次，郡太守派他送犯人到长安。半路上，他觉得犯人怪可怜的，不忍心把他送去受刑，就把他放走了。自己也因此丢了官，逃亡到北朝郡躲起来。这时恰好赶上大赦，以前的事不再追究。于是，他安心地搞起畜牧业和农业生产。

没几年工夫，马援就成了一个大畜牧主和地主。他有牛羊几千头，粮食几万石。但是，他对这种富裕生活并不满足。他把自己积攒的财产、牛羊，都分送给他的兄弟、朋友。他说："做个守财奴，太没有意思了。"他常对朋友说："做个大丈夫，总要'穷当益坚，老当益壮'才行。"就是说，越穷困，志向越要坚定；越年老，志气越要豪壮。后来，马援成了东汉有名的将领，为光武帝立下了很多战功。

老莱娱亲

【解释】

"老莱娱亲"这则成语是指子女想尽办法孝敬奉养父母。

【出处】

这个成语来源于《列女传》：老莱子孝养二亲，行年七十，婴儿自娱，著五色采衣。尝取浆上堂，跌仆，因卧地为小儿啼。

【故事】

春秋时，楚国有位隐士，名叫老莱子。他非常孝顺父母，想尽办法讨父母的欢心，使他们健康长寿。因为他对父母照料得无微不至，所以自己年满七十岁时父母还都健在。

为了使父母有所娱乐，老莱子特地养了几只美丽善叫的鸟，让他们弄鸟玩耍。他自己也经常引逗鸟儿，使鸟儿发出悦耳动听的鸣叫声。他父亲听得高兴的时候，总是笑着说："这鸟声真动听！"老莱子见父母脸上有笑容，顿时感到一阵满足，心里非常高兴。

一次，老莱子的父亲望着儿子花白的头发，叹着气说："连儿子也这样老，我们在世的日子不长了！"老莱子怕父母有这样的想法，不能长寿，便专门做了一套五彩斑斓的衣服，常常穿在身上，连走路也装成小儿跳舞的样子，使父母看了高兴。

一天，他为父母取浆上堂，不小心跌了一跤。他怕父母伤心，索性赖在地上打了个滚，口中还装出婴儿啼哭的声音。

老莱子装得太像了，以至于父母以为他是故意跌倒打滚的。见他老是不爬起来，父母笑着说："莱子真会玩！快起来吧！"

老马识途

【解释】

"老马识途"这则成语的意思是老马认识曾经走过的道路。比喻阅历多的人富有经验，熟悉情况，能起到引导的作用。途：路。

【出处】

这个成语来源于《韩非子·说林上》：管仲、隰朋从于桓公而伐孤竹，春往冬反，迷惑失道。管仲曰："老马之智可用也。"乃放老马而随之。遂得道。

【故事】

公元前663年，齐桓公应燕国的要求，出兵攻打入侵燕国的山戎（今河北东部），相国管仲和大夫隰朋随同前往。

齐军赶到燕国时，山戎的军队已经掠夺了许多财物，逃到它东面的孤竹国去了。齐桓公本想就此收兵回国，但管仲建议乘胜追击，攻灭孤竹国以保证北方的安全。齐桓公接受了他的建议，下令向东追击。不料追到那里，山戎国和孤竹国的大王都吓得逃跑了。齐桓公率领大军紧追不舍，最后取得了胜利。

齐军是春天出征的，到凯旋时已是冬天，草木变了样。大军在崇山峻岭的一个山谷里转来转去，最后迷了路，再也找不到归路。虽然派出多批探子去探路，但仍然弄不清楚该从哪里走出山谷。时间一长，军队的给养便十分紧缺。

情况非常危急，再不找到出路，大军就会困死在这里。管仲思索了好久，有了一个设想：既然狗离家很远也能寻回

齐桓公

家去，那么军中的马尤其是老马，也一定有认识路途的本领。于是他对齐桓公说："大王，我认为老马有认路的本领，可以让它在前面领路，带引大军走出山谷。"齐桓公同意试试看。管仲立即挑出几匹老马，解开缰绳，让它们在大军的最前面自由行走。也真奇怪，这些老马都毫不犹豫地朝一个方向行进。大军就紧跟着这些老马东走西走，最后终于走出山谷，找到了回齐国的大路。

老牛舐犊

【解释】

"老牛舐犊"这则成语的意思是老牛舔小牛。比喻父母爱子情深。

【出处】

这个成语来源于《后汉书·杨彪传》：愧无日䃅先见之明，犹怀老牛舐犊之爱。

【故事】

三国时，曹操手下有位谋士叫杨修。一次，杨修随曹操出征，攻城不下，便就地安营扎寨。这时，杨修忽听曹操说道："鸡肋，鸡肋！"他立刻明白曹操的意思是想要退兵，便和士兵说："丞相打算退兵了。"于是，全营的人纷纷收拾行装，准备撤退。曹操巡营时，看到这种情况，非常吃惊，便向士兵询问原因，才知道是杨修点破了自己的心思，心里暗暗佩服杨修的聪慧，同时也很嫉妒杨修的才智。于是，便以杨修扰乱军心为借口，把他杀了。

杨修死后，杨修的父亲杨彪非常伤心，因思念儿子而日渐憔悴。曹操问他说："杨公为什么会这般消瘦啊？"杨彪叹气说："我自己觉得惭愧呀，预先没有料到我儿子会有这样的结果，现在还有一种像老牛舔着自己的孩子一样的爱子之心！"曹操听后，十分感动，不免内疚。

老生常谈

【解释】

"老生常谈"这则成语指老书生经常说的话。比喻人们听惯了的没有新鲜意思的话。

【出处】

这个成语来源于《三国志·魏志·管辂传》：此老生之常谈。

【故事】

三国时候，有个名叫管辂的人，从小勤奋好学、才思敏捷，尤其喜爱天文。十五岁时，他已熟读《周易》，通晓占卜术，渐渐小有名气。

日子一久，传到吏部尚书何晏、侍中尚书邓飏耳里。这天，正好是农历十二月二十八日，这两个大官酒足饭饱，闲着无聊，便派人把管辂召来替他们占卜。

管辂早就听说这两人是曹操侄孙曹爽的心腹，倚仗权势，胡作非为，名声很不好。他考虑了一会儿，想趁这个机会好好教训他们一顿，灭灭他们的威风。

何晏一见管辂，就大声嚷道："听说你的占卜很灵验，快替我算一卦，看我能不能再有机会升官发财。另外，这几天晚上我还梦见苍蝇总是叮在鼻子上，这是什么预兆？"管辂想了一想，说："从前周公忠厚正直，辅助周成王建国立业，国泰民安；现在你的职位比周公还高，可感激你恩情的人很少，惧怕你的人却很多，这恐怕不是好预兆。你的梦按照卜术来测，也是个凶相啊！"管辂接着又说："要想逢凶化吉，消灾避难，只有多效仿周公等大圣贤们，发善心，行善事。"邓飏一旁听了，很不以为

然，连连摇头说："这都是些老生常谈，没什么意思！"何晏脸色铁青，一语不发。管辂见了，哈哈一笑："虽说是老生常谈，却不能加以轻视啊！"不久，新年到了，传来消息说何晏、邓飏与曹爽一起因谋反而遭诛杀。管辂得知后，连声说："老生常谈的话，他们却置之不理，所以难怪有如此下场啊！"

乐不可支

【解释】

"乐不可支"这则成语原作"乐不可言"，后世多作"乐不可支"，指快乐到不能撑持的地步。形容快乐到了极点。

【出处】

这个成语来源于《后汉书·张堪传》：桑无附枝，麦穗两歧，张君为政，乐不可支。

【故事】

东汉时，有个能文能武的官员，名叫张堪。他从小失去父母，却豪爽地把父母留下的钱财全部赠给侄儿。张堪十六岁到长安读书，由于品学兼优，被人们称为"圣童"。当时地位很低的刘秀，对张堪非常赏识。后来刘秀当了皇帝，就重用张堪，并一次次对其给予升迁。后来，任命他为蜀郡太守。

张堪当了两年蜀郡太守，又调任渔阳太守。在任期间，他坚决打击为非作歹、鱼肉百姓的坏人，赏罚分明，说到做到，深受属下和百姓的爱戴。有一次，匈奴出动一万名骑兵侵犯渔阳，张堪亲自率领骑兵迎敌，结果杀退了敌人。从此，匈奴不敢再来侵犯，边境太平无事，百姓安居乐业。

张堪利用安定的环境，在狐奴一带开垦大片稻田，鼓励百姓耕种。经过几年的辛勤耕作，这里长满了庄稼，物产丰足，百姓富裕。当地的人们特地编了一首歌，颂扬张堪的政绩："这里的桑树修整得没有多余的枝丫，麦子饱满得一穗像是两穗，张君在这里当政呀，老百姓快乐到了极点。"

乐不思蜀

【解释】

"乐不思蜀"这则成语的意思是快乐得不再思念蜀国，表示乐而忘返或乐而忘本。蜀：三国时的蜀国。

【出处】

这个成语来源于《三国志·蜀志·后主禅传》注引《汉晋春秋》：司马文王与禅宴，为之作故蜀技……他日，王问禅曰："颇思蜀否？"禅曰："此间乐，不思蜀。"

【故事】

223年，蜀汉的建立者刘备因病去世。他十六岁的儿子刘禅即位，称后主。刘禅是个昏庸无能的人，即位之初由于丞相诸葛亮等人的辅佐，还能很好地治理国家。后来辅佐他的人先后去世，自己又只知道玩乐，国势也因此日趋衰弱。

263年，魏国大将邓艾攻下绵竹，大军直逼成都。刘禅投降，当了俘虏，蜀汉灭亡。

不久，魏帝曹奂命刘禅迁到魏国都城洛阳居住，并封他为安乐公，给予他很多赏赐。刘禅对此很满足，心安理得地在异国他乡重过享乐的生活。

当时，魏国的大权掌握在晋王司马昭手中。一天，司马昭请刘禅饮酒。席间，特地为他表演了蜀地歌舞。在场的蜀汉旧臣看了，触景生情，十分难过，有的还掉下了眼泪。只有刘禅观看得津津有味，乐不可支，全无亡国之恨。

司马昭看到这种情况后，私下对一位大臣说："一个人竟糊涂到这等程度，真是不可思议。如此看来，即使诸葛亮还活着，也不能保住他的江山！"席间，司马昭故意问刘禅说：

"你思念蜀地吗？""在这里很快乐，我不思念蜀地。"刘禅回答说。过了一会儿，后主起身上厕所，原在蜀汉任职的郤正跟到廊下，暗地里对刘禅说："今后大将军再问您是否还思念蜀地，您应该哭着说，我没有一天不思念。这样，您还有希望回到蜀地去。"不久，司马昭果然又问刘禅是否还思念蜀地，刘禅照郤正教的说了，还勉强挤出了几滴眼泪。

不料司马昭已知道郤正教刘禅说这话的真相，听后哈哈大笑，当场揭穿，刘禅只好承认。

乐此不疲

【解释】

"乐此不疲"这则成语的意思是对某一事物特别爱好，因而沉浸其中，精力为之贯注，不知疲倦。

【出处】

这个成语来源于《后汉书·光武帝纪下》：皇太子见帝勤劳不怠，承间谏曰："陛下有禹汤之明，而失黄老养性之福，愿颐爱精神，优游自宁。"帝曰："我自乐此，不为疲也。"

【故事】

王莽末年，天下连年饥荒。刘秀看准时机起兵，加入了绿林起义军。后来到河北活动，以恢复汉家制度为号召，取得一些官僚、地主的支持，镇压和收编起义军，力量逐渐壮大。25年，他终于中兴汉室，即位称帝。

刘秀即位后，又镇压了赤眉起义军，削平各地割据势力，统一全国。长期的军旅生活，使他逐步对带兵打仗感到了厌倦。又看到老百姓经过多年战乱，迫切需要休养生息，因此他下决心改革弊政，废除苛法，精简官吏，安定社会秩序，兴修水利，发展农业生产。这样，终于使汉朝又强盛起来，人民生活也得到了改善。

刘秀六十多岁时还勤于政事，天不亮就坐朝，一直到日落才回宫。他不谈军事，但对经史义理方面的事非常感兴趣，时常召集公卿郎将谈论，直到深夜才上床休息。皇太子见父皇如此勤劳，便劝谏道："陛下有大禹、商汤那样的贤明，却丢失了黄帝、老子的养身之道。我们希望你注意身体健康，抽出时间休息一下。"刘秀听了这话，摇摇头说："我乐于这样，不感到疲劳。"

李代桃僵

【解释】

"李代桃僵"这则成语原指李树代替桃树而死。后比喻以此代彼或代人受过，或兄弟间互助互爱。僵：枯死。

【出处】

这个成语来源于宋·郭茂倩编《乐府诗集·相和歌辞三·鸡鸣》：桃生露井上，李树生桃傍。虫来啮桃根，李树代桃僵。树木身相代，兄弟还相忘。

【故事】

我国古代有一处音乐官署，名叫"乐府"，它主要掌管朝会宴请、道路游行时所用的音乐，同时也采集民间的诗歌和乐曲。南北朝时，出现了许多乐府诗，也就是乐府配合音乐而演唱的歌词。后人把它分为十二类，《相和歌辞》是其中一类，原来都是民间歌谣。

《相和歌辞》中有一篇名叫《鸡鸣》，讲述了汉代望族盛衰无常的生活。

《鸡鸣》分为三段，第一段描写了当时社会的太平繁荣景象，同时描述了当时一种特有的怪现象：出身低微的人一旦得了势，就马上成为显赫一时的皇亲国戚。但是他们作威作福，最后都沦为刀下亡魂。

第二段写了当时富贵人家的奢华排场。传说有兄弟五人，都是好吃懒做、游手好闲的浪荡子。一天，他们突然得到皇帝赏识，当上了侍中郎。从此，他们荣华富贵享之不尽，成了钟鸣鼎食之家。

他们住的宅第，宅门用黄金镶造，屋顶上用的黄琉璃瓦，看上去就像王府一样富丽堂皇。厅堂上，时常摆着各种酒樽，以供他们整夜宴请宾客。在宴饮时，美丽的女乐工们为他们演奏音乐。宅第后花园的池塘里，还养着三十六对色彩鲜艳的鸳鸯，以供他们玩乐。每当朝官休假沐浴的日子，五兄弟便在大批随从的簇拥下乘车回家。他们骑的马，马络头都镶着黄金，闪闪发亮。街道上挤满了看热闹的人。

第三段写五兄弟中有人犯了法，受刑，其他兄弟为了不失去自己的利益，不闻不问，甚至互相倾轧，丑态百出。

诗的最后，借老百姓之口唱了一首歌，来讽刺这帮没有心肝的兄弟："桃树生长在露天的井旁，李树又生长在桃树边上，蛀虫来啃咬桃树的根，李树替代桃树被啃咬而僵枯死去。树木尚能患难与共，而兄弟却形同陌路。"

力不从心

【解释】

"力不从心"这则成语的意思是心里想做某事而力量不够。

【出处】

这个成语来源于《后汉书·班超传》：如有卒暴，超之气力，不能从心，便为上损国家累世之功，下弃忠臣竭力之用，诚可痛也。

【故事】

东汉时，班超受明帝派遣，率领几十个人出使西域，屡建奇功。寒来暑往，四季变换，不知不觉，班超已在西域度过了二十七个年头。他年岁已高，身体衰弱，思家心切，于是就写了封信，叫他的儿子捎回汉朝，请求和帝刘肇把他调回京城。此信未见反应，他的妹妹班昭又上书皇帝，重申哥哥的意思。信中有这样的几句话："班超在和

班超

他同去西域的人中，年龄最大，现在已过花甲之年，体弱多病，头发已白，两手不遂，耳朵不灵，眼睛不亮，扶着手杖才能走路……如果有猝不及防的暴乱事件发生，班超的气力，不能顺从心里的意愿了。这样，对上会损害国家的长治之功，对下会毁坏忠臣好不容易取得的成果，实在令人痛心呀！"和帝刘肇被深深感动了，马上传旨调班超回朝。班超回到洛阳不到一个月，就因胸肋病加重而去世，终年七十一岁。

厉兵秣马

【解释】

"厉兵秣马"这则成语的意思是磨好兵器，喂好战马，形容准备战斗。也泛指事前充分做好准备工作。厉：通"砺"，磨。兵：兵器。秣：喂牲口。

【出处】

这个成语来源于《左传·僖公三十三年》：郑穆公使视客馆，则束载、厉兵、秣马矣。

【故事】

杞子，秦国的大夫，驻守在郑国。有一天，他派人密报秦穆公，让他趁秦驻军掌管郑国北门之便，来偷袭郑国。穆公接到密报，觉得机不可失，便不听大夫蹇叔的劝阻，立即派孟明、西乞术、白乙丙三将帅率兵远征郑国。蹇叔的儿子也随部队出征。送别时，蹇叔抱住儿子失声痛哭，还说："你们一定会在崤山这个地方遭到晋军抵御，到时，我来给你收尸。"穆公知道后，大骂蹇叔该死。秦军经过长途跋涉来到了离郑国不远的滑国，郑国商人弦高正巧去周朝做买卖也经过滑国，得知秦军将进攻自己的国家，他不动声色，假称受郑穆公的派遣，对秦军说："我们国君知道你们要来，要我送一批牲口来犒劳你们。"这样稳住秦军后，弦高暗中派人把秦军进犯的消息急速告诉了郑穆公。

郑穆公接到弦高的密报，马上派人去杞子等人的驻地察看动静，见人人扎束停当，兵器磨得雪亮，马喂得饱饱的，准备做秦军的内应。郑穆公证实了弦高的消息后，就派皇武子去杞子处说："我们很抱歉，没有好好款待你们，现在你们的孟明将军要来了，你们可以跟他走了。"杞子等人见事已败露，就分别逃往齐国、宋国。

孟明得到消息，知道偷袭不能成功，怏怏地说："郑国已有准备了，我们无人做内应，伐郑没有希望了，还是回去吧。"于是，他下令班师回国。还师途中，经过崤地，果然遭到了晋军的伏击，秦军全军覆没，孟明等三位统帅成了晋国的俘虏。

励精图治

【解释】

"励精图治"这则成语原作"厉精为治"，振奋精神治理国家。后世多作"厉精图治"，表示振奋精神，力求治理好国家。励：即"厉"，振作。图：图谋，力图。

【出处】

这个成语来源于《汉书·魏相传》：宣帝始亲万机，励精为治，练群臣，核名实，而相总领众职，甚称上意。

【故事】

公元前74年，汉昭帝刘弗陵去世。由于昭帝没有儿子，因此手握朝政大权的大司马大将军霍光立武帝的曾孙刘询为帝。这就是汉宣帝。

公元前68年，霍光病死。御史大夫魏相鉴于历史教训和霍氏家族的专权胡为，建议宣帝采取措施，削弱霍氏权力。霍氏对魏相极度怨恨和恐惧，便假借太后命令，准备先杀魏相，然后废掉宣帝。宣帝得知此事后，先发制人，采取行动，将霍氏满门抄斩。

从此以后，宣帝亲自处理朝政，振作精神，力图把国家治理得繁荣富强。他直接听取群臣意见，严格考查和要求各级官员；还降低盐价，提倡节约，鼓励发展农业生产。在魏相的带领下，百官尽职，很符合宣帝的心意。

宣帝在魏相的配合下，采取了一系列有利于发展生产、减轻人民负担的有效措施，终于使国家兴旺发达起来。他在位二十五年使已经衰落的西汉王朝出现了中兴的局面。

连篇累牍

【解释】

"连篇累牍"这则成语是指叙述一件事所用篇幅过多。文字累赘，文辞冗长。连篇：一篇接着一篇。累：重叠，堆积。牍：古代写字用的木片。

【出处】

这个成语来源于《隋书·李谔传》：连篇累牍，不出月露之形；积案盈箱，唯是风云之状。

【故事】

李谔，字士恢，隋文帝时任治书侍御史，很有辩才，文章也写得很好。他看到六朝以来的文章多半华而不实，于是决定上书给隋文帝，希望通过发布政令来改变当时的文风。主意打定，他便着手去写。

隋文帝杨坚统一了中国以后，在处理政务时看到大臣们上的一些奏章都追求辞藻的华丽，不重视解决实际问题，他就暗暗思忖：南朝政治的腐败跟这绮丽的文风不无关系，这正是误国的根源呀！一天，他伏案看着奏章，看到泗州刺史司马幼之写来的文表辞藻华艳堆砌，内容空洞无物，不禁勃然大怒，马上对手下人说："把泗州刺史司马幼之交给有关的部门治罪。"李谔的《请正文体书》终于写好了，他在上奏之前又看了一遍：书中从魏武帝、文帝、明帝说起，谈到了他们过分崇尚文辞，不重视为君之道，只注重文辞华丽的雕虫小技，下面的人跟从他们，在文辞华丽上大做文章，渐渐形成风格，给后世带来了恶劣的影响及危害，望当今皇上能出政令改变文风。他觉得自己把要说的话都说清楚了，于是就把奏章递了上去。

隋文帝阅读了李谔的奏章，不住地点头，当看到"连篇累牍，不出月露之形；积案盈箱，唯是风云之状"时，心想：李谔说得对呀，现在一篇篇文章、一箱箱案卷，谈来谈去，都离不开吟风弄月，真是冗长累赘。这样下去，世俗无论贵贱贤愚，都去吟咏风花雪月，崇尚绮丽文风，追逐功名利禄，可怎么得了哇！于是他下令说："把李谔的奏章颁示天下。如以后写来的奏章再不注意文风，一定严加追究。"李谔通过发布政令来改变文风的愿望终于实现了。从这以后，文风便逐步好转了。

梁上君子

【解释】

"梁上君子"这则成语原指藏在人家屋内房梁上，准备偷东西的窃贼。后亦用来指脱离实际的人。

【出处】

这个成语来源于《后汉书·陈寔传》：时岁荒民俭，有盗夜入其室，止于梁上。寔阴见，乃起自整拂……正色训之曰："夫人不可不自勉。不善之人未必本恶，习以性成，遂至于此。梁上君子者是矣！"

【故事】

陈寔，字仲弓，颖川郡许县（今河南许昌）人。汉桓帝时，他曾在太丘任太丘长。他出身低微，很能体谅劳动人民的疾苦。他平时经常微服私访，了解民情。他为人正直，居心公正，无论做什么事都严格要求自己，成为乡里人的表率和榜样，因此，人们都尊称他为"陈太丘"。

当时年成不好，人民的生活十分困难，乡里有些人由于日子实在过不下去了，就铤而走险干起了偷鸡摸狗的勾当。一天晚上，一个小偷钻进了陈寔的家，躲在房梁上，以便相机行事。陈寔无意间发现了梁上的小偷，但他不动声色，起床把儿子、孙子都叫了进来，严肃地教训他们说："作为一个人，一定要时刻勉励自己，才能有出息。有一些做坏事的人，他们的本质并不坏，只因为染上了坏习惯，而自己又不知道努力改过，只一味地任其发展，最终成为坏人。你们抬起头来，看看这位梁上君子吧，他就是这样的人。"梁上的小偷听后，感到非常惭愧，连忙爬下来，向陈寔叩头认罪。陈寔说道："我看你的模样并不像一个坏人。你要记住我刚才所说的话。从此学好，别再当小偷了。不然的话，你会越来越穷困的！"随后陈寔又送给小偷两匹绢，并派家人把他送回家。这件事传出后，乡里人都非常敬佩他。一些做坏事的人，在陈寔的教诲下，也纷纷改过自新。

两袖清风

【解释】

"两袖清风"这则成语意为两袖中除清风外,别无所有。比喻为官清廉。

【出处】

这个成语来源于明·都穆《都公谭纂》卷上:于少保(谦)尝为兵部侍郎,巡抚河南,其还京日,不持一物,人传其诗云:"绢帕蘑菇与线香,本资民用反为殃。清风两袖朝天去,免得闾阎话短长。"

【故事】

于谦,明朝著名的民族英雄和诗人。他二十四岁中进士,不久就担任监察御史。明宣宗很赏识他的才能,破格提升他为河南、山西巡抚。尽管身居高位,但他生活非常俭朴,吃住都十分简单。

明宣宗去世以后,九岁的太子朱祁镇继位,史称明英宗。因皇帝年少,宦官王振专权。王振勾结内外官僚作威作福,大臣都称他为"翁父"。于谦看不惯他专擅朝政,从不逢迎他。为此,王振对于谦非常嫉恨。

当时外省官员进京朝见皇帝或办事,都要贿赂朝中权贵,否则寸步难行。于谦在担任巡抚从外地回京时,他的幕僚建议他买些蘑菇、绢帕、线香之类的土特产孝敬权贵。于谦不这样做,他甩了甩两只宽大的袖管,说:"我就带两袖清风!"回到家里,他就写了一首题为《入京》的七绝诗。他在诗中写道:

绢帕蘑菇与线香,本资民用反为殃。
清风两袖朝天去,免得闾阎话短长。

量力而行

【解释】

"量力而行"这则成语的意思是估量本身的力量而采取行动。多指在符合自己能力的范围内做事。量：按照，估量。

【出处】

这个成语来源于《左传·隐公十一年》：许无刑而伐之，服而舍之，度德而处之，量力而行之，相时而动，无累后人，可谓知礼矣。

【故事】

公元前712年，郑国的国君庄公借口许庄公不听从周天子的命令，联合齐国和鲁国共同出兵讨伐许国。联军兵临许都城下，最终破城而入，许国的国君庄公仓皇出逃。

接下来的事是商议如何处置许国。齐国的国君釐公提出，应把许国交给鲁国来管辖，但鲁国的国君隐公表示不能接受。于是，齐釐公说："讨伐许国是郑国的主张，出的兵也最多。既然鲁国不能接受，那就让郑国来管辖。"其实，郑庄公伐许的目的就是为了吞并许国，但碍于面子，只好先推让一番，最后才把许国分成东西两部分：东面交给许国的大夫百里，由他扶助许庄公的弟弟许叔管辖；西面交给自己的大夫公孙获驻守，实际上是监督东面的许叔。

《左传》的作者在叙述了这一历史事件后评论说："郑庄公这样做合乎礼。他是因为许国不合法度才讨伐它的。许国降服了，他就原谅了它，并且根据各人的德行做了恰当的处理，还能按照自己力量的大小来行事。选择有利的时机而采取行动，不连累后人，真可说是知礼了。"

量体裁衣

【解释】

"量体裁衣"这则成语的意思是按体形用皮尺（或木尺等计量器具）来计算好身体各主要部位（如腰围、臀围等）的长短尺寸，然后根据这些尺寸来裁剪衣服。比喻做事从实际出发。

【出处】

这个成语来源于《南齐书·张融传》：今送一通故衣，意谓虽故乃胜新也，是吾所著，已令裁减称卿之体。

【故事】

南朝齐国有个人名叫张融，他在年轻时就很有才能，后来当了大官。张融生活简朴，衣服粗陋，但在处理政事方面却十分尽心，备受皇帝齐太祖萧道成的器重和宠爱。太祖曾说："此人不可无一，不可有二。"有一次，皇帝齐太祖专门派人给张融送去一件衣服，并带去一封诏书，诏书写道："今送一通故衣，意谓虽故乃胜新也，是吾所著，已令裁减称卿之体。"意思是说：现在送给你一件我曾经穿过的旧衣服，虽然旧了一些，但是穿上会比新的更好，因为已经叫裁缝按照你的身材改做好，你穿上一定会很合适的。

张融收到衣服和诏书以后，非常感激，对齐太祖更加忠诚了。

令行禁止

【解释】

"令行禁止"这则成语的意思是下令行动就立即行动，下令停止就立即停止。形容法令严正，纪律严明。

【出处】

这个成语来源于《逸周书·文传》：令行禁止，王之始也。

【故事】

商朝末年，纣王暴虐无道，大肆挥霍民脂民膏。为了供自己享乐，纣王还在京都朝歌北面建造了一座庞大而奢华的沙丘苑，苑内有富丽堂皇的宫殿和各种珍禽奇兽，他就整天和妃子们在里面寻欢作乐。

姬昌知道纣王的日子不会太长，便求访贤才，积蓄力量，团结各地诸侯，做好推翻商朝统治的准备。经过九年的经营，势力大增，归附他的诸侯越来越多。但不幸的是，他在关键时刻身患重病，卧床不起。姬昌自知不久于人世，便把儿子姬发叫到床前，谆谆教导他说："我一生的意愿是创建周的王业。你能切实做到下令去做的就立刻行动，下令不准做的就立刻停止，那就是王业的开始，希望你能实现我的意愿！"姬昌去世后，姬发继承其父灭商的遗志，在弟弟姬旦和军师姜子牙的辅佐下，加紧灭商的各种准备。公元前1053年，姬发到孟津检阅军队，八百个诸侯自动赶来会合，拥护他出兵征伐纣王。但姬发认为时机还不够成熟，没有同意。

两年后，纣王愈加凶残暴虐、倒行逆施，甚至杀害了自己的叔父，囚禁了自己的兄长，已经到了众叛亲离的地步。于是，姬发起兵灭商。纣王调集七十万大军与周军决战。由于商军在阵前倒戈，商军全线崩溃。纣王见大势已去，自焚而死。

武王伐纣

流言蜚语

【解释】

"流言蜚语"这则成语的意思是指社会上流行的没有根据的话。多指背后散布的诽谤性或挑拨离间的话。"流言"和"蜚语"的意思相似。

【出处】

这个成语来源于《史记·魏其武安侯列传》：乃有蜚语为恶言闻上，故以十二月晦论弃市渭城。

【故事】

公元前154年，汉朝开国皇帝刘邦的侄子吴王濞，联合了楚、赵等国发动叛乱。窦太后的侄子窦婴被景帝任命为大将军，率军驻守荥阳，监视齐、赵两国的军队。后来叛乱平定，窦婴因功被封为魏其侯。

另外一位皇亲国戚田蚡，是皇后王氏的同母兄弟，因为出身低贱，当时只当一个小小的郎官。后来由于王皇后常在景帝面前说他好话，他当上了太中大夫。景帝死后，他的儿子武帝即位，田蚡更加得宠，被封为武安侯。

过了几年，景帝的母亲窦太后也死了，窦婴很快失势，而田蚡作为国舅却当上了丞相。窦婴失势后，将军灌夫还是与窦婴保持着密切的关系，他与窦婴同病相怜，特别友好。

公元前131年，田蚡娶燕王的女儿为夫人，王太后特地下诏，要诸侯王和宗室大臣都去祝贺。宴会进行过程中，田蚡起立向客人敬酒，客人都表示不敢当，纷纷离开席位并且拜伏。过了一会儿，窦婴也起立敬酒，这时只有他的旧交熟人离开座位，半数的人仍然跪坐在席上不动。

灌夫看着这一切，心里十分恼火，就拿起酒杯，到田蚡席前去敬酒。田蚡并不起立，只是动了一下腿，说自己已不能再喝。灌夫怒火中烧，但表面上却笑着再次要他喝酒。田蚡还是不喝，于是，灌夫继续往下敬酒。当敬到一个权贵时，那人正凑在边上一个权贵的耳旁说话，也没有起立还礼。灌夫再也忍不住了，指着他边上的权贵骂道："你平时说他一钱不值，今天我向你敬酒，你却学女人的样与他咬耳朵说话！"田蚡见灌夫当众辱骂他请来的客人，勃然大怒，马上召来卫士，把灌夫扣留下来。接着，又将灌夫的宗族都抓了起来。

窦婴觉得灌夫是为自己而得罪田蚡的，便决定舍命相救。他设法让武帝召见，说灌夫是喝醉了酒才失礼的，田蚡不能因私怨而定他罪。武帝让他和田蚡当面辩论，两人各执一词，无法调和。于是，武帝又让大臣们发表意见。大臣中多数人不明确表示意见，武帝很生气。

王太后知道这件事后，以不进食逼武帝支持田蚡，武帝只得将窦婴逮捕下狱。这样一来形势急转直下，灌夫很快被定为灭族之罪。窦婴见情势危急，就让侄儿上书武帝，说自己以前曾接受过景帝的遗诏，授权他在特殊情况下，可以请求皇帝召见。上书到朝廷后，经相关官员查证却没有发现景帝有此遗诏，于是窦婴又被加上伪造先帝遗诏的罪名。按照律法，依罪当斩。

就在这一年农历十月，灌夫及其全族被斩。窦婴听说这件事，极度悲愤，便企图绝食自杀。可没几天有人传来消息说，武帝不想杀他。他以为可以不死，便恢复进食，但就在这个时候，又有许多诬蔑中伤他的话传进宫中。武帝听后大怒，终于在十二月的最后一天将他斩首。

柳暗花明

【解释】

"柳暗花明"这则成语的意思原指绿柳成荫、繁花似锦的景象。后世用"柳暗花明"比喻事态眼看已无发展余地，忽然又出现了转机。即指经过一番曲折以后出现的新局面。

【出处】

这个成语来源于南宋·陆游《剑南诗稿·游山西村》：山重水复疑无路，柳暗花明又一村。

【故事】

陆游被免职后，从隆兴取道回故乡山阴，在那里闲居了三年。像陆游这样忧心于国事的人，闲居在家的滋味当然不好受。他想报效朝廷却受到罢斥，内心充满了痛苦，只得整天在家读书打发时间。差不多经过一年光景，他才渐渐想开，经常到附近各处走走看看。他从小生活在农村，没有当官的架子，所以很快便和家乡的农民打成了一片。

次年四月的一天，春光明媚，陆游独自一人到二十里外的西山去游览。登

西山，要翻过好几个小山头。陆游拄着手杖，顺着沿河的山坡向上行走。山，过了一重又一重；水，绕过一道又一道。走到一个去处，似乎到了尽头，再也没路走了。但拐了一个弯，却发现前面不远的山谷里有一块空地，在成荫的绿柳和明丽的红花之间，有一个小村庄。陆游兴致勃勃地走向前面的山谷，来到那个小村庄。村民对远道而来的陆游非常友好，热情地接待了他。

回到家后，陆游对这次西山之行印象颇深，便作了一首七言律诗《游山西村》。其中的两句是：山重水复疑无路，柳暗花明又一村。

鹿死谁手

【解释】

"鹿死谁手"这则成语的意思是以鹿为追逐争夺的对象，鹿最后死在谁手里，就表示政权落在谁的手中。后世用"鹿死谁手"来比喻天下政权为谁所得，也可指谁能取得最后的胜利。鹿：这里指猎取对象，比喻为天下、政权。

【出处】

这个成语来源于《晋书·石勒载记下》：勒因飨酒酣，笑曰："朕若逢高皇，当北面而事之，与韩、彭竞鞭而争先耳；朕遇光武，当并驱于中原，未知鹿死谁手。"

【故事】

东晋时，中国的北方有匈奴、鲜卑、氐、羌、羯等五个少数民族，他们曾先后起兵对抗汉族政权，这便是历史上所说的"五胡乱华"。

那时，有个羯族人名叫石勒，他幼年时曾随同部落里的大人到洛阳贩卖过货物，又曾经给别人做过长工。

晋惠帝末年，因为并州闹饥荒，二十多岁的石勒被并州刺史司马腾卖到山东一个名叫师欢的人家里做奴隶。师欢见他相貌堂堂，与众不同，对他十分优待，不久便免了他的奴籍，让他当了佃客。

后来，石勒聚集王阳、郭敖等十八人为骨干，与汲桑一起聚众起义。起义失败后，他便投奔匈奴族的酋长刘渊，成为刘渊部下的一员大将。

304年，刘渊称帝，建立汉国政权。几年后，刘渊去世，他的儿子刘聪、侄儿刘曜相继即位，刘曜改国号为赵（历史上称为前赵）。这时，石勒重用汉族人张宾为谋士，联合汉族中的地方豪强，在一方割据称雄。

318年，石勒消灭了西晋在北方的残余势力。第二年，他断绝和前赵的君臣关系，自称为帝，但仍沿用赵国的名号，历史上称为后赵。一般来说，后赵的国势在五胡十六国中是最强盛的。

有一次，石勒在宴请自己臣僚的酒会上，自我夸耀道："假如我和汉高祖（西汉开国皇帝刘邦）生在同一个时代，我自认为不如他，一定和韩信、彭越一样做他的部下，为他奋战疆场；但如果遇到汉光武帝（东汉开国皇帝刘秀）那样的国君，我一定要和他在中原一带比一比高下，到那时不知鹿会死在谁手上呢！"

洛阳纸贵

【解释】

"洛阳纸贵"这则成语比喻著作风行一时，流传很广。

【出处】

这个成语来源于《晋书·左思传》：于是豪贵之家竞相传写，洛阳为之纸贵。

【故事】

左思是西晋时期的著名作家，他写文章非常认真，从不追求多产速成，因此，写出的文章质量很高。他曾用一年的时间，写了一篇《齐都赋》。后来，因为他的妹妹被选入宫，全家迁居京城洛阳，他被任命为著书郎。从这时起，左思开始计划写《三都赋》（三都，指魏、蜀、吴三国的都城）。他整天苦心构思，时时刻刻都在想着这篇文章。他在书房外的走廊里、庭院里，甚至厕所里都挂上纸笔，每得佳句，不论一句半句，都立刻记录下来。经过十年的努力，终于写成了这篇享誉盛名的《三都赋》。

《三都赋》一问世，由于在内容和形式上达到了空前的高度，艺术价值也极高，因此，当时京城洛阳有地位的人都争着买纸抄写阅读。这样，洛阳的纸张突然变得供不应求，价格大涨。

马革裹尸

【解释】

"马革裹尸"这则成语的意思是指战死沙场后，用马皮把尸首包裹起来，形容英勇作战，多指为正义事业而献身疆场。

【出处】

这个成语来源于《后汉书·马援传》：援曰："方今匈奴、乌桓，尚扰北边，欲自请击之。男儿要当死于边野，以马革裹尸还葬耳，何能卧床上在儿女子手中邪！"

【故事】

马援，字文渊，东汉茂陵（在今陕西）人。有一次，他去讨伐割据的军阀隗嚣，打了胜仗回来，他的老朋友们都去向他道贺。光武帝刘秀也给了他很丰厚的赏赐。可是马援却觉得自己的功劳太微薄了，不值得如此厚赏。

他认为，以前的伏波将军路博德开辟南越，建立了七个郡，只得到几百户封地，而自己功绩远不如他，却得到一个县的封地，实在过意不去，所以想再替国家立些功劳。

正好那时匈奴侵扰扶风县，马援便向光武帝要求再度出征。出发前，马援慷慨激昂地说："大丈夫应当效死疆场，用马革裹着尸首回来才光荣，怎能躺在病床上，靠儿女服侍呢？"后来，洞庭湖一带又发生五溪蛮人作乱，光武帝曾派人去征战，结果因不能适应那里的气候，全军都覆没了。马援知道后，主动向光武帝表示愿领兵出征，光武帝想了想："你的年纪太老了吧！""我虽然已六十岁了，但仍能披甲上马，不能算老。"马援说完，穿好甲胄，一跃登上马鞍，表示自己仍是可用之将。光武帝看了，称赞他说："这位老人家，

· 155 ·

真是老当益壮啊！"于是，光武帝便命他率军出征。马援在这次战役中，奋勇杀敌，斩杀了两千多人，给敌人致命的一击。可是，就要凯旋时，他不幸染上瘟疫，病死军中，实现了他"马革裹尸"的壮志。

在这个故事里，还引申出"老当益壮"这个成语，用来形容年纪虽老但志气却更豪壮。

买椟还珠

【解释】

"买椟还珠"这则成语的意思是把装珠宝的木匣买走，而把贵重的珠宝还给卖者。比喻舍本逐末，取舍失当。椟：木匣。

【出处】

这个成语来源于《韩非子·外储说左上》：楚人有卖其珠于郑者，为木兰之柜，薰以桂椒，缀以珠玉，饰以玫瑰，辑以羽翠。郑人买其椟而还其珠。此可谓善卖椟矣，未可谓善鬻珠也。

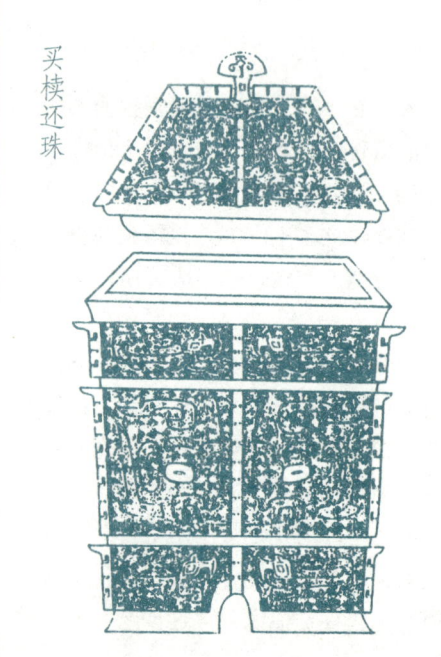

【故事】

春秋时代，楚国有一个珠宝商人，常常往来于楚国和郑国之间做生意。

有一次，他又准备带一批珠宝到郑国去卖，为了吸引顾客，他想了一个招揽顾客的办法。

首先，他选了一些上等的兰木，做成许多式样十分新颖的木匣，然后在匣子外面雕刻上精致的玫瑰花纹，四周还镶嵌了许多彩色的羽毛，同时还用名贵的香料把匣子薰得香喷喷的。他想，把珠宝放在这样的匣子里，郑国人一定会抢着买，他就可以好好地做一笔生意了。

于是，这个珠宝商做好了准备，就满怀希望地到郑国去了。到了郑国以后，他选了一条最热闹的街市来展示他的珠宝。果然不出所料，马上有许多人围拢来欣赏、观看，珠宝商看到客人这么拥挤，心中暗暗高兴，以为可以大赚一笔了。

可是他仔细一听顾客的对话，不由得紧张起来。原来顾客们欣赏的是匣子的样式以及装饰的美丽，而对匣中的珠宝却毫不在意。

珠宝商为了改变这个局面，高声推销匣子中的珠宝，可是顾客们感兴趣的只是那些匣子。甚至有人宁愿出很高的价钱只买匣子，而把珠宝无条件地还给那个珠宝商呢！

满城风雨

【解释】

"满城风雨"这则成语用来比喻某一事件（坏事）传播很广，到处议论纷纷。

【出处】

这个成语来源于宋·释惠洪《冷斋夜话》卷四：潘答书曰：秋来景物，件件是佳句……遂起题壁曰："满城风雨近重阳。"

【故事】

北宋时期，有这么一对意气相投的好友：一位是江西临川的谢逸，字无逸；另一位是湖北黄州的潘大临，字邠老。两个人虽然家境都比较贫寒，但都很有才气，作得一手好诗，在当时的诗坛上颇负声誉。两人虽然住处相隔很远，但经常互通书信，在书信中互相酬唱奉和，切磋诗艺。

有一次，谢无逸惦念潘大临，就去信问候，并问他近来是不是又作了什么新诗，可让他一饱眼福。

对于好友的慰问，潘大临十分感激，立即给他写了回信，信中说："近来秋高气爽，景物宜人，很能引发作诗的雅兴。可恨的是常有庸俗鄙陋的事情搅乱心绪，败坏诗兴。昨天闲卧床上，耳中听着窗外风涛阵阵，雨打秋林，顿觉诗兴大发，连忙起身，浓墨饱蘸，在白壁上写下'满城风雨近重阳'的佳句。谁知刚写了这一句，一个催收田租的官吏忽然闯了进来，勃发的诗兴顿时全被打消。所以，现在只能将这一句诗奉寄给你了。"由于这句诗准确生动地描绘了秋天风雨萧索、景物易色的景象，因此它虽未成篇，却同样脍炙人口。

后来，"满城风雨近重阳"演化为成语"满城风雨"，不再指秋天的景象，而比喻为消息一经传出，很快传播开来，人们都对此议论纷纷。一般用作贬义。

毛遂自荐

【解释】

"毛遂自荐"这则成语原指战国时赵国平原君的门客毛遂，自己推荐自己。后比喻自告奋勇、自我推荐去从事某项工作。

【出处】

这个成语来源于《史记·平原君列传》：门下有毛遂者，前，自赞于平原君曰："遂闻君将合从于楚……今少一人，愿君即以遂备员而行矣。"

【故事】

公元前251年，秦国的军队包围了赵国的都城邯郸。赵王派相国平原君出使楚国，要求楚考烈王与赵国联合起来抗击秦国。

平原君打算从食客中挑出二十个智勇双全的人，随同他前往楚国。挑出十九人后，还有一个再也找不到合适的了。

有个名叫毛遂的食客，向平原君自我推荐道："听说您要带二十人前往楚国，现在尚缺一人，请您让我来凑满数吧。"平原君不熟悉毛遂，问他道："先生到我门下有几年了？""已有三年了。""一个有本事的人在世上，好比一把锥子装进口袋，马上可以看到锥尖戳破口袋钻出来。你来这里已三年，我从未听别人有称赞你的话。可见你一无所长，所以你不适合去，还是留下吧！""今天，我就请您把我当作锥子放进口袋。如果早放进口袋，那么不仅是锥尖钻出口袋，恐怕整个锥子都会像禾穗那样挺出来呢。"毛遂回答说。

　　于是，平原君同意他随同前往。途中，同行的人在与他交谈的过程中，逐步发觉他是个了不起的人物，都很钦佩他。一到楚国，他们马上展开游说活动，不料，楚王不愿联合抗秦，平原君也说服不了他。毛遂代表其他十九人上前去说服楚王。楚王听说毛遂是平原君门下的食客，怒气冲冲地要他退下。毛遂按着剑走近楚王，大声说道："大王之所以敢当众叱责我，是因为楚国人多势众。但如今大王与我处于十步之内，楚国纵然强大，大王也倚仗不着，因为您的性命掌握在我毛遂手里！"楚王被毛遂勇敢的举动吓呆了。接着，毛遂又向楚王分析说，共同抗秦对赵、楚双方都有好处，道理是如此清楚，没有理由反对。

　　毛遂的一席话，终于说服了楚王。楚王决定和平原君歃血为盟，联合抗秦。

每况愈下

【解释】

　　"每况愈下"这则成语的原意是"每下愈况"，形容愈从低微的事物上推求，就愈能推出道的真实情况，也就愈能看清事物的真相。后来人们将"每下愈况"改成"每况愈下"，表示情况愈来愈糟。

【出处】

　　这个成语来源于《庄子·知北游》：庄子曰："夫子之问也，固不及质，正获之问于监市履狶也，每下愈况。"

【故事】

　　庄子是战国时道家著名的代表人物。有一次，一个名叫东郭子的人听说庄子对道颇有研究，特地去向他请教。见面后，他问庄子："你说的道究竟在什么地方？"庄子回答说："道是无处不在的，什么地方都有。"东郭子又问："请您具体指明它在什么地方，这样我才能了解。""道在蚂蚁洞里。""道是很崇高的东西，怎么会在这么低下的地方呢？"庄子见他这样惊奇，又说："道在稗子里面。""怎么在更低下的地方呢？""道在瓦和砖里面。""啊，

庄周梦蝶

它在越来越低下的地方了！""在尿屎里面。"东郭子见庄子越说越不像样子，便不再问下去，脸上露出不高兴的神色。庄子这才严肃地解释道："你所提的问题，没有提到根本上。我把道说得低下，才能显出它无所不在，什么地方都有。请让我用检验猪肥瘦的方法来加以说明吧。一个名叫获的市官问牙人：为什么愈是用脚踏在猪的下部即脚胫上，就愈能检验出它的肥瘦来？回答说，因为脚胫是最难长肥的部位，这叫作每下愈况。越是难长肥的地方，肥瘦就更明显了。"东郭子这才明白了。

门可罗雀

【解释】

"门可罗雀"这则成语的意思是门前可以张网捕雀。形容门庭冷落，宾客稀少。

【出处】

这个成语来源于《史记·汲郑列传》：始翟公为廷尉，宾客阗门；及废，门外可设雀罗。

【故事】

西汉著名的史学家、文学家司马迁，曾经为汉武帝手下的两位大臣合写了一篇传记，一位是汲黯，另一位是郑庄。汲黯，字长孺，濮阳（今属河南）人，景帝时曾任太子洗马，武帝时曾做过东海太守，后来又任主爵都尉。郑庄，陈（今河南淮阳县）人，景帝时曾经担任太子舍人，武帝时担任大农令。这两位大臣都为官清正，刚直不阿，曾位列九卿，声名显赫，权势高，威望重，上他们家拜访的人络绎不绝，十分热闹，谁都以能与他们结交为荣。

可是，由于他们太刚直了，汉武帝后来撤了他们的职。他们丢了官，失去了权势，就再也没人去拜访他们了。

司马迁在叙述了两人的生平事迹后，深为感慨地说：像汲黯、郑庄这样贤良的人，有势力时，客人很多；一旦失去权势，便门可罗雀，其他的人就更不用说了。于是他又联想到两人的情况和下邽的翟公一样。

接着，他又介绍了翟公的情况。翟公曾经当过廷尉（中央掌管司法的长官）。他在任上的时候，登他家门拜访的宾客十分拥挤，塞满了门庭。后来他被罢了官，就没有宾客再登门了，结果门口冷落得可以张起网来捕捉鸟雀了。官场多变，过了一段时间，翟公官复原职。于是，那些宾客又想登门拜访他了。翟公感慨万千，在门上写了几句话："一生一死，乃知交情；一贫一富，乃知交态；一贵一贱，交情乃见。"

门庭若市

【解释】

"门庭若市"这则成语的意思是门口和庭院里人多得像集市一样。形容来的人多，十分热闹。

【出处】

这个成语来源于《战国策·齐策一》：齐王乃下令："群臣吏民，能面刺寡人之过者，受上赏；上书谏寡人者，受中赏；能谤讥于市朝，闻寡人之耳者，受下赏。"令初下，群臣进谏，门庭若市。

【故事】

战国时，齐国有一位大夫名叫邹忌，人长得很英俊。有一天早晨，他穿好朝服，戴好帽子，对着镜子端详一番，然后问他的妻子说："我和城北徐公相比，谁长得英俊？""你英俊极了，徐公怎么比得上你呢？"妻子说。徐公是齐国出名的美男子。邹忌听了妻子的话，并不太敢相信自己真的比徐公英俊，于是他又去问他的爱妾，爱妾回答说："徐公怎能比得上你呢？"第二天，邹忌家中来了一位客人，邹忌又问了客人，客人说："徐公哪有你这样俊美呀！"过了几天，正巧徐公到邹忌家来拜访，邹忌便乘机仔细地打量徐公，拿他和自己比较。结果,他发现自己实在没有徐公漂亮。于是,他心想:"妻子说我英俊,是因为偏爱我;爱妾说我英俊,是因为惧怕我;客人说我英俊,是因为有求于我。其实我实在没有徐公漂亮啊!"接着,他又从这件事联想到,齐威王身为一国之君,所受到的蒙蔽一定更多。第二天早朝,他就把发生在自己身上的事说给齐威王听,并劝谏说:"现在齐国地方千里,城池众多,大王接触的人也比我多得多,所受的蒙蔽也一定更多。大王如能开诚布公地征求意见,一定对国家有益。"齐威王听了,觉得很有道理,立刻下令说:"无论是谁,能当面指出我过失的,给上赏;上奏章规劝我的,给中赏;在朝廷或街市中议论我的过失,并传到我耳中的,给下赏!"命令一下,群臣前去进谏的,一时川流不息,朝廷门口每天像市场一样热闹。

名落孙山

【解释】

"名落孙山"这则成语的意思是名次排在榜上最后一名的孙山的后面。表示投考没有被录取。孙山:人名。

【出处】

这个成语来源于宋·范公偁《过庭录》:乡人问其子得失,山曰:"解名尽处是孙山,贤郎更在孙山外。"

【故事】

宋朝时读书人要做官,必须参加科举考试。乡试(科举考试中地方上最高一级的考试)合格的称为举人。取得了举人的资格,就可以到京都参加最高一级的考试——会试。有一年秋天,省城里要举行乡试,当地有个名叫孙山的读书人,准备到省城去应试。

孙山能说会道,滑稽诙谐,人称"滑稽才子",乡里人对他中举寄予厚望。临行前,乡里一位老人来拜访孙山,请孙山与他的儿子一起去应考,以便他儿子能得到一些照应。孙山爽快地答应了。

两人到省城后,很顺当地参加了考试,接着是等待发榜。

发榜那天,孙山怀着紧张的心情,到发榜处去观看。看榜的人很多,孙山好不容易才挤到前面,一连看了几遍,都没有看到自己的名字。他灰心丧气,准备再看一遍。结果,竟在最后一行中见到了自己的名字,原来自己是以末名中举，顿时转忧为喜。至于一起来应试的乡人儿子的名字，则无论如何都找不到，他肯定落选了。

孙山回到旅舍，把发榜的情况向乡人儿子说了。对方听说自己榜上无名，闷闷不乐，表示想在省城再多待几天。孙山归心似箭，第二天一早就回乡了。

孙山回到家里，乡邻们得知他中举，都向他表示祝贺。那老人见儿子未回来，问孙山他是否榜上有名。孙山没有正面回答，而是诙谐地念了两句诗："解名尽处是孙山，贤郎更在孙山外。"原来，当时中举后再去京城会试的，都由地方解送入试，所以乡试第一名称为解元，榜上的举人名字都称解名。这两句诗的意思是：举人的最后一名是我孙山，你儿子的大名还在我孙山之后呢，言下之意是他落选了。

那老人听到很有才气的孙山也只考了最后一名，自知他的儿子比孙山差远了，榜上无名是很自然的，便平心静气地走了。

明察秋毫

【解释】

"明察秋毫"这则成语的意思是目光敏锐，可以看清秋天鸟兽体表新生的细毛。原意比喻只能看到小处，不能看到大处，或只看到小节而看不到大节。现在一般表示人很精明，对很小的事情也能察看得清清楚楚。

【出处】

这个成语来源于《孟子·梁惠王上》：吾力足以举百钧，而不足以举一羽；明足以察秋毫之末，而不见舆薪，则王许之乎？

【故事】

　　孟子来到齐国，齐宣王向他询问春秋时齐桓公和晋文公怎样称霸的事。孟子没有正面回答，而大谈如何用道德的力量来统一天下的问题，齐宣王不解地问道："怎样的道德才能统一天下？"孟子回答说："百姓的生活安定了，天下才能统一。这是什么力量都抵御不了的。""像我这样的国君，可以使百姓生活安定吗？""可以。""你凭什么知道我可以呢？"孟子对齐宣王说："你不忍杀一头发抖的牛，而下令用一只羊来代替。这样的善心就足以统一天下了。百姓都认为您吝啬，而我知道您是不忍心。不过，百姓说您吝啬，您也不必奇怪，他们怎么能体会到你的真正用心是出于仁爱呢？其实从怜悯无罪被屠宰来说，杀一头牛和杀一只羊，又有什么不同？"

明察秋毫

　　孟子接着又说："有人向大王报告说，'我力大无比，可举起三千斤重的东西，却拿不起一根羽毛；我能把秋天鸟兽新长的绒毛的末梢看得清清楚楚，却看不见眼前的一车柴草'。您相信这话是真的吗？""当然不相信。"齐宣王马上回答说。

　　"您的好心使禽兽沾光，而不能使百姓得到实惠。这到底是什么原因呢？其实，举不起一根羽毛，是不用力气的缘故；没见到一车柴草，是没有用眼睛去看的缘故。百姓得不到安定的生活，是您不愿施恩惠的缘故。所以，您不用道德来统一天下，是您不愿意这样做，而不是不能这样做。"

明哲保身

【解释】

"明哲保身"这则成语的原意是明智的人不参与危及自身的事。现一般用来形容一种处世态度,即只求保住个人利益,回避原则斗争。明哲:明智,为人处世很周到。

【出处】

这个成语来源于《诗经·大雅·烝民》:既明且哲,以保其身。

【故事】

周宣王时,有一个大臣名叫兮甲,字伯吉甫,因为他担任的官职是尹,史书上称他为尹吉甫。

当时,西北方和南方的一些部族经常进犯西周的领地。周宣王就派尹吉甫和另一个大臣仲山甫一起去征讨。尹吉甫在和仲山甫共事的过程中,发现仲山甫很有才能,对周宣王赤胆忠心,对他十分钦佩。两人相处得十分融洽。

尹吉甫和仲山甫同心协力,为抵御外族入侵,巩固周王朝的统治,立下了汗马功劳。

有一次,周宣王派仲山甫到齐地去筑城,以防御外族的入侵,仲山甫接受王命后,尽管知道齐地十分艰苦,筑城的任务十分艰巨,但还是毫不犹豫地动身去了。

临行之前,尹吉甫写了一首名叫《烝民》的诗送给仲山甫,赞美他的道德和才能,诗中有四句是"既明且哲,以保其身;夙夜匪解,以事一人",意思是说,仲山甫是一个深明事理的人,既能保证自己的安康、太平;又能日夜操劳,毫不懈怠,兢兢业业地辅佐君王。

后来,人们从"既明且哲,以保其身"中,引申出成语"明哲保身"。这个成语原来是褒义,指明智的人不参与可能危及自身的事。但在使用过程中语义逐步转化为中性,用来比喻因怕自己受牵连而回避斗争的处世态度。

明珠暗投

【解释】

"明珠暗投"这则成语的原意是说把闪闪发光的珍珠偷偷投在路上,行人见了都不敢去拿。后来比喻稀有的贵重物品落到了不识货的人手里,得不到赏识或珍爱;也比喻有才能的人得不到发挥才能的机会,或者误入歧途。

【出处】

这个成语来源于《史记·鲁仲连邹阳列传》:臣闻明月之珠,夜光之璧,以暗投人于道路,人无不按剑相眄者,何则?无因而至前也。

【故事】

汉景帝即位后,没有马上立太子。他的弟弟梁孝王很想自己有朝一日能继任皇位。为此,他常和亲信羊胜、公孙诡两人秘密策划,如何收买朝廷权臣,如何刺探宫中隐事,甚至密谈如何在必要时发动政变。

梁孝王有个门客,名叫邹阳,他是一个很有才学的人。梁孝王想利用他的文名提高自己的声誉,所以把他收在门下。邹阳听到梁孝王经常与羊胜等密谋这类事,便几次向梁孝王晓以利害,劝说他不要轻举妄动,造成祸害。羊胜、公孙诡对他很疑忌,怂恿梁孝王将他投入了监狱。

邹阳知道自己受到了诬陷,便在狱中给梁孝王写了一封信。信中引用了许多史实,来说明自古以来忠臣义士无辜受屈的事是很多的,他不过是其中之一罢了。信中给人印象最深刻的是下面这段话:"我听说世间最罕见的宝物是明月珠和夜光璧。如果暗中把它们投在路上,人们都会按着剑、斜着眼看它,而不敢去拿。这是因为谁也不知道它突然出现的原因。"这段话的含意是,如果没有亲信帮你说话,即使你提出了很好的意见,也不会受到重视,还有可能惹出祸来。梁孝王看懂了信里隐含的意思,立即释放了他。

不久,景帝采纳了大臣爰盎等的建议,立了太子。梁孝王恨爰盎坏了他的事,便派刺客去刺杀了爰盎。景帝料想这是梁孝王指使的,便接二连三派使者去责问他,并要他交出主谋抵罪。梁孝王被逼得无法,只好迫令羊胜、公孙诡自杀。但使者还是要追查下去。最后,梁孝王只得请邹阳进京活动,请受景帝宠爱的王美人向景帝讨情,这件事才不了了之。

摩肩接踵

【解释】

"摩肩接踵"这则成语的意思是肩擦着肩,脚跟碰着脚跟。形容来往的人很多,很拥挤。摩:擦。踵:脚后跟。

【出处】

这个成语来源于《晏子春秋·内篇·杂下》:临淄三百闾,张袂成阴,挥汗成雨,比肩接踵而在。

【故事】

晏婴,字平仲,春秋时齐国人。他身材矮小,但才智出众,起先担任大夫之职,后来他父亲晏弱死后,继任齐国的相国。

有一年,晏婴奉命出使楚国。楚王存心侮辱晏婴,派人在城门边上挖了一个狗洞,要让晏婴从狗洞进城。晏婴来到楚国,发现了楚王的阴谋,站在狗洞前,看着周围看笑话的人群,故作惊讶地说:"哎呀!今天我难道是到了狗国吗?不然,怎么这城没有城门而只有狗洞呢?"负责接待的官员听了,只得灰溜溜地引晏婴从城门进城。晏婴来到楚国的宫中,楚王居高临下,装模作样地问:"齐国难道没人了吗?怎么派你这样一个人出使楚国呢?"晏婴听了,反驳说:"我们齐国光都城临淄就有成百条街道、几万户人家,人们张开衣袖就能遮住太阳,挥把汗水就像下雨一样,街上的行人摩肩接踵,怎么会没有人呢?"楚王听了,轻蔑地说:"既然齐国人那么多,为什么不派一个比你强一点的人到楚国来呢?"晏婴也轻蔑地笑了一笑,回敬说:"大王,你不知道,我们齐国在委派外交使臣时,有这么一条规矩:贤明的使臣就派他到贤明的国君那里去,无能的使

臣就派他去见无能的国王。我在齐国是最无能的，所以就被派到楚国来见大王了！"楚王听了，无言以对。后来，他只好改变态度，隆重地接待了晏婴。

目不识丁

【解释】

"目不识丁"这则成语是指连一个字也不认识。形容人不识字或没有学问。丁：表示最简单的字。

【出处】

这个成语来源于《旧唐书·张弘靖传》：今天下无事，汝辈挽得两石力弓，不如识一丁字。

【故事】

唐穆宗的时候，节度使（总管一个地区军、民、财政的高级官员）张弘靖奉命去治理幽州（范阳，治所在今北京西南）。张弘靖是个养尊处优、刚愎自用的人。他到幽州时，坐在装饰得很华丽的轿子里，前后左右都是护卫和仪仗人员，威势很大。百姓倾城而出，夹道观看，认为以前来的官员没有一个像他这样摆排场的，非常看不惯。

张弘靖又狂妄自大，动辄骂人或挖苦人、侮辱人，根本瞧不起百姓和士兵。有一次，他当着将领们讽刺士兵道："如今天下太平，你们这些当兵的还有什么用处？你们会拉两石的弓，还不如识一个丁字！"士兵们对他这样侮辱人非常气愤，但又敢怒而不敢言。正好这时朝廷拨来一大笔钱犒赏将士，张弘靖却私自将其中一部分移作官府使用。将士们知道后，对他更加不满。

与此同时，又发生了一件事：张弘靖的一个亲信韦雍，平时一贯仗势欺人。一天，因为一件小事他就鞭打了当地一名军官。当地人从未受过这种侮辱，便鼓噪起来。张弘靖知道后，不仅不认真处理，反而不问情由，把鼓噪的人全部抓起来，并准备严厉惩处。士兵们再也忍受不下去了，马上发动兵变，把无恶不作的韦雍等打死；又把张弘靖抓起来，抢走了他家的全部财物。

后来，兵变终于被平息下来。但朝廷也认为张弘靖处事不当，以致酿成大乱，责任难逃，所以把他降为刺史，调离了幽州。

南柯一梦

【解释】

"南柯一梦"这则成语的意思是在南面的大树（槐树）下做了一场享尽荣华富贵的美梦。后世以此比喻一场空欢喜。南柯：南面的大树枝。

【出处】

这个成语来源于唐·李公佐《南柯太守传》：写淳于棼醉后梦入大槐安国，官任南柯太守，二十年享尽荣华富贵，醒后发觉原是一梦，一切全属虚幻。

【故事】

相传唐代有个姓淳于名棼的人，嗜酒任性，不拘小节。一天适逢生日，他在门前大槐树下摆宴和朋友饮酒作乐，喝得烂醉，被友人扶到廊下小睡，迷迷糊糊仿佛有两个紫衣使者请他上车，马车朝大槐树下一个树洞驰去。但见洞中晴天丽日，另有世界。车行数十里，行人不绝于途，景色繁华，前方朱门悬着金匾，上书"大槐安国"，有丞相出门相迎，告称国君愿将公主许配，招他为驸马。淳于棼十分惶恐，不觉已成婚礼，与金枝公主结亲，并被委任"南柯郡太守"。

淳于棼到任后勤政爱民，把南柯郡治理得井井有条，前后二十年，上获君王器重，下得百姓拥戴。这时他已有五子二女，官位显赫，家庭美满，万分得意。

不料檀萝国突然入侵，淳于棼率兵拒敌，屡战屡败；金枝公主又不幸病故。淳于棼连遭不测，辞去太守职务，扶柩回京，从此失去国君宠信。他心中悒悒不乐，君王准他回故里探

亲，仍由两名紫衣使者送行。

车出洞穴，家乡山川依旧。淳于棼返回家中，只见自己身子睡在廊下，不由吓了一跳，惊醒过来，眼前仆人正在打扫院子，两位友人在一旁洗脚，落日余晖还留在墙上，而梦中经历好像已经整整过了一辈子。

淳于棼把梦境告诉众人，大家感到十分惊奇，一齐寻到大槐树下，果然掘出个很大的蚂蚁洞，旁有孔道通向南枝，另有小蚁穴一个。梦中"南柯郡""槐安国"，其实原来如此！

南辕北辙

【解释】

"南辕北辙"这则成语的意思是心想往南而车子却向北行。以此比喻行动与目的相反，结果离目标越来越远。辕：车杠。辙：车轮在路上留下的痕迹。

【出处】

这个成语来源于《战国策·魏策四》：今者臣来，见人于大行，方北面而持其驾，告臣曰："我欲之楚。"臣曰："君之楚，将奚为北面？"曰："吾马良。"臣曰："马虽良，此非楚之路也。"曰："吾用多。"臣曰："用虽多，此非楚之路也。"曰："吾御者善。"此数者愈善而离楚愈远耳。

【故事】

战国后期，一度称雄天下的魏国国力渐衰，可是国君魏安釐王仍想出兵攻伐赵国。谋臣季梁本已奉命出使邻邦，听到这个消息，立刻半途折回，风尘仆仆赶来求见安釐王，劝阻伐赵。

季梁对安釐王说："今天我在太行道上，遇见一个人坐车朝北而行，但他告诉我他要到楚国去。楚国在南方，我问他为什么去南方反而朝北走？那人说：'不要紧，我的马好，跑得快。'我提醒他，这跟马的好坏没关系，主要是朝北不是到楚国该走的方向。那人指着车上的大口袋说：'不要紧，我的路费多着呢。'我又给他指明，路费多也不管用，这样到不了楚国。那人又说：'不要紧，我的马夫最会赶车。'这人真是糊涂到家了，他的方向不对，即使马跑得再快，路费带得再多，马夫再会赶车，又有什么用呢？这些条件越好，就会使他离目的地越远。"说到这儿，季梁把话头引到正题："而今，大王想成就霸业，一举一动都要取信于天下，方能树立权威，众望所归；如果仗着自己国家大、兵力强，动不动就进攻人家，这无法建立威信，恰恰就像那个要去南方的人反而朝北走一样，只能离成就霸业的目标越来越远！"魏安釐王听了这一席话，深感季梁给他讲明了重要的道理，便决心停止伐赵。

以上史事，形成成语"北辕适楚"，后来在流传过程中，人们习惯说作"南辕北辙"，并引申出另一个成语"背道而驰"，意义和"南辕北辙"相同。

囊萤映雪

【解释】

"囊萤映雪"这则成语原是车胤用口袋装萤火虫来照书本，孙康利用雪的反光勤奋苦学的故事。后用"囊萤映雪"比喻家境贫苦，刻苦读书。

【出处】

这个成语来源于《晋书·车胤传》：(胤)博学多通，家贫不常得油，夏月则练囊盛数十萤火以照书，以夜继日焉。《尚友录》卷四：孙康，晋京兆人，性敏好学，家贫无油，于冬月尝映雪读书。

【故事】

晋代时，车胤从小好学不倦，但因家境贫困，父亲无法为他提供良好的学习环境。为了维持温饱，没有多余的钱买灯油供他晚上读书。

夏天的一个晚上，他正在院子里背一篇文章，忽然见许多萤火虫在低空中飞来飞去。一闪一闪的光点，在黑暗中显得非常耀眼。他想，如果把许多萤火虫集中在一起，不就成为一盏灯了吗？于是，他去找了一只白绢口袋，随即抓了几十只萤火虫放在里面，再扎住袋口，把它吊起来。虽然不怎么明亮，但可

孙康

勉强用来看书了。从此，只要有萤火虫，他就去抓一把来当作灯用。由于他勤学苦练，后来终于做了职位很高的官。

同朝代的孙康情况也是如此。由于没钱买灯油，晚上不能看书，只能早早睡觉。他觉得让时间这样白白浪费掉，非常可惜。

一天半夜，他从睡梦中醒来，把头侧向窗户时，发现窗缝里透进一丝光亮。原来，那是大雪映出来的光，他发现可以利用它来看书。于是他倦意顿失，立即穿好衣服，取出书籍，来到屋外。宽阔的大地上映出的雪光，比屋里要亮多了。孙康不顾寒冷，立即看起书来，手脚冻僵了，就起身跑一跑，同时搓搓手指。此后，每逢有雪的晚上，他就不放过这个好机会，孜孜不倦地读书。这种苦学的精神，促使他的学识突飞猛进，成为饱学之士。后来，他也当了高官。

鸟尽弓藏

【解释】

"鸟尽弓藏"这则成语的意思是鸟给打光了，打鸟的弹弓就被收藏起来。比喻事成之后，功臣被抛弃或遭害。

【出处】

这个成语来源于《史记·越王勾践世家》：蜚鸟尽，良弓藏；狡兔死，走狗烹。蜚：同"飞"。

【故事】

春秋末期，吴、越争霸，越国被吴国打败，屈服求和。越王勾践卧薪尝胆，任用大夫文种、范蠡整顿国政，十年生聚，十年教训，使国家转弱为强，最终击败了吴国，洗雪了国耻。吴王夫差兵败出逃，连续七次向越国求和，文种、范蠡坚持不允。夫差无奈，把一封信系在箭上射入范蠡营中，信上写道："兔子捉光了，捉兔的猎狗没有用处了，就被杀了煮肉吃；敌国灭掉了，为战胜敌人出谋献策的谋臣没有用处了，就被抛弃或铲除。两位大夫为什么不让吴国保存下来，替自己留点余地呢？"文种、范蠡还是拒绝议和，夫差只好拔剑自刎。越王勾践灭了吴国，在吴宫欢宴群臣时，发觉范蠡不知去向，第二天在太湖边找到了范蠡的外衣，大家都以为范蠡投湖自杀了。可是过了不久，有人给文种送来一封信，上面写着："飞鸟打尽了，弹弓就被收藏起来；野兔捉光了，猎狗就被杀了煮来吃；敌国灭掉了，谋臣就被抛弃或遭害。越王为人，只可和他共患难，不宜与他同安乐。大夫至今不离他而去，不久难免有杀身之祸。"文种此时方知范蠡并未死去，而是隐居了起来。他虽然不尽相信信中所说的话，但从此常告病不去上朝，日久引起勾践疑忌。一天勾践登门探望文种，临别留下佩剑一把。文种见剑鞘上有"属镂"二字，正是当年吴王夫差逼忠良伍子胥自杀的那把剑。他明白勾践的用意，悔不该不听范蠡的劝告，只得引剑自尽。

怒发冲冠

【解释】

"怒发冲冠"这则成语的意思是愤怒得头发直竖，顶起帽子。形容极度愤怒。冠：帽子。

【出处】

这个成语来源于《史记·廉颇蔺相如列传》：王授璧，相如因持璧却立，倚柱，怒发上冲冠……

【故事】

赵惠文王得到一块稀世的玉璧。这块璧是春秋时楚人卞和发现的，所以称为和氏璧。不料，这件事被秦昭王知道了，便企图仗势把和氏璧据为己有。于是他假意写信给赵王，表示愿用十五座城来换这块璧。

赵王怕秦王有诈，不想把和氏璧送去，但又怕他派兵来犯。同大臣们商量了半天，也没有个结果。再说，也找不到一个能随机应变的使者，到秦国去交涉这件事。

正在这时，有人向赵王推荐了蔺相如，说他有勇有谋，可以出使。赵王立即召见，并首先问他能否答应秦王的要求，用和氏璧交换十五座城池。蔺相如说："秦国强，我们赵国弱，这件事不能不答应。""秦王得到了和氏璧，却又不肯把十五座城给我，那么办？""秦王已经许了愿，如赵国不答应，就理亏了；而赵国如果把璧送给秦王，他却不肯交城，那就是秦王无理。两方面比较一下，宁可答应秦王的要求，让他承担不讲道理的责任。"就这样，蔺相如带了和氏璧出使秦国。秦王得知他来后，没有按照正式的礼仪在朝廷上接见他，而是非常傲慢地在一个临时居住的宫室里召见他。秦王接过璧后，非常高兴，看了又看，又递给左右大臣和姬妾们传看。

蔺相如见秦王如此轻蔑无礼，早已非常愤怒，现在又见他只管传看和氏璧，根本没有交付城池的意思，便上前道："这璧上还有点小的毛病，请让我指给大王看。"蔺相如把璧拿到手后，马上退后几步，靠近柱子站住。他极度愤怒，头发直竖以至于顶起帽子，慷慨激昂地说："赵王和大臣们商量后，都认为秦国贪得无厌，想用空话骗取和氏璧，因而本不打算把璧送给秦国；听了我的意见，斋戒了五天，才派我送来。今天我到这里，大王没有在朝廷上接见我，拿到璧后竟又递给姬妾们传观，当面戏弄

蔺相如两屈秦王

我，所以我把璧取了回来。大王如要威逼我，我情愿把自己的头与璧一起在柱子上撞个粉碎！"在这种情况下，秦王只得道歉，并答应斋戒五天后受璧。但蔺相如预料秦王不会交城，私下让人把璧送归赵国。秦王得知后，无可奈何，只好按照礼仪送蔺相如回国。

呕心沥血

【解释】

"呕心沥血"这则成语是形容费尽心思和精力。多用来表示文艺创作的艰辛不易。

【出处】

这个成语来源于唐·李商隐《李长吉小传》：遇所得，投书囊中……母使婢探囊中，见所书多，即怒曰："是儿要当呕出心乃已尔。"

【故事】

李贺，字长吉，唐代著名诗人。李贺天资聪颖，七岁能写诗作文，十余岁便名扬文坛。当时大文学家韩愈和友人皇甫湜曾亲自去李家探试李贺诗才，他们当场出题，要李贺即席赋诗。李贺一挥而就，再试再赋，无不精彩。两人大惊，始信李贺诗名不虚。

相传李贺作诗不先立题，而是注重到生活中去发掘素材。他每次外出总是骑一匹瘦马，带一名小童，背一个锦囊，边走边思索，吟得佳句，就用随身所带笔砚，在马上写成纸卷，投入锦囊。有时他满载而归，囊中鼓鼓的；有时终日穷思苦索，竟无佳句可得，囊空如洗。他母亲等他回家，倾囊检视纸笔，发现写得很多，常常爱怜地埋怨他说："你这孩儿，难道要把心血都呕出来，才肯罢休呀！"李贺的确倾注全部心力于诗歌创作。许多传唱不衰、脍炙人口的不朽名句，如"天若有情天亦老""黑云压城城欲摧""雄鸡一声天下白""石破天惊逗秋雨"等，都出自李贺的笔下。李贺作诗太刻苦，损害了健康，只活到二十七岁便去世了，却给后世留下不少具有独特艺术风格的诗篇，为中国诗坛增添了异彩。

攀龙附凤

【解释】

"攀龙附凤"这则成语原作"攀龙鳞,附凤翼",比喻依托帝王或投靠有权势的人(以求飞黄腾达)。后世多作"攀龙附凤",比喻巴结或投靠有权势的人。

【出处】

这个成语来源于《汉书·叙传下》:舞阳鼓刀,滕公厩驺,颍阴商贩,曲周庸夫,攀龙附凤,并乘天衢。

【故事】

西汉的开国皇帝刘邦,出身于农民家庭,他的父母连名字都没有。刘邦原名季,意思是"老三",直到做了皇帝,才改名为邦。

刘邦三十岁时,当了秦朝沛县的一个乡村小吏——亭长。他为人豁达大度,胸怀开朗,做事很有气魄,很多人都愿意与他交往。当地的萧何、樊哙、夏侯婴等,都是他的好朋友。这些人后来都为刘邦建立汉朝做出了巨大贡献。

樊哙

樊哙是刘邦的同乡,是个杀狗卖狗的。陈胜、吴广发动起义后,沛县县令惊恐万分,就派樊哙去召刘邦来相助。不料等刘邦带了几百人来时,县令又反悔了。于是,刘邦说服城里人杀了县令,带领两三千人马誓师起兵。

夏侯婴与刘邦很早就有交情。夏侯婴原来是县衙里的马夫,每次奉命为过往使者赶车,回来时经过刘邦那里,总要与刘邦闲谈很长时间,直到日落西山才走。后来夏侯婴当了县吏,与刘邦交往更密切了。一天刘邦与他闹着玩,一不小心打伤了他。有人告刘邦身为亭长,动手打人,应当

· 176 ·

严惩，夏侯婴赶紧为他解释。不料，后来夏侯婴反倒以伪证罪被捕下狱，坐了一年多班房。后来刘邦在沛县起兵，他和樊哙主动参加，并担任部将。

刘邦的势力逐渐发展后，有个名叫灌婴的人又来投奔他。灌婴是睢阳人，本为贩卖丝绸的小商人。此人后来也成为刘邦的心腹，领兵转战各地，立了不少战功。

公元前208年，刘邦根据各路起义军开会的决定，带领人马西攻秦都咸阳。第二年初，刘邦大军兵临陈留，把营扎在城郊，当地有个名叫郦食其的小吏前来献计。

郦食其对刘邦说，现在您兵不满万人，又缺乏训练，要西攻强秦，如进虎口。不如先攻取陈留，招兵买马，等兵强马壮后再打天下。郦食其还表示，他和陈留县令相好，愿意前去劝降；如县令不降，就把他杀了。刘邦采纳了郦食其的计谋。郦食其连夜进陈留城劝说县令，但那县令不肯起义。于是，郦食其半夜割下他的头颅来见刘邦。第二天刘邦攻城时，把那县令的头颅高悬在竹竿上，结果守军开城门投降。在陈留，刘邦补充了大量粮食、武器和兵员。

接着，郦食其又推荐了他颇有智勇的弟弟郦商，郦商又给刘邦带来了四千人。于是，刘邦任命他为副将，带领这支队伍西攻开封。后来，刘邦战胜了项羽，在公元前202年即皇帝位，建立了西汉王朝。

刘邦当皇帝后大封功臣，樊哙、夏侯婴、灌婴、郦商等人也先后被封为舞阳侯、汝阴侯、颍阴侯和曲周侯。

旁若无人

【解释】

"旁若无人"这则成语的意思是指旁边好像没有人。形容态度自然从容，不以有人在侧为意；也形容高傲，目中无人。若：好像。

【出处】

这个成语来源于《史记·刺客列传》：高渐离击筑，荆轲和而歌于市中，相乐也，已而相泣，旁若无人者。

【故事】

荆轲，卫国人。他在平时，一言一行、一举一动就与常人不一样。他喜欢

荆轲

击剑，整天和朋友一起练剑习武，切磋武艺。每天早晨，天刚亮，他就起身去练剑，直练到汗水淋漓，才收剑休息。但他同时又十分喜欢读书，好学不倦，成为战国时期著名的侠士。

荆轲到了燕国以后，和隐居卖狗肉的高渐离成了知己。每天，两个人一起在燕市上喝酒，直到喝醉后才肯罢休。高渐离也是一名勇士。不仅如此，他还善于演奏一种名叫"筑"的古乐器。他们还常趁着酒兴，到闹市上引吭高歌。

一次，荆轲和高渐离两人在闹市上喝酒。当酒喝到八九成时，他们俩来到了闹市中央。高渐离击筑，荆轲和着乐声放声高歌。两人越唱越高兴，歌声也越来越激昂。高亢的歌声引来了许多围观的人，而且越聚越多。他们对人们的指点和围观熟视无睹，一点也不在乎。当唱到悲切慷慨处，两人还相对放声痛哭，泪如雨下，旁若无人。

正是由于这种豪迈和旁若无人的气概，荆轲后来受到了燕太子丹的赏识，引为上宾，委以重任。公元前222年，他带着夹藏匕首的燕国地图到咸阳去刺杀秦王，结果刺杀未成，不幸身死。

抛砖引玉

【解释】

"抛砖引玉"这则成语意思是抛出砖去，引回玉来。比喻用自己不成熟的意见或作品引出别人更好的意见或好作品。

【出处】

这个成语来源于宋·释道原《景德传灯录·卷十·赵州东院从谂禅师》：大众晚参，师云："今夜答话去也，有解问者出来。"时有一僧便出，礼拜。谂曰："比来抛砖引玉，却引得个墼子。"墼子：生砖，即土坯。

· 178 ·

【故事】

唐代高僧从谂禅师，主持赵郡观音院多年。相传他对僧徒参禅要求极严，必须人人静坐敛心，集中专注，决不理会外界的任何干扰，达到凝思息妄、身心不动的入定境界。有一天，众僧晚参，从谂禅师故意说："今夜答话，有闻法解悟者出来。"此时徒众理应个个盘腿正坐，闭目凝心，不动不摇。恰恰有个小僧沉不住气，竟以解问者自居，走出礼拜。从谂禅师瞟了他一眼，缓声说道："刚才抛砖引玉，却引来一块比砖还不如的土坯！"还有一个抛砖引玉的故事。据《历代诗话》《谈证》等书记述：唐代诗人赵嘏，以佳句"长笛一声人倚楼"博得大诗人杜牧的赞赏，人们因此称赵嘏为"赵倚楼"。当时另有一位名叫常建的诗人，一向仰慕赵嘏的诗才。他听说赵嘏来到吴地，料他一定会去灵岩寺游览，便先赶到灵岩，在寺前山墙上题诗两句，希望赵嘏看到后能添补两句，续成一首。果然赵嘏游览灵岩寺看到墙上两句诗，不由诗兴勃发，顺手在后面续了两句，补成一首完整的诗。常建的诗没有赵嘏写得好，他以较差的诗句引出赵嘏的佳句，后人便把这种做法叫作"抛砖引玉"。其实，常建、赵嘏并非同时代人，他们各自的生活年代相距百年之多，续诗之说不可信，只是由于这段故事很出名，人们也就承认它是成语"抛砖引玉"的出处之一。

鹏程万里

【解释】

"鹏程万里"这则成语用来比喻前程远大。

【出处】

这个成语来源于《庄子·逍遥游》：鹏之徙于南冥也，水击三千里，抟扶摇而上者九万里，去以六月息者也。

【故事】

很久很久以前，北海有一条鱼，它的名字叫"鲲"。鲲长得非常庞大，宽和长不知有几千里。

后来，鲲变成了一只鸟，名字叫"鹏"。鹏鸟的背也非常高大，不知有几千里。它奋力飞起来的时候，翅膀像垂在天空中的云，并乘着海动时掀起来的大风飞到南海去。鹏鸟飞到南海去的时候，翅膀拍击水面，能激起三千里的大浪。它乘着旋风，直上九万里的高空，是凭借着六月的大风飞去的……

以上是战国时著名的哲学家庄周在一篇名叫《逍遥游》的文章中讲述的寓言故事。在描述完大鹏高飞的情景后，他又夹叙夹议说了一番道理：水如果积蓄得不够深，那么它负载的大船也就没有力量。倒一杯水在屋里的凹地上，那么放一根小草就可以当成船；而放一只杯子，就要粘在地上。这是因为水浅而船大的缘故。如果风的积蓄不够，那么它负载巨大的翅膀也就没有力量。鹏鸟之所以能飞九万里，是因为风就在它的下面，然后它才能乘在风的背上，背靠着青天而没有任何阻拦，一直飞往南海。

披坚执锐

【解释】

"披坚执锐"这则成语的意思是穿上坚固的铠甲，拿起锋利的兵器，多指将领亲赴战场杀敌。后来用"披坚执锐"比喻全副武装投身战斗。坚：坚固的铠甲。锐：锋利的兵器。

西楚霸王

【出处】

这个成语来源于《史记·项羽本纪》：夫被（披）坚执锐，义不如公；坐而运策，公不如义。

【故事】

秦朝末年，陈胜、吴广率领的农民起义军被秦大将章邯攻灭后，项梁和项羽便拥立楚怀王的孙子熊心为王，仍称楚怀王，继续与秦军作战。项梁因作战胜利而骄傲自满，被秦军打败，死于军中。

章邯打败楚军后，又去攻打赵国。赵军不敌，退守巨鹿，被章邯指派的王离、涉间的军队团团围住。怀王为此很着急，便任命宋义为上将军、项羽为副将，派他们率军去救援赵国。怀王还将卿子冠军的称号授予宋义，命他统率其他各军。

宋义把军队带到安阳后，接连四十六天不进军。项羽对他说："如果秦军已将赵王围在巨鹿城里，我军应迅速渡河，赶到那里来个里应外合，必定能大破秦军。"宋义摇摇头说："不行。牛虻固然能惹牛，但不能咬死虱子。如今秦军攻赵，就算取胜了，也已经筋疲力尽，我军可等他们疲惫不堪时进兵；如若秦军不能取胜，让他们胶着在那里，我军可乘机西进把秦国攻下来。所以，还不如让秦、赵两军打下去。说到穿着坚固的铠甲、拿着锋利的兵器冲杀敌军，我宋义不如你；而坐在这里运用计谋，你可不如我。"

披荆斩棘

【解释】

"披荆斩棘"这则成语原或作"披荆棘"，比喻在开创事业中，扫除障碍，克服困难。后世多作"披荆斩棘"，以此比喻在创业过程中或前进道路上清除障碍，克服种种困难，开拓前进。披：拨开。荆、棘：泛指丛生长刺的小灌木。斩：砍断。

【出处】

这个成语来源于《后汉书·冯异传》：异朝京师，引见，帝谓公卿曰："是我起兵时主簿也。为吾披荆棘，定关中。"

【故事】

东汉王朝的建立者光武帝刘秀，起兵初期势力单薄，生活也非常艰苦，有些人因此离他而去。但曾任主簿的冯异却毫不动摇，一直追随在他左右。

一次，刘秀率领一队人马路过饶阳的芜蒌亭（今属河北），天降大雪，将士们又饿又冷，都支撑不住了。晚上，冯异设法煮了一大锅豆粥让大家吃，饥寒顿时消除。后来队伍来到南宫，遇到大风雨，将士们的衣服都被雨水淋湿了，冻得直打哆嗦。就在众人难以忍受的时候，冯异又设法找来一些柴草，点起火让大家烤干衣服，暖和身体；又为大家煮了麦饭，填饱肚子。冯异在艰难处境中做的这两件事，给刘秀留下了深刻的印象。

25年，刘秀做了皇帝后，派冯异平定关中，冯异很好地完成了任务。当时

冯异

有人向刘秀上书，劝他提防冯异权重谋反。刘秀不仅不信，反把所上的书送给冯异看，并要冯异不必疑心、害怕。

30年，冯异从长安来到京城洛阳朝见光武帝。光武帝指着他向满朝公卿大臣说："他便是我起兵时的主簿，曾为我在创业的道路上劈开丛生的荆棘，扫除了重重障碍，又为我平定了关中之地！"朝见结束后，光武帝赐给冯异很多金银财宝，还写了一封信给他。信中说："我还时时记着当年将军在芜蒌亭端给我的豆粥，在南宫递给我的麦饭。您的深情厚谊，我至今还未报答呢！"

疲于奔命

【解释】

"疲于奔命"这则成语原指因奉命奔走而弄得筋疲力尽。现在也形容忙于奔走应付而搞得非常疲劳。疲：疲惫、劳累。奔命：奉命奔走。

【出处】

这个成语来源于《左传·成公七年》：余必使尔罢于奔命而死。

【故事】

春秋时，有一次楚国战胜宋国，大将子重居功向楚庄王提出要求，把北部两处地方封赏给他。楚庄王本想答应，但大臣申公巫臣极力反对，说把这两处地方封给子重，晋国和郑国就要来侵犯。结果，楚王没有将这两处地方封赏给子重。子重为此十分仇恨巫臣。

楚国还有一个大臣，名叫子反。他很想娶美丽的夏姬，但巫臣说夏姬命相不好，不能娶她。可是后来巫臣却娶了夏姬，与她一起逃到晋国去。于是，子反也非常仇恨巫臣。

　　楚庄王死后，楚共王即位。这时，巫臣已在晋国当了大夫。子重和子反为了报仇，合伙灭了巫臣的家族，瓜分了他们的财产和妻妾。巫臣得知这个消息后，十分愤怒，决心复仇。他托人捎了一封信给子重、子反二人。信中写道："你们这两个坏蛋怀着邪念，向国君进谗言，贪得无厌，杀了那么多无辜的人，实在太可恶了。我一定要叫你们忙碌奔走，疲竭而死！"为了实现自己的诺言，巫臣带了一些战车和军士来到落后的吴国，帮助吴军训练驾车射箭。还鼓动吴人反抗楚国控制的情绪，唆使吴王派军队不断地侵袭楚国边境。

　　在巫臣的精心训练下，吴国的军队逐渐强大起来。于是吴军不断出兵，逐个攻击楚国东边的属国，把它们并入吴国版图，从而使自己的实力越来越强大。这样一来，告急的文书经常传到楚国都城。楚王每次接到告急军书，都会派子重、子反率军前往救援。

　　由于吴国对楚国及其属国的侵袭不断，以致子重、子反刚平定一处战事归来，还未得到休息，又奉命出兵平定另一处战事。一年之中，两人率领大军往返奔波，竟达七次之多，被弄得筋疲力尽。巫臣终于达到了复仇的目的。

匹夫之勇

【解释】

　　"匹夫之勇"这则成语是指不讲求智谋，只凭个人蛮干的勇气。

【出处】

　　这个成语来源于《国语·越语上》：勾践既许之，乃致其众而誓之曰："吾不欲匹夫之勇也，欲其旅进旅退也。"

吴王夫差

【故事】

春秋时，越王勾践被吴王夫差打败，在吴国囚禁三年，受尽了屈辱。回国后，他决心自励图强，立志复国。

十年过去了，越国国富民强，兵马强壮，将士们又一次向勾践来请战："君王，越国的四方民众，敬爱您就像敬爱自己的父母一样。现在，儿子要替父母报仇，臣子要替君主报仇。请您再下命令，与吴国决一死战。"勾践答应了将士们的请战要求，把军士们召集在一起，向他们表示决心说："我听说古代的贤君不为士兵少而忧愁，只是忧愁士兵们缺乏自强的精神。我不希望你们不用智谋，单凭个人的勇敢，而希望你们步调一致，同进同退。前进的时候要想到会得到奖赏，后退的时候要想到会受到处罚。这样，就会得到应有的赏赐。进不听令，退不知耻，会受到应有的惩罚。"到了出征的时候，越国的人都互相勉励。大家都说，这样的国君，谁能不为他效死呢？由于全体将士斗志高涨，因此越王勾践最终打败了吴王夫差，灭掉了吴国。

平易近人

【解释】

"平易近人"这则成语原作"平易近民"，后世多作"平易近人"。形容态度谦逊，和蔼可亲，使人愿意接近。

【出处】

这个成语来源于《史记·鲁周公世家》："呜呼，鲁后世其北面事齐矣！夫政，不简不易，民不有近；平易近民，民必归之。"

【故事】

周武王的弟弟周公，曾为周武王攻灭商朝、建立西周王朝立下了大功。周公被封在曲阜为鲁公，但他没有到曲阜去，而仍旧留在都城辅佐王室。他派长子伯禽去接受封地，当了鲁公。

伯禽到鲁地后，过了三年才向周公汇报在那里施政的情况。周公很不满意，对他说："为什么这么迟才来汇报？"伯禽答道："改变那里的习俗，革新那里的礼法，三年后才能看到效果，所以来晚了。"在这以前，曾辅佐文王、武王灭商有功的姜尚被封在齐地。他只过了五个月，就向周公来报告在那里的施政情况了。当时，周公感到惊奇，便问他说："你怎么这么快就报告情况呀？"姜尚回答说："我简化了君臣之间的礼节，一切按照当地风俗去做，所以这样快。"后来周公听了伯禽过三年后才来作的汇报后，不由得叹息道："唉，鲁国的后代将要当齐国的臣民了！政令不简约易行，百姓就不愿意接近；政令平和易行，百姓就必定会归附。"

萍水相逢

【解释】

"萍水相逢"这则成语的意思是浮萍随水漂动，偶然聚集在一起。比喻素不相识的人偶然相遇。萍：在水面上浮生的一种蕨类植物。

【出处】

这个成语来源于唐·王勃《滕王阁序》：关山难越，谁悲失路之人？萍水相逢，尽是他乡之客。

【故事】

王勃字子安，是唐初著名的文学家。他少年时便很有才学，六岁时就能写文章，而且写得又快又好；十四岁时，已能即席赋诗。王勃与杨炯、卢照邻、骆宾王以文辞齐名，合称"初唐四杰"。他十五岁应举及第，曾经担任参军（将军府的重要幕僚），后因罪免官。

676年，王勃去交趾（在今越南境内）探望做县令的父亲。途经洪都（今江西南昌）时，都督阎伯屿因重修的滕王阁落成，定于九月九日重阳节在那里宴请文人雅士和宾客朋友。他的女婿吴子章很有文才，阎伯屿叫他事先写好一篇

序文，以便到时当众炫耀。王勃是当时有名的文士，也在被请之列。

宴会上，阎伯屿故作姿态，请来宾为滕王阁作序。大家事先都无准备，所以都托词不作。请到王勃时，他却并不推辞，当场挥毫疾书，一气呵成，写就了著名的《滕王阁序》。各宾客看了一致称好。阎伯屿读后也深为钦佩，认为这篇序文比自己女婿写的要高明得多，也就不再让吴子章出场著文了。

《滕王阁序》构思精绝，文气通顺畅达，而又纵横交错。序文在铺叙盛会胜景的同时，也流露出王勃壮志难酬的感慨："关山难越，谁悲失路之人？萍水相逢，尽是他乡之客。"这几句的意思是：关山重重，难以攀越，有谁为失路的人悲哀？今天与会的人像水面上的浮萍一样，偶然相遇，都是他乡之客。表达了他生不逢时，慨叹自己命运不佳的心情。

不久，王勃离开洪都，前往交趾。不幸的是在渡海时遇难，死时才二十六岁。

破釜沉舟

【解释】

"破釜沉舟"这则成语原作"济河焚舟"，渡过了河就把船烧毁。表示决一死战，有进无退。后世多作"破釜沉舟"，砸破烧饭用的锅，凿沉船只，比喻拼死一战。釜：锅。舟：船。

【出处】

这个成语来源于《史记·项羽本纪》：项羽乃悉引兵渡河，皆沉船，破釜甑，烧庐舍，持三日粮，以示士卒必死，无一还心。

【故事】

秦朝末年，秦二世派大将章邯攻打赵国。赵军不敌，退守巨鹿（今河北平乡西南），被秦军团团围住。楚怀王封宋义为上将军、项羽为副将，派他们率军去救援赵国。

不料，宋义把兵带到安阳（今山东曹县东南）后，接连四十六天停滞不前。项羽忍不住，一再要求他赶紧渡江北上，赶到巨鹿，与被围赵军来个里应外合。但宋义另有所谋，想让秦、赵两军打得精疲力竭再进兵，这样便于取胜。他严令军中，不听调遣的人，一律格杀勿论。与此同时，宋义还邀请宾客大吃大喝，而士兵和百姓却忍饥挨饿。

项羽忍无可忍，进营帐杀了宋义，并声称他勾结齐国反楚，楚王下密令将他斩杀。将士们马上拥戴项羽代理上将军。项羽把杀宋义的事及原因报告了楚怀王，楚怀王只好正式任命他为上将军。

项羽杀宋义的事，震惊了楚国，并在各国有了威名。他随即派出两名将军，率两万军队渡河去救巨鹿。在获悉取得小胜并接到增援的请求后，他下令全军渡河救援赵军。

项羽在全军渡河之后，采取了一系列惊人的行动：把所有的船只凿沉，击破烧饭用的锅，烧掉宿营的屋子，只携带三天干粮，以此表示决心死战，没有一点后退的打算。

这支有进无退的大军到了巨鹿外围，立即包围了秦军。经过九次激战，截断了秦军的补给线。负责围攻巨鹿的两名秦将，一名被活捉，另一名投火自焚。

在这之前，来援助赵国的各路诸侯虽然有几路军队在巨鹿附近，但都不敢与秦军交锋。楚军拼死决战并取得胜利，这大大地提高了项羽的声威。

从此，项羽率领的军队成了当时反秦力量中最强大的一支武装。项羽也成了当时农民起义军的著名领袖人物，并于后来和刘邦的起义军一起推翻了秦朝的统治。

后来，"皆沉船，破釜甑"演化为成语"破釜沉舟"，用来比喻拼死一战，决心很大。

破镜重圆

【解释】

"破镜重圆"这则成语的意思是敲破的镜面又对合在一起,重新团圆。比喻夫妻离散或决裂后重新和好、团圆。破:敲破,破碎。镜:镜子。圆:团圆。

【出处】

这个成语来源于唐·孟棨《本事诗·情感》载:南朝陈将亡时,驸马徐德言预料妻子乐昌公主将被人掠去,因破一铜镜,各执一半,为他日重见时的凭证,并约定正月十五日卖镜于市,以相探讯。

【故事】

南朝陈的太子舍人(太子亲近的属官)徐德言,娶皇帝陈叔宝的妹妹乐昌公主为妻。两人情投意合,非常恩爱。当时朝政腐败,徐德言预料到,有朝一日国家会遭受灭亡之祸,因此非常忧虑。

一天,他愁容满面地对妻子说:"天下大乱的事马上就会发生,到时我们夫妻将被拆散。但只要我们姻缘未尽,总会再次团圆。为此要先留下一件东西,作为将来重见的凭证。"乐昌公主同意丈夫的看法和建议。徐德言当即取来一面圆形的铜镜,把它一破为二,一块自己留下,一块交给妻子,嘱咐她好好保存,并对她说:"如果离散后,就在每年正月十五日那天,托人将这半面镜子送到市场上去叫卖。只要我还活着,我一定前去探听,以我的半面镜子为凭,与你团聚。"

不久,已经统一中国北方的隋文帝杨坚,果然发兵攻进陈的都城建康(今江苏南京),陈国灭亡。灭陈有功的大臣杨素不仅加封为越国公,而且得到许多赏赐,其中包括乐昌公主。徐德言被迫逃亡。

后来,徐德言打听到妻子已到了隋的

京都大兴（今陕西西安），便长途跋涉赶到那里，打听妻子的下落。每当夜深人静，他都会取出半面镜子思念爱妻。乐昌公主虽然过着非常奢侈的生活，但内心一直惦记着丈夫，也经常抚摸半面镜子，回忆往事。

正月十五日终于来到了。徐德言到热闹的市场，看见一个老人以高价出卖半面铜镜，经察看，果然是妻子的那半块。原来他是杨府的仆人，受乐昌公主委托来卖镜找夫的。于是徐德言写了一首诗，交给仆人带回。诗写道："镜与人俱去，镜归人未归；无复嫦娥影，空留明月辉。"意思是镜子与人都去了，但如今镜子归来而人却没有归来。正好比月中没有嫦娥的身影，只空留明月的光辉。

乐昌公主见到丈夫保存的半面铜镜和诗后，终日哭泣，茶饭不思。杨素知道实情后，深为感动，立即把徐德言叫来，让他把乐昌公主带回江南去，还赐给了他许多东西。

扑朔迷离

【解释】

"扑朔迷离"这则成语的原意是把兔子捏住耳朵提起来，雄兔脚乱踢，雌兔眼半闭，可是在地上跑的时候就辨认不出雌雄了。形容事物错综复杂，不容易看清真相。

【出处】

这个成语来源于古乐府《木兰诗》：雄兔脚扑朔，雌兔眼迷离；两兔傍地走，安能辨我是雄雌！

【故事】

木兰诗是我国古代的一首民歌，诗中叙述的是我国古代一位智勇双全的孝顺女孩代父从军的故事。

在古代，有个姑娘名叫花木兰，他的父亲原是朝廷的武将，后来年纪大了，退休在家。花木兰小时候，曾经跟父亲习武，十八般武艺，样样精通。

有一年，国家发生战争，朝廷征召民众出来为国家效力，花木兰的父亲也在被征召之列。花木兰看到父亲年纪大了，身体又不好，而弟弟年龄还小，不能代父从军，于是就想自己女扮男装，代父亲前去从军。

木兰

　　她把自己的想法给父母说了，她的父亲起先坚决不肯，但后来被她的孝心感动，并且一时之间也无法可想，最后只好同意了。花木兰辞别了父母，随着大军辗转到边疆去作战。她虽然是个女子，但武艺高强，反应灵敏，聪明机智，在战场上表现得十分英勇，屡次建立奇功。这样经过十年的苦战，花木兰终于和她的战友们一起打败了敌人，胜利归来。

　　因为在这场漫长的战争中，花木兰的功劳最大，皇上在奖励有功人员时，一定要封花木兰为兵部尚书。可是，她再三辞谢，说："谢谢皇上的恩典，但我不想做兵部尚书，只求皇上赐给一匹千里马，让我早日回家和父母团圆。"不久，花木兰如愿以偿回到家里。当她脱下战袍重新穿上女装时，她那些一起征战多年的伙伴才大吃一惊地说："同行十二年，竟然不知木兰是女郎！"这首诗的最后几句用比兴的手法写道："雄兔脚扑朔，雌兔眼迷离；两兔傍地走，安能辨我是雄雌！"以分不出兔的雌雄来比喻穿上了战袍，分辨不出木兰是男的还是女的。

七步之才

【解释】

　　"七步之才"这则成语的意思是走七步能作成诗。比喻文思敏捷，才气过人。

【出处】

　　这个成语来源于《世说新语·文学》：文帝尝令东阿王（曹植）七步中作诗，不成者行大法；应声便为诗……帝深有惭色。

【故事】

曹植是曹操的第三个儿子，魏文帝曹丕的同母弟弟。他从小受到良好的文学熏陶，有着非凡的文学才华。曹操曾几次打算把他立为魏世子，继承自己的事业。

曹操第二个儿子曹丕一心想当魏世子，一些拥护他的人一再在曹操面前说他的好话，最后终于促使曹操改变主意，立曹丕为魏世子。

为了稳住自己的地位，曹丕想尽办法使曹操对曹植反感。曹植生性随便，不注意遵守禁令，几次遭到曹操处罚，从而没有机会使曹操改变对他的看法。

汉献帝延康元年（220），曹操因病去世，曹丕继任丞相。就在这一年，曹丕废献帝自立为帝（即魏文帝）。

曹丕称帝后，借口曹植在父丧期间礼仪不当，将他拿下问罪。曹植所犯的罪很重，当时他要被处死。在审问的时候，曹丕指责他依仗自己有才学，故意蔑视礼法，接着说："父亲在世时，常夸你的诗文，我一直怀疑有人为你代笔。今天限你七步成诗一首，如若不成，休怪我问你死罪！"

曹植点点头，说："请皇上赐题。"

"就以兄弟为题，但不许出现兄弟二字。"

曹植略一思忖，便迈开脚步，走一步吟一句："煮豆持作羹，漉菽以为汁；萁在釜下燃，豆在釜中泣。本自同根生，相煎何太急！"

这几句诗的意思是：要煮豆子做豆豉，抱来豆梗当柴烧。豆梗在锅下呼呼燃烧，豆子在锅里被煮得又哭又叫："你我本是一条根上生出来的，你又怎能这样急迫地煎熬我呢？"

曹植吟完，正好走了七步。曹丕听了，羞愧难当，免去了他的死罪，将他贬为安乡侯。曹植七步成诗的事很快传开，人们也因此而称赞他有"七步之才"。

欺世盗名

【解释】

"欺世盗名"这则成语的意思是欺骗世人,窃取名誉。

【出处】

这个成语来源于《辨奸论》:王衍之为人也,容貌语言,固有以欺世而盗名者。

【故事】

西晋时,王衍长得一表人才,举止文雅,又精通老子和庄子的哲学,年纪轻轻就在京城洛阳出了名。晋武帝的岳父、车骑将军杨骏仰慕王衍的好名声,想把另一个女儿嫁给他。但王衍不愿攀附权贵,装作生了疯病,满口胡言,杨骏只好作罢。

王衍自命清高,整天对别人讲一些精妙空虚的道理,不谈世俗之事,更不谈"钱"字。有一次,妻子待他入睡后,故意把许多铜钱铺在床前。第二天他起床下地,踩到了铜钱,马上皱着眉头叫婢女取走,说话中还是没有提到"钱"字,只说赶快把这东西挪走。这件事在洛阳城中传为美谈。

王衍这种清高的表现,换来了他官运亨通,步步高升,后来竟升任尚书令。他的女儿也被选到宫里,当了愍怀太子的妃子。

晋怀帝司马衷是个智障者,不能处理朝政,于是皇后贾南风专权。贾后很快就派人杀死了太后的父亲杨骏,后来又捏造罪证,诬陷并非她亲生的愍怀太子谋反,将他废为平民。王衍怕连累自己,赶紧向贾后上表,请求自己的女儿与愍怀太子离婚。

王衍的这种做法,使大臣们看清了他并非真的那样清高。

漆身吞炭

【解释】

"漆身吞炭"这则成语用来比喻舍身酬报知己或雪耻复仇。

【出处】

这个成语来源于《战国策·赵策一》：豫让又漆身为厉，灭须去眉，自刑以变其容。为乞人而往乞。其妻不识，曰："状貌不似吾夫，其音何类吾夫之甚也。"又吞炭为哑，变其音……

【故事】

春秋末期，晋国国君权力大大削弱，大权落到了少数几个大夫手里，这些大夫又彼此争斗。后来，大夫赵襄子杀了大夫智伯，分掉了他的封地，又灭了他的宗族。

智伯有个心腹家将名叫豫让，智伯对他十分信任。智伯被赵襄子杀死以后，豫让发誓一定要杀赵襄子为智伯报仇。他改名换姓，装扮成囚徒，身上藏了匕首，潜入赵襄子宅内的厕所里，准备乘赵襄子上厕所的时候刺杀他。这天，赵襄子上厕所，忽然闻到有一股生人味，立即命令左右搜查，结果发现了豫让。赵襄子问："你是什么人，竟敢身藏匕首前来行刺？"豫让说："我是智伯的家将，我要为我的主人报仇！"

左右听说他是刺客，都要赵襄子杀了他。赵襄子摆摆手，说："智伯没有后代，现在豫让为他报仇，是一位义士，不能杀他，放了他！"

赵襄子放了豫让后，问他："我放了你，你是否能释前仇？"

"你放了我，这是你对我的恩德；我为主人报仇，这是我的大义！"

豫让回到家里，整日想着报仇的事。他知道赵襄子会注意自己，便决定改容，让赵襄子认不出自己。为此，他剃去胡须和眉毛，又把头、脸、身子漆成生满疥疮的样子，到市中去乞讨。他的妻子到市中寻他，听到他乞讨的声音，以为是豫让；追上前去一看，发现并不是他，只好离去。等妻子离开后，豫让知道自己的容貌已改变得很成功，但声音还能被妻子及熟人听出来，于是，他又吞下烧红的炭，使自己的声音变哑。这样一来，就是他妻子见了，也听不出他的口音。

豫让

豫让又来到了赵襄子那里，等候机会。一天，他打听到赵襄子出行必定要经过赤桥，便又藏了匕首，伏在桥下准备行刺，不料又被赵襄子搜获。尽管豫让的声音和容貌都改变了，但赵襄子还是认出了他。赵襄子骂道："上次我放了你，今天你又来行刺，我不能再放你了。把他拉下去斩了！"

豫让放声大哭，哭得眼睛中血都流了出来。赵襄子手下的人问他："你哭什么，难道你怕死吗？"

"不是我怕死，而是想到我死了以后，再也没人替智伯报仇了！"赵襄子听了非常感动，解下佩剑，叹了口气说："你心如铁石，我不再赦免你，你自尽吧！"

豫让接过剑，向赵襄子请求说："我两次行刺都没有成功，愤恨之情无法宣泄。如果大夫能脱下外面的袍子让我砍几剑，借以寄托我为主人报仇的情意，那么我死也瞑目了！"

赵襄子很赞赏豫让的志节，当即脱下锦袍递给豫让。豫让把锦袍放在地上，上前猛砍三剑，叫道："智伯，我到九泉之下来见你了！"说罢，他立即挥剑自杀。

其貌不扬

【解释】

"其貌不扬"这则成语的意思是长得不漂亮，相貌普通。貌：面貌、容貌。不扬：不好看。

【出处】

这个成语来源于五代·孙光宪《北梦琐言》：榜末及第，礼部侍郎郑愚，以其貌不扬，戏之曰："子之才学甚富，如一目何？"

【故事】

皮日休是唐朝末年著名的文学家，其诗歌、散文和辞赋都写得很好，二十多岁时就已经相当出名了。只是他左眼角下塌，容貌不端正，比较难看。866年，三十二岁的皮日休被推荐到京城长安去参加进士考试。他在城东南的永崇里只住了十天，文名就传遍了长安城。由于他不愿奉承权贵，得不到他们的引荐，结果没有考中。

考试落第后，皮日休回到家乡，把自己所写的二百多篇诗文编成十卷，定名为《皮子文薮》。第二年，他再次进京应试，这次考试的主考官是礼部侍郎郑愚。他看了皮日休的文章，非常欣赏，还未发榜，就派人把他叫到府里来会面。

郑愚原来以为，皮日休的文章写得这么出色，相貌必定清秀端正。不料一见面，发现他左眼位置不正，看上去不太舒服，于是用嘲笑的口气问他："你很有才学，为什么一只眼睛长得不相称？"皮日休对郑愚的问话很反感，立刻反唇相讥道："侍郎可千万不能因为我这一只眼睛，而使自己两只眼睛都丧失眼力啊！"郑愚显然被皮日休的话刺痛了，因此做了小动作。发榜时，皮日休虽然中了进士，却是最后一名。

后来，皮日休在长安做了一段时间的小官。他看到朝政腐败，天下即将大乱，便写了许多文章批判黑暗的社会现实。不久，他投奔了黄巢的起义军。

奇货可居

【解释】

"奇货可居"这则成语的意思是把珍奇的货物囤积起来，等待高价出售。常比喻凭借某种独特的技能或事物谋利。奇货：珍奇的货物。居：存，囤积。

【出处】

这个成语来源于《史记·吕不韦列传》：（子楚）居处困，不得意。吕不韦贾邯郸，见而怜之，曰："此奇货可居。"

【故事】

卫国的大商人吕不韦到赵国的都城邯郸去做买卖，碰到在那里做人质的秦国公子异人。他觉得异人是个稀有的"货物"，可以收买下来，搞一个政治投

吕不韦

机，有朝一日换取名利。

回家后，吕不韦问父亲："农民种田，一年能得几倍的利益？""可得十倍的利益。"父亲回答说。"贩卖珠宝能得几倍的利益？""可得几十倍的利益。""要是拥立一个国君，能得几倍的利益？""那就无法算得清楚了。"于是吕不韦说起秦国公子异人的事，并表示要设法把他弄到秦国去做国君，做个一本万利的大买卖。父亲非常赞成。

异人是秦昭王的孙子、太子安国君的儿子。安国君宠爱华阳夫人，而讨厌异人的母亲夏姬，因此异人被送到赵国当人质。吕不韦告诉异人，愿意为他回国出钱出力，一旦秦昭王去世、安国君即位，他就可以成为太子，将来继任国君。异人自然非常高兴，再三道谢，并表示一旦成为国君，就把秦国的一半土地封给吕不韦。

政治交易达成后，吕不韦带了大量财宝去秦国，托人向华阳夫人献上厚礼。华阳夫人马上召见吕不韦。吕不韦玩弄巧舌，说服没有生过儿子的她认异人为自己亲生儿子，并通过她要求安国君派人将异人接回秦国，改名子楚。

此后，华阳夫人一再在安国君面前说子楚的好话，并要求立他为太子。安国君答应了，还让吕不韦当他的老师。

几年后，秦昭王去世，安国君做了国君，即秦孝文王。孝文王即位时年纪已经很大了，一年后就死去，于是子楚如愿以偿，继任国君，称为秦庄襄王。吕不韦作为头号功臣，当上了丞相，享受十万户的租税。他收买下来的奇货经过囤积，终于换来了无法估量的名利。

骑虎难下

【解释】

"骑虎难下"这则成语的意思是骑在老虎身上很难再下来。比喻做事遇到未曾估计到的困难，但停下来会造成重大损失，无奈只好硬着头皮做下去。

【出处】

这个成语来源于《晋书·温峤传》：今之事势，义无旋踵，骑猛兽安可中下哉！

【故事】

晋成帝咸和三年（328），镇守历阳的将领苏峻和镇守寿春的将领祖约，以诛杀辅佐成帝的中书令庾亮为名，率军攻入都城建康，专擅朝政。

在这危急时刻，担任江州刺史的温峤挺身而出，联合逃到他那里的庾亮共推征西大将军荆州刺史陶侃为盟主，起兵讨伐叛军。由于叛军势众，又挟持了成帝，陶侃接连打了几个败仗。不久，军粮也出现了困难。

由于战争一再失利，陶侃产生了畏惧心理，信心不足。他责备温峤说："起兵时，您说要将有将，要粮有粮，只要我出来当盟主就行了。可是现在将在哪里？粮在何方？如果粮食再接济不上，我只能带领本部人马回老家去了，待到以后条件成熟再做图谋。"

温峤反驳说："您的看法不对。战胜叛军最要紧的是靠队伍自身的团结。当年刘秀、曹操之所以能以寡敌众，是因为他们是正义之师。苏峻、祖约这帮欺世盗名、有勇无谋的家伙，我们定能战胜他们。现在皇上蒙难，国家正处在危急关头，我们仗义讨伐逆贼，决不能改弦易辙。这就好比骑在猛兽身上，不把它打死，怎么能半途下来呢？如您违背大众意愿，独自带兵回老家，必然会影响士气，使讨伐失败。这个罪责您是推卸不了的！"陶侃听了温峤这席话，觉得很有道理，只好打消回老家的念头。接着，温峤和他仔细地商讨了作战计划，从水陆两路进攻叛军。温峤又亲自率领一支精锐的骑兵，突然袭击叛军。讨伐最终取得胜利，苏峻被杀，祖约逃到别处后也被杀死。

陶侃

旗鼓相当

【解释】

"旗鼓相当"或作"旗鼓相望",原指两军对垒,双方在一定距离之内都竖起军旗,擂起战鼓。后世多作"旗鼓相当",比喻作战双方势均力敌,不相上下。

【出处】

这个成语来源于《后汉书·隗嚣传》：如令子阳到汉中、三辅,愿因将军兵马,旗鼓相当。子阳：指公孙述。

【故事】

25年,刘秀在洛阳建立了东汉王朝,史称汉光武帝。但是,这时全国还没有统一,当时,曾经在王莽当权时担任蜀郡太守的公孙述,据有益州之地,并在成都称帝。而拥有天水、武都、金城等郡的隗嚣,自称为西川大将军,他与公孙述也有矛盾,双方不断发生战争。

为了孤立公孙述,刘秀决定拉拢隗嚣；而隗嚣为了寻找政治出路,也曾上书刘秀,并向东汉称臣。于是,刘秀封隗嚣为西川大将军。后来,隗嚣又打退了从长安往西发展的赤眉起义军。当时,有人跟公孙述勾结在一起,出兵袭扰陕西中部一带,进攻长安。隗嚣率兵配合刘秀部队,打退了他们的联合进攻。为此,隗嚣得到了刘秀的信任和尊重。

为了阻止盘踞四川的公孙述势力向外扩展,刘秀给隗嚣写了一封措辞委婉的书信,希望他能够凭借自己的兵力,阻击公孙述的进犯。他在信中说："我现在忙于在东方作战,大部队都集中在那里,西方兵力薄弱。如果公孙述出兵到汉中并企图进犯长安,我希望能够借助将军的战鼓和军旗,使双方势均力敌。倘能如此,我就算得到了上天赐的福。"

杞人忧天

【解释】

"杞人忧天"这则成语原意是杞国有人担忧天会塌下来。指总是去忧虑那些不切实际的事物。忧：担忧。

【出处】

这个成语来源于《列子·天瑞》：杞国有人，忧天地崩坠，身亡所寄，废寝食者。

【故事】

周朝有位名叫列御寇的学者，他写了一本名叫《列子》的书，里面有一则很有名的寓言故事：从前，杞国有一个人，胆子很小，而且还有点神经质，他常常会想到一些奇怪的问题，让人觉得莫名其妙。

一天，他吃过晚饭后，拿了一把大蒲扇，坐在门前乘凉，并且自言自语地说："假如有一天，天塌了下来，那该怎么办呢？我们岂不是无路可逃，将被活活压死吗？这岂不是太冤枉了吗？"从此以后，他几乎每天都在为这个问题发愁、烦恼。他越想越觉得危险，越想越觉得天塌下来很可怕，结果日子一久，他连饭也吃不下，觉也睡不着，一天天消瘦下去。

朋友们见他终日精神恍惚，面色憔悴，都很替他担心。但是，当大家知道原因后，都跑来劝他说："老兄呀，你何必为这种事自寻烦恼呢？自古以来，就从来没有发生过这样的事，天哪里会那么容易塌下来呢？再说，即使天真的塌下来了，那也不是你一个人忧虑发愁就能解决的呀，想开点吧！"可是，无论人家怎么说，他都不相信，仍然时常为这一个不必要的问题而担忧；他一会儿忧虑天会塌下来，一会儿又担心太阳和月亮会

掉下来。

但是，日子一年一年过去了，天不仅没有塌下来，连日月星辰也都好好的，没什么变化，而这个杞国人却始终在为这个问题担忧，据说，他在临死之前，仍然一直担心天会塌下来呢！

起死回生

【解释】

"起死回生"这则成语的意思是使快要死的人转危为安。比喻医术高明，也用来比喻把没有希望的事挽救回来。

【出处】

这个成语来源于《史记·扁鹊仓公列传》：越人非能生死人也，此自当生者，越人能使之起耳。

【故事】

战国时有个名叫秦越人的医生，因为他救活过很多濒于死亡的人，所以人们把他比作传说中黄帝时期的神医扁鹊。

这年扁鹊秦越人在虢国行医，一天上午，他带了两个徒弟走过王宫，听说太子早上已死去，患的是血气不合的暴病。他询问过后，认为还有救活的希望，便要求进宫察看。宫中主管谒见的中庶子禀报君王后，赶紧将他引到太子床前。扁鹊俯耳到太子鼻子前听了一会儿，发现太子有时竟有极微弱的呼吸。摸了摸他的两腿，发现内侧还有微温；切过脉，又发现脉内有轻微的跳动。于是他说："太子不是真死，而是得了严重的昏厥病（现代称'休克'），还有希望活过来。我马上抢救！"说罢，他叫一个徒弟准备好金针，在太子的头、胸、手、脚上扎了几针。不一会儿，太子果然回过气来。扁鹊又叫另一个徒弟在太子的腋下两侧热敷。不多久，太子居然清醒过来了。在旁的虢国君王和臣下见此情景，都非常高兴，一再向扁鹊道谢。

扁鹊对国君说："为促使太子恢复健康，我再开张药方，让太子连续服上二十天药，到时必见功效。"太子服了二十天药后，果然完全恢复了健康。国君等再次向他道谢，扁鹊谦虚地说："并非是我秦越人能使死者复生，而是太子并没有死去，所以我能医好他。"

千金市骨

【解释】

"千金市骨"这则成语的意思是用千两黄金来购买马骨。后世用"千金市骨"来比喻重视人才,渴望求得人才。

【出处】

这个成语来源于《战国策·燕策一》:臣闻古之君人,有以千金求千里马者,三年不能得。

【故事】

从前,有个嗜好玩马的国君,想用千金重价征求千里马。过了三年,仍无一点收获。这时,宫里一个职位低下的小侍臣,竟然自告奋勇地站出来说:"请您把这个差使交给我吧!"国君点头同意。不到三个月,这人果然找到了一匹日行千里的良马,可是当他要买马时,这匹千里马却死了。他思虑了一会儿,仍然花费五百金,将死马的尸骨买了回来。他带着千里马的尸骨回宫向国君复命时,国君见是马的尸骨,非常生气,怒斥道:"我要的是活马,你买这死马回来有什么用?不是白费了五百金吗?"侍臣笑道:"请国君息怒,五百金不会白费的。一匹死马您都愿意高价买下,这消息一旦传开,人们都会相信您是真心实意喜爱良马的国君,而且识货,说话算话。这样,一定有人自己上门献马。"后来,不出一年,国君果真得到了三匹别人主动献来的千里马。

千钧一发

【解释】

"千钧一发"这则成语的意思是用一缕头发系上千钧重物。后来用"千钧一发"来比喻情况万分危急。

【出处】

这个成语来源于《汉书·枚乘传》,夫以一缕之任,系千钧之重,上悬无极之高,下垂不测之渊,虽甚愚之人,犹知哀其将绝也。

【故事】

西汉时期有个著名的文学家名叫枚乘,他擅长写辞赋。开始他在吴王刘濞那里做郎中,刘濞想要反叛朝廷,枚乘就劝阻他说:"用一缕头发系上千钧重的东西,上面悬在没有尽头的高处,下边是无底的深渊,这种情景就是再愚蠢的人也知道是极其危险的。如果上边断了,那是接不上的;如果坠入深渊也就不能取上来了。所以,你反叛汉朝,就如这缕头发一样危险啊!"枚乘的忠告并没有被刘濞采纳,他只好离开吴国,去梁国做梁孝王的门客。

到了汉景帝时,吴王纠合其他六个诸侯国谋反,结果被平叛。"千钧一发"这条成语就是从这里来的。"钧",是古代的重量单位,三十斤为一钧。

千人所指

【解释】

"千人所指"又称"千夫所指"。意思是品德恶劣的奸诈之徒,定会触犯众怒,最终将受到上千人(泛指众人)的指责。后世把"千人所指"专门用作那些触犯众怒、罪恶较大的坏人的代称。千人:许多人。指:指责。

【出处】

这个成语来源于《汉书·王嘉传》：里谚曰："千人所指，无病而死。"

【故事】

西汉时，年轻美貌而又善于奉承的侍臣董贤，受到汉哀帝的宠幸。哀帝每次外出，总要与他同乘一辆车；在宫内，一刻也少不了他，简直与他形影不离。

董贤得宠后，他的家人也跟着享福：妻子被召进宫内享乐，妹妹被选为妃子，父亲封侯赐爵，岳父和小舅子也做了高官。哀帝还特地为他造了一座富丽的宅院，宅内装饰极其考究，屋柱和窗格都用锦缎包裹；四方进贡的宝物，宁愿自己用差一些的，也要把最贵重的赐给董贤。

尽管如此，哀帝觉得对他还不够好，想找机会封他为侯。不久，机会终于来了。

哀帝没有儿子，又体弱多病，东平王和王后串通起来搞迷信活动，暗地里诅咒他早日死去，东平王好即位称帝。不料，这件大逆不道的事被两个朝臣知道了，他们联名写了一道奏章，通过太监宋弘向哀帝告发。结果，东平王畏罪自杀，王后被处死。

事后要论功行赏，有人迎合哀帝心意，建议把通过太监宋弘送奏章改为通过董贤送，这样，便可封董贤为侯。哀帝听了大喜，亲自起草了一道诏书，把董贤和那两个朝臣一起封为侯。

诏书下达后，丞相王嘉和御史大夫贾延竭力加以反对。他们建议让朝官讨论，董贤在揭露这一阴谋中是否有功、该不该封侯。哀帝心虚，不敢这样做，只好把这件事搁置了。

公元前2年，哀帝的祖母傅太后去世。哀帝以傅太后有遗命为名，加封给董贤二千户。王嘉接到诏书，把它封起来退给哀帝，并又进行劝谏。他在奏章中写道："董贤靠着陛下的宠幸，骄奢放纵，毫不收敛，恶名远扬，引起四方公愤。俗语说，千人所指，无病而死。臣为他今后的下场寒心。望陛下考虑到祖宗创业的艰难，别再这样做了！"王嘉这一行动，极大地触怒了哀帝。哀帝

派使者逼王嘉服毒自杀，王嘉严词拒绝，在狱中绝食身亡。

王嘉死后，再也没有人敢向哀帝直言进谏了。于是他任命董贤为三公之一的大司马，这时董贤才二十二岁。从此，董贤操纵朝政，所有奏章都要通过他才能给哀帝，连新任的丞相对他也惧怕三分。他的权势越来越大，几乎要和哀帝平起平坐了。

但是，董贤的好景不长，这种状况仅持续了一年多时间。公元前1年哀帝病死，董贤失去靠山，王太后罢了他的官。被罢官的当天，董贤就和他的妻子因恐惧而自杀。抄没的家产变卖下来，竟达四十三万钱。

千载难逢

【解释】

"千载难逢"这则成语又作"千载一逢"，后世多作"千载难逢"，意思是千年也难得碰到一次。形容机会极其难得。载：年。逢：遇。

【出处】

这个成语来源于《韩昌黎全集·潮州刺史谢上表》：当此之际，所谓千载一时不可逢之嘉会。

【故事】

唐代著名的文学家韩愈，小时候就成为孤儿，由他的嫂子抚养。他刻苦自学，年轻时就博览群书，在学问方面打下了坚实的基础。三十五岁到京城，担任国子监博士（中央最高教育机构的教师），后来又被提升为刑部侍郎（中央司法部门的副长官）。

当时佛教盛行，连唐宪宗也很崇尚佛教。他听说有所寺院里安放着一块佛祖释迦牟尼的遗骨，便准备兴师动众，把它迎进宫里礼拜。韩愈对此很反感，写了一篇《谏迎佛骨表》加以反对。其中提到，佛教传入中国后，帝王在位时间都不长；想拜佛求保佑的，结局必然是悲惨的。

唐宪宗看了这表，十分恼怒，认为韩愈不只是故意跟自己作对，而且还用历史来影射自己活不长。为此，要将韩愈处死，多亏宰相为他说情，才改为贬

职，到潮州任刺史。

唐朝中期，中央统治权力日益削弱。宪宗执政后，改革了一些前朝的弊政，因此中央政权的统治有所加强。被贬到潮州的韩愈，针对这一情况，再次给宪宗上了《潮州刺史谢上表》，极力为宪宗歌功颂德，以便重新得到信任，回到朝廷工作。

在这道表中，韩愈恭维宪宗是扭转乾坤的中兴之主，并且建议宪宗到泰山去"封禅"。封禅，是一种祭祀天地的大典。古人认为五岳（五大名山）中泰山最高，登到山顶筑坛祭天称"封"，在梁父山上辟基祭地叫"禅"。历史上有名的秦始皇和汉武帝，都曾举行过这种大典。韩愈这样建议，是把宪宗当作有杰出贡献的帝王。

韩愈还在这道表中隐约地表示，希望宪宗也让他参加封禅的盛会，并说如果他不能参加这个千年难逢的盛会，将会引为终身的遗憾。

后来，宪宗把他调回京都，让他担任吏部侍郎（掌握全国官吏升降、调动等的机构的副长官）。

前车之鉴

【解释】

"前车之鉴"这则成语原作"前车覆，后车戒"，前面的车子翻了，后面的车子可以引以为戒。后世多作"前车之鉴"，表示前面的车子翻了，后面的车子可引以为鉴。比喻先前的失败，可作其后的教训。鉴：铜镜。引申为教训。

【出处】

这个成语来源于《汉书·贾谊传》：鄙谚曰："前车覆，后车鉴，秦民所以亟绝者，其辙迹可见，然而不避，是后车又将覆也。"

【故事】

西汉洛阳人贾谊自幼天资聪颖，有"天才儿童"之誉。当他十八岁的时候，所写的文章就已经远近驰名了。

汉文帝听说贾谊很有才学，于是就特别派人把贾谊请到京都担任博士。那时，贾谊才二十岁。

有一次，贾谊上书给汉文帝，讲述治理国家的道理："秦朝的时候，宦官赵高教导秦始皇的次子胡亥，单教他怎样去处决囚犯，所以胡亥所学习的，不是斩杀犯人就是怎样灭族。

"秦始皇死后，胡亥当上了皇帝。他在即位的第二天就杀人，有人用忠言劝告他，他认为是诽谤；有人向他呈送治国安民的计策，他认为是妖言。他杀起人来，简直就像割草一样。

"难道胡亥天生就是这样残暴的吗？不是的。这完全是教导他的人教得不合理，才造成的恶果呀！俗语说：'不熟悉做官的，只要看看他所办的公事成绩如何，就可以知道了！'俗语又说：'前车之覆，后车之鉴。'秦朝灭亡的教训应该引起我们的警惕呀！"

汉文帝看了上书，认为贾谊讲得很有道理，不久便把贾谊升为大夫。后来，汉文帝想继续提拔贾谊，却遭到绛侯周勃等人的反对。于是汉文帝派贾谊出任长沙王太傅，后又调任梁王太傅。贾谊一直郁郁不得志，死时年仅三十二岁。

前功尽弃

【解释】

"前功尽弃"这则成语是指以前的功劳全部丢失，以前的努力全部白费。尽：全。

【出处】

这个成语来源于《史记·周本纪》：今又将兵出塞，过两周，倍韩，攻梁，一举不得，前功尽弃。

【故事】

战国后期，秦昭王为了一统天下，重用大将白起。白起经常带兵出征，先后打败了韩国和魏国，斩杀韩、魏两军的首级达二十四万余个。此后几年，秦军又经常在韩、魏的国土上出现，占领许多城池，夺去无数人的生命，使韩、魏两国百姓不得安宁。

公元前281年，秦昭王又派白起去攻打魏国的都城大梁（今河南开封）。有个名叫苏厉的游说之士得知这个消息后，对周赧王说："如果大梁被秦攻占，周朝就将危险了！"周赧王是东周的国王。当时东周已分裂为东周、西周两个小国。赧王名义上是天子，实则寄居西周，各诸侯国根本不把他放在眼里。而对周威胁最大的就是秦国。赧王听苏厉这样说，惊慌不已，忙问他该怎么办。

苏厉献计道："为今之计，应派人去劝阻秦将白起发兵。"赧王赶紧向他请教，应该怎样劝说白起。苏厉胸有成竹地说："可以派人这样对白起说：您大破韩、魏之师，杀了魏国的大将师武，又在北方夺取了赵国的蔺和离石（均在今山西境内）等地，立下的战功可说够大够多的了。现在您又将经过韩国去攻打魏国，这样有危险。如果一旦攻打失利，那么就会前功尽弃。所以劝您还是称病不出的好。"白起听了，果然停止了进攻魏国的军事行动。白起最后的结局很悲惨：他因与秦王、相国范雎的意见不合，反对攻打赵国都城邯郸，被逼自杀。

前倨后恭

【解释】

"前倨后恭"这则成语的意思是指原先傲慢,后来恭顺,态度由坏转好。形容前后态度不同。多指人势利。倨:傲慢。

【出处】

这个成语来源于《战国策·秦策一》:嫂蛇行匍伏,四拜自跪谢。苏秦曰:"嫂何前倨而后卑也?"

【故事】

战国时期的苏秦是一位著名的纵横家。他曾和魏国人张仪一起拜鬼谷子为师,学习所谓的"纵横之术",成为当时极负盛名的大政治家。

可是,在他还没有成名以前,他曾出外游说多年,却一事无成。当他穿着褴褛的衣衫,穷困潦倒地回到家里,他的父母、兄嫂,甚至妻子都认为他没出息,没有一个人看得起他。尤其是他的嫂嫂,更是常以白眼相向,骂他是个游手好闲、不务正业的人,并断言他今生今世将永无出头之日。

苏秦十分气愤,于是发愤读书,潜心苦学。他自觉学有所成以后,又出外游说,后来,他终于以"合纵"学说游说成功,说服燕国和赵国联合起来,再由他去说服其他四国,一起对付强大的秦国。

苏秦被燕文公拜为相国;又被赵肃侯封为武安君,挂宰相印,并赐给他兵车一百辆,锦缎一千匹,黄金二十万两。接着,他又准备到楚国去游说。

在去楚国的路上,他途经洛阳。他的父母知道后,便立刻洒扫庭院,陈设酒席,并特地来到洛阳城郊三十里的地方迎接他。他的妻子不敢正眼看他,只侧耳倾听;他的兄弟更是连看也不敢看他，低着头侍奉；至于他的嫂子，则伏在地上拜了四拜，向苏秦承认自己从前的过错。

苏秦见了，踌躇满志地笑着对他的嫂子说："嫂嫂，你为什么从前那样傲慢自大，而今天却又这样的卑微谦恭呢？"苏秦的嫂嫂被他这么一问，真是既惭愧又害怕，连连叩头求饶，说："那是因为小叔现在职位高，金钱多啊！"苏秦听了，不禁长叹一声，说："唉！同是我苏秦，富贵的时候亲戚怕我，贫贱的时候连父母也不把我当儿子看。人世间，不以贫贱富贵来待人的人实在太少了！"

黔驴技穷

【解释】

"黔驴技穷"这则成语原指黔驴的本领十分有限，尽管它已使出了自己的全部本领，也依然敌不过老虎，最后被老虎吃掉。后来以此比喻有限的一点儿本领也用完了。黔：地名，今贵州一带。技：技能，本领。穷：尽，完了。

【出处】

这个成语来源于柳宗元《三戒·黔之驴》：驴不胜怒，蹄之。虎因喜，计之曰："技止此耳！"

【故事】

从前，贵州一带没有驴子，有个好奇的人就用船运来了一头毛驴。因为不知用它来做什么，便把它放牧在山脚下。

山里的老虎发现了这头毛驴，见它很高大，不知道它有些什么本领，不敢靠近它，只是远远地躲在树林里，偷偷地观察它的动静。

过了一些时间，老虎壮着胆子，走出树林，一点一点地靠近毛驴，再仔细地瞧瞧它，但仍然不知道它究竟是个什么东西。

一天，毛驴突然大叫一声，把老虎吓了一大跳，以为它要来吃自己，急忙逃得远远的。可是，结果并非如此。过了几天，老虎又靠近毛驴，发现它并没有什么特别的本领，对它的叫声也听惯了。于是，向毛驴靠得更近些，在它面前转来转去，结果还是平安无事。

后来，老虎靠毛驴更近了，甚至碰撞毛驴的身子，故意冒犯它。毛驴终于被激怒了，用蹄子去踢老虎。

这一来，老虎反而高兴起来了。它估计驴的技能就这么一点儿，没有什么可怕的，便大吼一声，猛扑上去，咬断了毛驴的喉管，美美地饱餐一顿，高高兴兴地离去。

强弩之末

【解释】

"强弩之末"这则成语的意思是强弩所发的箭已达射程的最远处。比喻强大的力量已经衰竭，不能起作用。弩：古代用机械发箭的弓。

【出处】

这个成语来源于《史记·韩长孺列传》：且疆（强）弩之极，力不能穿鲁缟；冲风之末，力不能漂鸿毛。非初不劲，末力衰也。

【故事】

西汉时，有一位叫韩安国的人，他本来是梁王刘武的中大夫，在平定"吴楚七国之乱"时曾屡立军功，后来因为触犯国法，被革去职务，就赋闲在家，过着栽花养鸟不问世事的隐士生活。

直到汉武帝做了皇帝，任用田蚡做太尉，他就去贿赂田蚡，请他保举自己。汉武帝知道韩安国很有才能，便派他担任北地都尉的职务，不久又将其升迁为大司农。

后来，由于韩安国平定战乱有功，汉武帝又让他做了御史大夫。这时，汉朝和匈奴时而交战，时而议和。一次，匈奴方面突然派了一位使者来议和，武帝一时之间也难以决定，便召集满朝文武官员，共同来讨论这件事。有个叫王恢的大臣，过去曾在边疆做过几年官，对于匈奴的情况相当了解，他认为凭汉朝的军事实力，一定能扫平匈奴，因此他反对和匈奴议和；而且建议汉武帝立即采取行动，发兵到边疆去征伐匈奴。在场的官员听了，大都保持沉默，只有韩安国站出来大声反对说："现在匈奴的兵力日益壮大，而且又神出鬼没，流窜不定，如果我们要出兵千里去围剿他们，那么不但很难成功，而且会给匈奴以逸待劳、取得胜利的机会。这情形就像是射出的箭矢飞行到最后没有力量的时候，连最薄的绸缎也无法穿破；狂风的尾巴，连很轻的羽毛也无法吹动一样。我们现在如果发兵征伐匈奴，实在是不智之举。依我的看法，倒不如和他们缔约谈和。"大家都觉得他的见解很有道理，汉武帝便采纳了韩安国的意见，同意和匈奴议和。于是，一场可能发生的战争，就此得以避免。

巧取豪夺

【解释】

"巧取豪夺"这则成语原单用"豪夺"，指用强力夺取。又作"巧偷豪夺"，指以假乱真地偷换或一味纠缠地夺取（他人收藏的珍品）。后世多作"巧取豪夺"，比喻用卑鄙的、欺诈的手段占有别人的财物或权利。

【出处】

这个成语来源于宋·周辉《清波杂志》：巧偷豪夺，故所得为多。

【故事】

宋朝有位著名的书画家名叫米芾，他有个嗜好，就是专爱收藏名人字画，为此，他不惜采用欺骗的手段来满足自己的私欲。平日，只要听说谁家有名人字画，他就千方百计把它借来，说是观赏，其实是临摹。他可以临摹得和原作一模一样，以假乱真，然后把临摹的作品还给人家，自己留下真迹。有时他甚至把原作和临摹品同时给原主挑选，原主还往往上当，误选了他的临摹品。有一次米芾在船上遇见了蔡攸，蔡攸拿出晋代书法家王羲之的真迹请他欣赏。他一看就不肯放手，一定要用一幅画同蔡攸交换。蔡攸不同意，他就苦苦哀求，纠缠不休，最后竟以投河自杀相要挟。蔡攸无奈，只得同意交换。类似这样的事情有很多。当时的人便把米芾这种伎俩，叫作"巧取豪夺"。

锲而不舍

【解释】

"锲而不舍"这则成语的意思是雕琢一件器物，一直不停地镂刻。比喻持之以恒，坚持不懈。锲：镂刻。舍：停止。

【出处】

这个成语来源于《荀子·劝学》：锲而舍之，朽木不折；锲而不舍，金石可镂。

【故事】

荀子名况，战国末期赵国人，是我国古代著名的哲学家。他反对天命，不信鬼神，认为大自然的运行是有它的规律的，人的力量可以制服天；并主张因地制宜，使天时为农业服务，发挥人的才能，促使万物增长变化。这些见解在当时是非常进步的。

荀子又是一位有名的教育家。他写过一篇名叫《劝学》的文章，运用许多确切的比喻，来劝导人们坚持不懈地认真学习。其中许多议论精辟透彻，富有启发性。

文章一开始就写道，人接受教育、寻求学问，是不可废弃的，靛青这种染料是在蓝草中提炼出来的，但它的颜色却比蓝草更深。这是他用来比喻学生胜过老师，或者后人胜过前人。这就是所谓"青出于蓝，而胜于蓝"。

荀子又用镂金石来比喻学习要持之以恒，坚持不懈。他写道，刻一下就停下来，烂木头也刻不断；不停地刻下去，即使是坚硬的金属和石头，也可以把它们刻穿。所以人们要用"锲而不舍"的精神来学习，这样就一定能取得成功。

荀子在《劝学》篇中还写道："不积跬步，无以至千里；不积小流，无以成江海。"意思是不一步一步地走，无法到千里之远；不是一条一条小河的水汇合起来，不会成为江海。它用来比喻学习是一个由少到多、日积月累的过程；高深的学问和渊博的知识，是一点一滴积累起来的。他的这些见解，现今还常被人们引用。

秦晋之好

【解释】

"秦晋之好"这则成语原作"秦晋之匹",指两姓相匹敌的联姻。春秋时,秦、晋两国国君好几代都互相通婚,故有此称。后世多作"秦晋之好",泛指两家联姻。

【出处】

这个成语来源于《左传·僖公二十三年》:奉匜沃盥,既而挥之。怒曰:"秦、晋匹也,何以卑我!"

【故事】

春秋初期,晋国吞并了附近一些小国,成为一个大的诸侯国。为了加强与邻近实力相当的秦国的友好关系,晋献公把自己的大女儿嫁给了秦穆公,历史上称她为秦穆夫人。

年老的晋献公非常宠爱妃子骊姬。听了她的谗言,竟逼死太子申生。骊姬还准备陷害公子夷吾和重耳,以便自己的儿子奚齐将来继任国君。夷吾和重耳只好逃离晋国。

公元前651年,晋献公去世,骊姬如愿以偿,儿子奚齐被立为国君,但不久就被忠于夷吾的两个大夫杀死。他们随即派人去迎接流亡在梁国的夷吾回晋国继位。

夷吾生怕回国后控制不住局势,便请秦穆公派兵护送并支持他,并允诺割五座城池给秦国作为报答。但他继位(史称晋惠公)后食言,使秦穆公非常恼火。过了四年,晋国发生饥荒,

·213·

向秦国求援，秦穆公不计旧恨，还是运送了许多粮食到晋国去，帮助晋国度过了饥荒。可是次年秦国发生了饥荒，晋惠公却不肯支援秦国粮食。过了一年，秦穆公率军攻伐晋国，活捉了惠公。后在秦穆夫人的帮助下，秦穆公不仅宽恕了惠公，而且与他缔结了盟约。

惠公经过这次劫难后，加强了对秦国的友好关系，把太子子圉（yǔ）送到秦国去当人质，秦穆公也将宗女怀嬴嫁给子圉。不料，子圉后来背着秦穆公逃回晋国。次年惠公死了，子圉继位当了国君，即晋怀公。怀公生性刻薄，乱杀老臣，引起朝中百官对他的强烈不满。

在各诸侯国流亡了十九年之久的晋公子重耳，最后来到了秦国。他才华出众，为人忠厚，秦穆公很欣赏他，把五个宗女嫁给他，其中一个即是怀嬴。一天，怀嬴捧着水盆给重耳浇水洗手。重耳洗完后，很轻视地挥手叫她走开。怀嬴生气说："秦国与晋国是对等的国家，你为什么欺侮我？"重耳知道自己做错了，马上向她认错。后来，秦穆公派军队护送重耳回晋国去，重耳派人刺杀了怀公，群臣都拥戴他当国君。之后，他让太子也娶秦国的宗女做夫人，从而父子两代都和秦国联姻，结成了"秦晋之好"。

倾国倾城

【解释】

"倾国倾城"这则成语又作"倾城倾国"。原指因女色而亡国。后多形容女子的容貌特别漂亮。

【出处】

这个成语来源于《汉书·孝武李夫人传》：北方有佳人，绝世而独立。一顾倾人城，再顾倾人国。

【故事】

我国从秦朝起，国家就设立了音乐官署，称为乐府。到汉武帝时，乐府的规模已很大，掌管朝会宴请、道路游行时所用的音乐，同时收集民间的诗歌和乐曲。当时有位名叫李延年的宫廷乐师，他父母兄弟都当乐工，妹妹也能歌善舞。

李延年很受武帝赏识，经常在武帝面前载歌载舞。有一次，他动情地唱道："北方有佳人，绝世而独立。一顾倾人城，再顾倾人国。宁不知倾城与倾国，佳人难再得。"歌词的意思是，北方有个非常漂亮的姑娘，她是绝代佳人，全城、全国的人看了她，都为之倾倒。这种倾城倾国的美人再也难见到了。

汉武帝听了很感兴趣地问李延年："难道世上真有这样的绝代佳人？"李延年还未回答，武帝的姐姐平阳公主笑着说道："有这样的佳人啊，她就是李乐师的妹妹呀！"武帝立即传令，把这位佳人带进宫来。一看，其美貌果然举世无双，于是将她留在身边，称为李夫人。李夫人不仅漂亮，而且能歌善舞，很受武帝宠爱。

不幸的是，李夫人在武帝身边的时间不长，就患了绝症而死去。武帝非常悲痛，把她的画像悬挂在宫里，以示怀念。

请君入瓮

【解释】

"请君入瓮"这则成语用来比喻以其人之道，还治其人之身。瓮：陶制的大坛子。

【出处】

这个成语来源于《资治通鉴·唐则天皇后天授二年》：俊臣乃索大瓮，火围如兴法，因起谓兴曰："有内状推兄，请兄入此瓮。"兴惶恐叩头伏罪。

【故事】

武则天是中国历史上唯一的一位女皇帝，她为了维护自己的统治，采取高压的恐怖政策，并且奖励告密。假如告密者所举发的事是真的，武则天就给他升官晋级；如果是诬告，也不会受到处分。因此，告密的人与日俱增。

也正因为武则天采取这种政策，所以他手下的一些酷吏，便想尽办法诬陷政敌，并不断改进刑具来逼迫人犯认罪。这些酷吏中，最有名的要数周兴和来

武则天

俊臣了。然而，武则天对这些酷吏也不过是加以利用，当他们没有利用价值时，便也劫数难逃。

有一次，酷吏周兴被人密告伙同他人谋反，武则天便派来俊臣去审理这个案子，并且定下期限要得到结果。来俊臣一向和周兴关系不错，感到很棘手，他苦苦思索，终于想出一个办法。

一天，来俊臣故意请周兴来他衙中聊天，说："唉！最近审问犯人老是没有结果，不知老兄可有什么新的绝招？"周兴一向对刑具很有研究，时常研究出一些稀奇古怪的酷刑来逼供，而且这一次他也没想到来俊臣是冲着自己来的，便很得意地告诉来俊臣："我最近发明了一种新方法，你只要准备一个大瓮，四周放满烧红的炭火，再把犯人放进去，无论他们多么狡猾，也受不了这个滋味，一定会招认的。"来俊臣听了，便吩咐手下人去抬来一个大瓮，照着刚才周兴所说的方法，生上火，等大瓮已经被炭火烧得通红以后，他便站起身，突然把脸一板，阴险地对周兴说："有人告你谋反，现在太后命我来审问你，如果你不老老实实招认的话，那么我只好请你进这个大瓮了！"周兴听了大惊失色，知道这次自己绝对无法抵赖，只好俯首认罪。

罄竹难书

【解释】

"罄竹难书"这则成语的意思是砍尽竹林制成竹简，也难写完。比喻罪恶太多，无法写完。罄：空，尽。竹：指竹简。书：写。

【出处】

这个成语来源于《旧唐书·李密传》：罄南山之竹，书罪未穷；决东海之波，流恶难尽。

【故事】

隋朝末年，炀帝杨广统治残暴，荒淫奢侈，大兴土木，又连年对外用兵，使得民不聊生，迫使农民揭竿而起。

在众多的农民起义军中，有一支是翟让领导的义军。它以瓦岗寨（今河南滑县南）为根据地，称为瓦岗军。起义军中有许多是渔猎手，勇敢善战。翟让骁勇而有胆略，队伍很快发展到万余人。

早在炀帝大业九年（613），楚国公杨玄感就趁农民起义纷起的时候，起兵反隋，但不久兵败被杀。他的手下李密，在失败后被捕，但在押送途中逃脱。大业十二年，李密投奔瓦岗起义军，游说翟让联合附近各起义军，取得对隋军作战的胜利，从而获得了翟让的信任。次年，李密取得了全军的领导权，称魏公。

李密取得大权后，为了进一步联合各路起义军，以及吸引隋朝的文武官员来投奔他，便在进攻隋都洛阳的时候，发布了一篇讨伐炀帝的檄文，号召各方人士推翻隋朝的统治。檄文在历数炀帝残暴统治、祸国殃民的十大罪状之后写道："用尽南山所有的竹子制成竹简，也写不完杨广的罪过；决开东海的水，也洗不清他的罪恶。"翟让后被李密所杀，这对瓦岗军起了严重的破坏作用。大业十四年，炀帝在江都（今江苏扬州）被禁军将领宇文化及等缢杀。同年，李密入关降唐，但不久因反唐而被杀。

穷兵黩武

【解释】

"穷兵黩武"这则成语表示用尽所有兵力，任意发动战争。形容十分好战。穷：竭尽。黩武：滥用武力，好战。

【出处】

这个成语来源于《三国志·吴志·陆抗传》：而听诸将徇名，穷兵黩武，动费万计，士卒雕瘁，寇不为衰，而我已大病矣。

【故事】

东吴后期的名将陆抗，二十岁时就被任命为建武校尉，带领他父亲陆逊留下的部众五千人。264年，孙皓当了东吴的国君，三十八岁的陆抗担任镇军大

羊祜

将军。

当时，东吴的朝政非常腐败。孙皓荒淫暴虐，宫女有好几千人，还在民间掠夺；又用剥面皮、凿眼睛等酷刑任意杀人。陆抗对孙皓的所作所为非常不满，多次上疏，劝谏他对外加强防守，对内改善政治，以增强国力。他曾在奏疏中一次陈述当前应做的事达十七件之多。但是，孙皓对他的建议置之不理。

272年，镇守西陵的吴将步阐投降晋朝。陆抗得知后，立即率军征讨步阐。他知道晋军一定会来接应步阐，因此命令军民在西陵外围修筑一道坚固的围墙。吴将多次要求攻打西陵，但陆抗总是不许。

等到工事完成，晋军已经赶到西陵接应步阐，陆抗率军击退来援的晋军，再向西陵发起猛攻，很快攻进城内，将叛将步阐杀死。

当时，晋朝的车骑将军羊祜镇守襄阳。他见陆抗能攻善守，知道要打败东吴并不容易，因此对东吴采取和解策略：部下掠夺了东吴的孩子，他下令放回；行军到东吴边境，收割了东吴方面的庄稼，就送绢帛给东吴作抵偿；猎获的禽兽已被吴人打伤，就送还东吴。陆抗明白羊祜的用意，也用同样的态度加以回应。两人还经常派使者往来，互相表示友好。因此，吴、晋部分边境地带一时出现了和好的局面。孙皓听说那里的边境和好，很不高兴，派人责问陆抗。陆抗回话说："一乡一县尚且不能没有信义，何况大国呢？我如果不这样做，反而会显出羊祜很有威德，对他没有什么损害。"孙皓听了，无话可说，但他还是想出兵攻晋。陆抗见军队不断出动，百姓精疲力竭，便向孙皓上疏说："现在，朝廷不想办法富国强兵，加紧农业生产，储备粮食，让有才能的人发挥作用，使各级官署不荒怠职守，严明升迁制度以激励百官，审慎实施刑罚以警戒百姓，用道德教导官吏，以仁义安抚百姓，反而听任众将追求名声，用尽所有兵力，好战不止，耗费的资财动以万计，士兵疲惫不堪。这样，敌人没有削弱，而我们自己倒像生了一场大病。"陆抗还郑重指出，吴、晋两国实力不同，今天即使出兵获胜，也得不偿失。所以，应该停止用兵，积蓄力量，以待时机。

但是，孙皓对陆抗的这些忠告都听不进去。后来陆抗去世，晋军讨伐东吴，沿着长江顺流东下，势如破竹，最终吴国灭亡。

茕茕孑立

【解释】

"茕茕孑立"这则成语形容孤苦伶仃,无依无靠。茕茕:孤独的样子。孑:孤单。

【出处】

这个成语来源于晋·李密《陈情表》:外无期功强近之亲,内无应门五尺之童。茕茕孑立,形影相吊。

【故事】

西晋的名士李密,生下来才六个月,父亲就去世了。他四岁那年,母亲被舅父逼迫再嫁,从此由祖母刘氏抚养成人。后来他在蜀国当尚书郎(在皇帝左右处理政务的官员),因文章写得好,颇有点名气。

263年,魏国攻灭了蜀国。一年后,司马炎代魏称帝,建立了西晋王朝。晋武帝司马炎为了笼络蜀国旧臣,征召他们到朝廷做官。李密也在征召之列,晋武帝要他当太子洗马。

李密主观上是愿意为晋王朝服务的,但客观上因为需要克尽孝道,终养祖母刘氏,因此上表陈情,辞不赴召。他所上的《陈情表》,言辞恳切,笔调婉曲动人。

李密在表中首先陈诉了自己的悲惨身世。由于父亲早亡,母亲改嫁,祖母怜恤我这个孤儿,才抚养我长大。我没有叔伯,也无兄弟,门庭衰微,自己得子又很迟。可以说外无可以来往的近亲,内无照应门户的僮仆。只有我一个人孤苦伶仃地生活,经常形单影只。但祖母又一直疾病缠身,时常躺在床上,需要我侍奉汤药。

李密接着写道,晋朝建立后,我被举为孝廉,后来又被举为秀才。我都因无人供养祖母而推辞不去。后来下了诏书,拜我为郎中,不久又让我当洗马。郡、县的官府都催我赴任,但祖母的病很重,使我进退两难。

李密最后写道,圣朝以孝治天下,凡是孤老,都得到朝廷的哀怜抚育。如今祖母年事已高,日薄西山,能活多久很难预料。没有祖母,我也就没有今天;祖母没有我,也不能终享天年。我今年四十四岁,祖母今年九十六岁,我为陛下尽忠的时间还很长,但给祖母尽孝的时间已经很短了,所以恳请陛下允许我终养祖母。

晋武帝读了《陈情表》以后,深为感动,不再催李密上任。为嘉勉他的孝心,赐给他两个奴婢,并责成郡县供养他的祖母。刘氏去世后,李密守丧服终,才去担任洗马之职。

秋毫无犯

【解释】

"秋毫无犯"这则成语用来形容军队纪律严明,丝毫不侵犯百姓利益。有时也形容为人廉洁无私。秋毫:是指兽类在秋天长的细毛,比喻极细微的东西。

【出处】

这个成语来源于《史记·淮阴侯列传》:大王之入武关,秋毫无所害,除秦苛法,与秦民约法三章耳。

【故事】

登坛拜将

汉初的诸侯王韩信在未发迹时,被人认为懦弱无能。后来他投奔项梁领导的抗秦起义军,一直默默无闻。改归项羽部下后,多次向项羽献计,都没有被采纳,于是又离开项羽,投奔汉王刘邦。被刘邦安排管理粮饷,同样不受重视。后来在丞相萧何的一再推荐下,刘邦才拜他为大将。

拜将仪式结束后,刘邦问韩信道:"丞相一再谈起将军,不知将军有什么高见?"韩信谦虚了几句后,反问刘邦道:"大王自己估计一下,您在勇敢、仁厚和兵力各方面同项王比,谁强?"刘邦沉默了好半天,才回答说:"我各方面都不如他。"于是,韩信具体地分析了项羽的特点，以及项羽的致命弱点，认为项羽名义上虽然称霸天下，但实际上不得人心，没有得到老百姓的支持。最后，韩信提出了进兵计划："现在大王如能采取和项王相反的办法，任用天下武勇能干的人，有什么地方不能讨平呢？把天下的城池分封给有功的部属，有什么人会不心服呢？我们的军事行动符将士们要求打回山东去的愿望，还有什么敌人打不败呢？再说，大王进入武关的时候，纪律严明，对老百姓秋毫无犯，还取消了秦朝苛刻的法令，对他们进行约束的只不过是不许杀人、伤人和盗窃这三条法律罢了。关中的老百姓没有不希望大王在那里做王的。现在大王如果带兵东进，关中地区只要发一道布告，就可以收复了！"刘邦听了韩信这番话，非常高兴，只恨与其相见得太晚，然后立即遵从了韩信的计划。

趋炎附势

【解释】

"趋炎附势"这则成语亦作"趋炎附热"，意思是奉承和依附有权有势的人。炎：权势兴盛，比喻有权势之人。趋、附：迎合、依附。

【出处】

这个成语来源于《宋史·李垂传》：今已老大，见大臣不公，常欲面折之。焉能趋炎附热，看人眉睫，以冀推挽乎？

【故事】

宋真宗时，聊城（今属山东）人李垂考中进士，先后担任著作郎、馆阁校理（汇编时事、校勘书籍等的官职）等官职。他曾写了三卷《导河形胜书》，对治理旧河道提出了许多有益的建议。

李垂很有才学，为人正直，对当时官场中奉承拍马的庸俗作风非常反感，因此得不到重用。当时的宰相丁谓，就是用阿谀奉承的卑劣手法获取真宗欢心的。他玩弄权术，排挤异己，独揽朝政，许多想升官的人都不住地吹捧他。有人对李垂不走丁谓的门道不理解，问他为何从未去拜谒过丁谓。李垂说："丁谓身为宰相，不但不公正处理事务，而且仗势欺人，有负于朝廷对他的重托和百姓对他的期望。这样的人我为什么要去拜谒他？"这话后来传到了丁谓那里，丁谓非常恼火，借故把李垂贬到外地去当官。

宋仁宗即位后，丁谓倒了台，被贬到遥远的地方去任职，而李垂却被召回京都。一些关心他的朋友对他说："朝廷里有些大臣知道你才学过人，想推举你当知制诰（为皇帝起草诏书等的官员）。不过，当今宰相还不认识你，你何不去拜见一下他呢？"李垂冷静地回答说："如果我三十年前就去拜谒当时的宰相丁谓，可能早就当上翰林学士（皇帝最亲近的顾问兼秘书官，可升任宰相）了。我现在年纪大了，见到有的大臣处事不公正，就常常当面指责他。我怎么能趋炎附势，看别人的眼色行事，借以换取他们的荐引和提携呢？"他的这番话不久便传到了宰相耳朵里。结果，他再次被排挤出京都，到外地去当州官。

群策群力

【解释】

"群策群力"这则成语原指楚汉相争时，汉高祖刘邦能竭尽群臣之策，而群臣在用策之时，又能竭尽群士之力。说得通俗些也就是：刘邦能最大限度地广泛听取身边各个大臣提供（给自己）的好策略；群臣在使用和执行已确定下来要推行的好策略时，又能竭尽全力、最大限度地充分发挥广大士兵和百姓的全部力量（来战胜楚霸王项羽）。形容遇到问题时大家共同想办法，一起出力。策：谋划、主意，这里用作动词，献计策。

【出处】

这个成语来源于《法言·重黎》：汉屈群策，群策屈群力。

【故事】

西汉的哲学家、文学家扬雄有口吃的毛病，不能与人长久谈话，但写的文章非常有名。他早年爱作辞赋，后来又看不起辞赋，转而研究哲学，模仿孔子的《论语》写出了一部《法言》。

在《法言·重黎》中，扬雄论述了汉王刘邦与西楚霸王项羽争斗的情况。项羽兵多将广，但在楚汉战争中被刘邦的军队包围了。后来他虽然突出重围，但到乌江边时，跟随他的只有二十八名骑兵了，而身后却有成千上万的汉军追杀过来。他知道末日已到，只得感叹："这是老天爷要亡我啊！"说罢，拔出宝剑自杀了。

项羽把自己失败的原因归结为"天之亡我",这是一种天命观。扬雄反对这种观点。他在《法言·重黎》中假托一个人问自己:"项羽兵败垓下(今安徽灵璧东南),临死时还说此'天之亡我',这话对吗?"扬雄回答说:"汉王刘邦善于采纳大家的计策,大家的计策又增强了众人的力量;项羽不采纳大家的计策,只靠自己的勇猛行事。凡是善于采纳别人计策的就能胜利,只靠自己勇猛之力的就会失败。这与天有什么关系呢?"应该说,扬雄对楚汉相争中项羽失败、刘邦获胜的评价和看法是很正确的。

人人自危

【解释】

"人人自危"这则成语的意思是每个人都感到自己不安全而存有戒心。多指由于刑罚严峻苛刻而造成的恐怖气氛。危:危险、危难。

【出处】

这个成语来源于《史记·李斯列传》:法令诛罚日益刻深,群臣人人自危,欲畔者众。

【故事】

秦始皇晚年时到会稽游玩,丞相李斯、中车府令赵高随行。因为秦始皇很偏爱自己的小儿子胡亥,所以带了胡亥随车出游,其他的儿子都没跟他一起出游。

这年七月,秦始皇走到沙丘时,突然患病,而且病得很重,他知道自己快要死了,便令赵高写信给领兵驻扎在边境的大儿子扶苏,让扶苏立刻赶回都城咸阳,主持丧事。

赵高刚刚把诏书写好,秦始皇就断了气。因为平常赵高负责掌管秦始皇的玉玺,这样,秦始皇的遗诏和玉

玺就都落到了赵高手里。于是，赵高和胡亥合谋，伪造了一道遗诏，说秦始皇立胡亥为太子，让胡亥继位。

丞相李斯起先不同意，后来在赵高的威逼利诱下，也被迫同意了。

接着，赵高又伪造另一道诏书，说扶苏不孝顺，赐给他一把剑，让他自杀，并派人夺了与扶苏一起镇守边境的大将蒙恬的兵权，也逼其自杀。

经过一番阴谋活动，胡亥当上了皇帝，称为秦二世。赵高当上了郎中令。从此，朝政大权便全落到了赵高手里。

秦二世昏庸暴虐，他害怕别人识破他与赵高的阴谋，坐不稳皇位，便问赵高怎么办？奸诈阴险的赵高说："必须采用严刑酷法，把那些老臣全部除掉，用新人来代替他们。"秦二世听了，便下令处死了蒙毅等一批老臣，又把对自己皇位有威胁的十二个公子全部斩首，把十个公主也全部用酷刑处死。因此受到牵连而被杀害的人更是不计其数，弄得上上下下都提心吊胆，人人自危，朝廷一片混乱。

秦二世和赵高用这种残酷的手段屠戮亲族和大臣，对老百姓更是凶狠残暴。广大人民群众的生活苦不堪言，大家忍无可忍，最终奋起反抗。

不久，陈胜、吴广揭竿而起，在大泽乡发动起义。三年后，秦王朝便被起义军灭亡。

人言可畏

【解释】

"人言可畏"这则成语的意思是人们的流言蜚语是很可怕的。言：指流言蜚语。畏：怕。

【出处】

这个成语来源于《诗经·郑风·将仲子》：岂敢爱之，畏人之多言。仲可怀也，人之多言，亦可畏也。

【故事】

古时候，有个名叫仲子的男青年，爱上了一个姑娘，想偷偷地上她家幽会。姑娘因他们的爱情还没有得到父母的同意，父母知道后会责骂她，所以要求恋人别这样做。于是唱道："请求你仲子呀，别爬我家的门楼，不要把我种的杞树给弄折了。并非我舍不得树，而是害怕父母说话。仲子，我也在思念你，只是怕父母要骂我呀。"姑娘想起哥哥们知道了这件事也要责骂她，便接着唱道："请求你仲子呀，别爬我家的墙，不要把我种的桑树给弄折了。并非我舍不得树，而是害怕哥哥们说话。仲子，我也在思念你，只是怕哥哥要骂我呀。"姑娘还害怕别人知道这件事后会风言风语地议论她，于是再唱道："请求你仲子呀，别爬我家的后园，不要把我种的檀树给弄折了。并非我舍不得树，而是害怕人家说闲话。仲子，我也在思念你，只是怕人家风言风语议论我呀。"

忍辱负重

【解释】

"忍辱负重"这则成语的意思是能够忍受一时的屈辱，承担起重任。带有赞扬的意思。忍辱：忍受屈辱。负重：承担重任。

【出处】

这个成语来源于《三国志·吴志·陆逊传》：国家所以屈诸君使相承望者，以仆有尺寸可称，能忍辱负重故也。

【故事】

221年，蜀主刘备不顾将军赵云等人的反对，出兵攻打东吴，以夺回被东吴袭夺的战略要地荆州（今湖北江陵），并为大意失荆州而被杀的关羽报仇。东吴孙权派人求和，刘备拒绝。于是孙权任命年仅三十八岁的陆逊为大都督，率领五万兵马前往迎敌。

次年初，刘备的军队水陆并进，直抵夷陵（今湖北宜昌东南），在长江南岸六七百里的山地上，设置了几十处兵营，声势十分浩大。陆逊见蜀军士气高涨，又占据有利地形，便坚守阵地，不与交锋。当时，东吴的一支军队在夷道（今湖北宜昌西北）被蜀军包围，要求陆逊增援。陆逊不肯出兵，并对众将说，夷道城池坚固，粮草充足，等我的计谋一实现，那里自然能解围。

陆逊手下的将领见主将既不攻击蜀军，又不援救夷道，以为他胆小怕战，都很气愤。众将领中有的是老将，有的是孙权的亲戚，他们不愿听从陆逊的指挥。于是陆逊召集众将议事，手按宝剑说："刘备天下知名，连曹操都畏惧他。现在他带兵来攻，是我们的劲敌。希望诸位将军以大局为重，同心协力，共同消灭来犯敌人，上报国恩。我虽然是个书生，但主上拜我为大都督，统率军队，我当恪尽职守。国家之所以委屈诸位听从我的调遣，就是因为我还有可取之处，能够忍受委屈，承担重任。军令如山，违者要按军法从事，大家切勿违反！"陆逊这一席话，把众将领都镇住了，从此再也不敢不听从他的命令了。陆逊打定主意坚守不战，时间长达七八个月。直到蜀军疲惫不堪，他利用顺风放火，取得了最后的胜利。刘备逃归白帝城，不久病死。

任人唯贤

【解释】

"任人唯贤"这则成语的意思是用人只以德才兼备为标准，而不管这人跟自己的关系是否密切。

【出处】

这个成语来源于《韩非子·外储说左下》：如子之言，我且贤之用，能之使，劳之论。我何以报子。

【故事】

齐襄公有两个弟弟，一个叫公子纠，另一个叫公子小白，他们各有一个很有才能的师傅。由于襄公荒淫无道，公元前686年，公子纠跟着他的师傅管仲到鲁国去避难，公子小白则跟着他的师傅鲍叔牙逃往莒国。

不久，齐国发生大乱，襄公被杀，另外立了国君。第二年，大臣们又杀了新君，派使者到鲁国去迎回公子纠当齐国国君，鲁庄公亲自带兵护送公子纠回国。

公子纠的师傅管仲，怕逃亡在莒国的公子小白因为离齐国近，抢先回国夺取君位。所以经庄公同意，先带领一队人马去拦住公子小白。

果然，管仲的队伍急行到即墨附近时，发现公子小白正在赶往齐国，便上前说服他不要去。但是，小白坚持要去。于是管仲偷偷向小白射了一箭。小白应声倒下，管仲以为他已被射死，便不慌不忙地回鲁国去护送公子纠到齐国去。

不料，公子小白并未被射死，鲍叔牙将他救治后，赶在管仲和公子纠之前回到了齐国都城，说服大臣们迎立公子小白为国君。这就是齐桓公。

再说管仲回到鲁国后，与公子纠在庄公军队的保护下来继任君位。于是，齐、鲁之间发生了战争。结果鲁军大败，只得答应齐国的条件，将公子纠逼死，又把管仲抓了起来。齐国的使者表示，管仲射过他们的国君，国君要报一箭之仇，非亲手杀了他不可，所以一定要将他押到齐国去。庄公也只好答应。

管仲被捆绑着，从鲁国押往齐国。一路上，他又饥又渴，吃了许多苦头。来到绮乌这个地方时，他去见那里守卫边界的官员，请求给点饭吃。

不料，那守边界的官员竟跪在地上，端饭给管仲吃，神情十分恭敬。等管仲吃好饭，他私下问道："如果您到齐国后，侥幸没有被杀而得到任用，您将怎样报答我？"管仲回答道："要是照你所说的那样我得到任用，我将要任用贤人，使用能人，评赏有功的人。我能拿什么报答您呢？"管仲被押到齐国都城后，鲍叔牙亲自前去迎接。后来齐桓公不仅没有对他报一箭之仇，反而任命他为相国，而鲍叔牙自愿当他的副手。原来，鲍叔牙知道管仲的才能大过自己，所以说服齐桓公这样做。

管仲

中华成语故事

如火如荼

【解释】

"如火如荼"这则成语的意思是像火一样红，像茅草的白花一样白。原比喻军容的盛大。现用来形容旺盛、热烈或激烈。荼：古代指茅草的白花。

【出处】

这个成语来源于《国语·吴语》：万人以为方阵，皆白裳、白旗、素甲、白羽之矰，望之如荼……左军亦如之，皆赤裳、赤旂、丹甲、朱羽之矰，望之如火。

【故事】

春秋后期，吴国国力逐渐强盛，吴王夫差想当中原霸主，于公元前482年，带领大军来到卫国的黄池（今河南封丘西南），约天下诸侯前来会盟，要大家推他为盟长。为了显示实力，夫差在一夜之间把带来的三万军队分成左、中、右三路，每路百行，每行百人，各摆成一个方阵，他亲自高举斧钺，以熊虎为旗号，指挥中军前进。中军全体将士，全都身穿白色战袍，披上白色铠甲，打着白色旗帜，插起白色箭翎，远远望去，好像遍野盛开的一片白花；左军一万将士，一律身穿红色战袍，披上红色铠甲，打着红色旗帜，插起红色箭翎，望去好像一片熊熊烈火；右军则全用黑色，犹如一片乌云。三路大军，开到会盟地点附近，摆开阵势。天刚蒙蒙亮，吴王夫差亲自鸣金击鼓发令，三万人一齐大声呐喊，那声音简直像天崩地裂一般，惊动了到会的各路诸侯。

吴军军容如此盛大，军威如此整肃，各国诸侯都不敢和夫差相争，不得不承认吴国为盟主。黄池之会，就在吴王夫差显示如火如荼的盛大军容后，取得成功。

如释重负

【解释】

"如释重负"这则成语的意思是像放下了重担一样。形容心情紧张后的轻松愉快。

【出处】

这个成语来源于《穀梁传·昭公二十九年》：昭公出奔，民如释重负。

【故事】

542年，鲁襄公病死，公子裯继位，史称鲁昭公。当时，鲁国的实际权力掌握在季孙宿、叔孙豹和孟孙三个卿手里，其中以季孙宿的权力最大，昭公不过是个傀儡。昭公这个国君也不争气，只知游乐，不理国政。生母去世后，他在丧葬期间面无愁容，谈笑自若，还外出打猎取乐。这样，就更使他在国内丧失民心。

大夫子家羁见昭公越来越不像样，非常担心，几次当面向昭公进谏，希望他巩固王室的力量，免得被外人夺了政权。但是，昭公不听他的劝告，照样我行我素。

日子久了，昭公终于觉察到，季孙宿等三卿在不断壮大势力，对自己已经构成了严重的威胁。于是，他在大臣中暗暗物色反对三卿的大臣，寻找机会打击三卿。

不久，季孙宿死去，他的孙子意如继续执政。大夫公若、郈孙、藏孙与季孙意如有矛盾，打算除掉季孙氏，便约昭公的长子公为密谈这件事。公为当然赞成。

公为回宫和两个弟弟商量后，认为父亲昭公肯定怨恨季孙氏专权，因此劝说昭公除掉季孙氏。昭公听说郈孙、藏孙等大夫与季孙氏有矛盾，心里很高兴，就秘密把他们两人召进宫内，要他们一起来诛灭季孙氏。接着，又把子家羁召来，告诉了他这一密谋。不料，子家羁反对说："这可千万使不得！如果这是进谗者利用大王去侥幸行事，万一事情失败，大王就要留下无法洗刷的罪名。"昭公见他坚决反对，喝令他离去。但子家羁表示，现在他已经知道了这件事的内幕，就不能离宫了，否则泄露出去，无法摆脱责任。于是，他就在宫中住了下来。

这年的秋天，三卿之一的叔孙豹因故离开都城，把府里的事情托给家臣鬷戾掌管。昭公觉得这是个好机会，没有人会去支援季孙氏，便使郈孙、藏孙率军包围了季孙氏的府第。季孙意如来不及调集军队反击，又不能得到叔孙豹的救援，只好固守府第。他向昭公请求，愿意辞去卿的职务回到封地去，或者流亡到国外去。子家羁建议昭公答应季孙意如的请求，但是，郈孙坚持非把他杀掉不可。昭公觉得郈孙的意见对，就听从他的。

再说叔孙豹的家臣鬷戾得知季孙氏被围的消息，和部属商量后认为，如果季孙氏被消灭，那么接下来会轮到叔孙氏，所以马上调集军队救援季孙氏。昭公的军队没有什么战斗力，见叔孙氏的军队冲过来，马上四散逃走。三卿中还有一家孟孙，见叔孙氏家已经出兵救援季孙氏，也马上派兵前往。路上，正好遇到逃退过来的郈孙，便把他抓住杀死。

昭公见三卿的军队已经联合起来，知道大势已去，只好和藏孙一起出奔齐国避难。由于昭公早就失去了民心，因此百姓对他的出奔并不表示同情，反倒觉得减轻了他们身上的重担。

如鱼得水

【解释】

"如鱼得水"这则成语原指像鱼处于水源丰美的环境之中,生活才有依归。后来用"如鱼得水"形容就如鱼儿得到了水一样。比喻得到了与自己情投意合的人或很适合自己的环境。

【出处】

这个成语来源于《三国志·蜀志·诸葛亮传》:于是与亮情好日密。关羽、张飞等不悦,先主解之曰:"孤之有孔明,犹鱼之有水也。愿诸君勿复言。"羽、飞乃止。

【故事】

诸葛亮,字孔明,阳都(今山东)人。刘备,字玄德,涿县(河北)人。东汉末年,天下大乱,豪杰纷起,群雄争霸,刘备为实现自己统一天下的宏愿,多方搜罗人才,特意拜访隐居在隆中卧龙岗的诸葛亮,请他出山。他连去了两次都未能见着,第三次去,才见了面。刘备说明来意,畅谈了自己的宏图大志,诸葛亮推心置腹,提出了夺取荆州、益州,与西南少数民族和好,东联孙权,北伐曹操的战略方针,预言天下今后必将形成蜀、魏、吴三足鼎立的局面。刘备听后大喜,于是拜孔明为军师。

孔明竭力地辅佐刘备,而刘备对孔明的信任和重用,却引起了关羽、张飞等将领的不悦。他们不时地在刘备面前表现出不满的神色,秉性耿直的张飞,更是满腹牢骚。刘备耐心地进行解释,他形象地把自己比作鱼,把孔明比作水,反复说明,孔明的才识与胆略对自己完成夺取天下的大业

定三分隆中决策

非常重要。他说："我刘备有了孔明，就好像鱼儿得到了水一样，希望大家不要再多说了。"以后，刘备在孔明的辅佐下，东联北伐，占荆州，取益州，军事上节节胜利，势力不断扩大，最终与魏、吴形成了三足鼎立之势。

孺子可教

【解释】

"孺子可教"这则成语的意思是小孩子是可以教诲的。后形容年轻人有出息，可以造就。孺子：小孩子。教：教诲。

【出处】

这个成语来源于《史记·留侯世家》：父去里所，复还，曰："孺子可教矣。"

【故事】

张良，字子房。他原是韩国的公子，姓姬，后来因为行刺秦始皇未遂，逃到下邳隐匿，才改名为张良。

有一天，张良来到下邳附近的一座桥上散步，在桥上遇到一个穿褐色衣服的老人。那老人的一只鞋掉到了桥下，看到张良走来，便叫道："喂！小伙子！你替我去把鞋捡起来！"张良心中很不痛快，但他看到对方年纪很老，便下桥把鞋捡了回来。那老人见了，又对张良说："来！给我穿上！"张良很不高兴，但转念想到鞋都捡回来了，又何必计较，便恭敬地替老人穿上鞋。老人站起身，一句感谢的话也没说，转身走了。

张良愣愣地望着老人的背影，猜想这老人一定很有来历。果然，那老人走了里把路，返身回来，说："你这小伙子很有出息，值得我指教。五天后的早上，请到桥上来见我。"张良听了，连忙答应。

第五天早上，张良赶到桥上。老人已先到了，生气地说："跟老人约会，应该早点来。再过五天，早些来见我！"又过了五天，张良起了个早，赶到桥上，不料老人又先到了，老人说："你又比我晚到，过五天再来。"又过了五天，张良下决心这次一定比老人早到。于是他刚过半夜就摸黑来到桥上等候。天蒙蒙亮时，他看到老人一步一挪地走上桥来，赶忙上前搀扶。老人这才高兴地说："小伙子，你这样就对啦！"老人说着，拿出一部《太公兵法》交给张良，说："你要下苦功钻研这部书。钻研透了，以后可以做帝王的老师。"张良对老人表示感谢，老人扬长而去。后来，张良研读《太公兵法》很有成效，成了汉高祖刘邦的重要谋士，为刘邦建立汉朝立下了汗马功劳。

入木三分

【解释】

"入木三分"这则成语原指笔力深入木板三分。形容书法笔力强劲，也比喻对文章或事物见解十分深刻、透彻。

【出处】

这个成语来源于唐·张怀瓘《书断·王羲之》：王羲之书祝版，工人削之，笔痕入木三分。

【故事】

王羲之，字逸少，晋朝时会稽（今浙江绍兴）人。他是我国历史上有名的书法家之一，因为他曾经做过右军将军，所以后人又称他为王右军。

王羲之的书法，可以称得上冠绝古今，他的字秀丽中透着苍劲，柔和中带着刚强，后代的许多书法家没有一个能比得上他的。所以，学习书法的人很多都以他的字为范本。现今在他留下来的书帖中最著名的有《兰亭集序》《黄庭经》等。

王羲之的字写得这样好，固然与他的天资有关系，但最重要的还是由于他的刻苦练习。他为了把字练好，无论休息还是走路，心里总是想着字体的结构，揣摩着字的架子和气势，而且不停地用手指头在衣襟上划着。所以时间久了，连身上的衣服也划破了。

他曾经在池塘边练习写字，每次写完，就在池塘里洗涤笔砚。时间一久，整个池塘的水都变黑了。由此可知，他在练习书法上所下功夫之深了。

据说他很爱鹅，平时常常望着在河里戏水的鹅发呆，后来竟然从鹅的动作中领悟出运笔的原理，这对他书法技艺的提高大有助益。

有一次，他到一个道观去玩，看到一群鹅非常可爱，便要求道士卖给他。观里的道士早就钦慕他的书法，便请他写一部《黄庭经》作为交换之物。王羲之实在太喜欢那些鹅了，便同意了。于是王羲之给观里写了一部《黄庭经》，道士便把那些鹅都送给了他。

还有一次，当时的皇帝要到北郊去祭祀，让王羲之把祝词写在一块木板上，再派工人雕刻。雕刻的工人在雕刻时非常惊奇，王羲之写的字，墨汁竟然透入木头有三分深。他赞叹地说："右军将军的字，真是入木三分呀！"

塞翁失马

【解释】

"塞翁失马"这则成语比喻虽然一时受到损失，也许反而因此能得到好处。也指世事多变，坏事可以变成好事。塞：边界险要之处。翁：老头儿。

【出处】

这个成语来源于《淮南子·人间》：近塞上之人有善术者，马无故亡而入胡。人皆吊之。其父曰："此何遽不为福乎？"

【故事】

从前，在西北某个要塞附近，住着一个老翁。一天，他儿子的马找不到了。附近的人知道后，都来安慰他。

可是，老翁却毫不在乎地对大家说："丢失了一匹马，怎么知道不是一件好事呢？"大家对他这话的意思不理解，也不便询问，只好离去。过了几个月，发生了一件令人意想不到的事：丢失的马忽然回来，并且带回来一匹高大的骏马。附近的人知道了，纷纷来庆贺，并认为老翁先前讲的话很有道理。

不料，老翁对此并不感到高兴，反而冷冷地说："逃失的马回来了，还带来一匹骏马，但怎么知道这不会成为一件坏事呢？"

大家听了，心里又都纳闷起来：这老翁太怪了，明明是件好事，怎么又去想到坏事呢？

果然如老翁所言。他的儿子很喜爱那匹骏马，经常去骑它，不料一次不慎摔下，跌折了脚骨。附近的人都上门来慰问。想不到老翁又说了大家不能理解的话："跌折了脚骨，又怎么知道不会成为一件好事呢？"果然，一年后，塞外的匈奴兴兵入侵。老翁家附近的青壮年都应征入伍去作战，结果大多战死，家里的老人没人照顾，有的老人因此而死去。而老翁的儿子因为脚跛，免于应征入伍，从而和老翁都保全了性命。

三顾茅庐

【解释】

"三顾茅庐"这则成语原指东汉末年，诸葛亮隐居在隆中（湖北襄阳附近），刘备为了请他出山，接连到他居住的草舍拜访了三次，最后一次才见到。后来用"三顾茅庐"比喻诚心诚意去邀请或多次专程访问。顾：拜访。

【出处】

这个成语来源于三国蜀汉·诸葛亮《出师表》：先帝不以臣卑鄙，猥自枉屈，三顾臣于草庐之中。

【故事】

东汉末年，刘备攻打曹操失败，投奔荆州刘表，失意一时。为了日后成就大业，他留心访求人才，请荆州名士司马徽推荐。司马徽说："此地有'伏龙''凤雏'，二人得一，可安天下。"刘备多方打听，得知"伏龙"就是诸葛亮，此人隐居在襄阳城西二十里的隆中，住茅庐草棚，耕作自养，精研史书，是个杰出人才，便专程到隆中去拜访。

他前后一共去了三次，头两次诸葛亮避而不见，第三次才亲自出迎。诸葛亮在茅庐中和刘备共同探讨时局，分析形势，设计夺取政权、统一天下的方略。刘备大为叹服，愿以诸葛亮为军师，请他出山相助，重兴汉室。诸葛亮深为刘备"三顾茅庐"的诚意所打动，答应了刘备的请求，离开隆中一展自己的政治抱负。此后，诸葛亮成为刘备的主要谋士，帮助刘备东联孙吴，北伐曹魏，占据荆、益两州，北向中原，建立蜀汉政权，形成与东吴、曹魏三国鼎立的局面。

刘备去世后，诸葛亮秉承刘备遗志，继续出兵伐魏。他在向后主刘禅（阿斗）上的一道奏表中写道："先帝不嫌臣卑微鄙陋，屈尊枉驾，前后三次亲自登门，访臣于草庐之中……"流露出对刘备的知遇之恩念念不忘，感情真挚感人。

三令五申

【解释】

"三令五申"这则成语的意思是屡次命令告诫，再三嘱咐。三、五：表多数。申：陈述，说明。

【出处】

这个成语来源于《史记·孙子吴起列传》：吴王出宫中美女得百八十人，孙子分为二队……约束既布，乃设铁钺，即三令五申之。

【故事】

孙武，春秋末年著名军事家，写有总结战争经验与军事理论的《孙子兵法》。吴王看了他的兵书，十分欣赏，特地召他进宫，问他："你写的兵书我都看过了，很好，但你能不能用宫中的女子来操练一下呢？"孙武答道："可以。"于是，吴王把宫里一百八十个女子集合起来交给孙武指挥。孙武把她们分成两队，叫吴王的两个最宠爱的嫔妃各拿一支戟，担任队长。孙武下令说："我叫前，你们看前面；叫左，看左手；叫右，看右手；叫后，看背后。"交代清楚后，孙武命令摆下名叫铁钺的刑具，然后便击鼓传令。谁知那些女子听到命令，竟像做游戏一样哈哈大笑。

孙武自责是自己的过错，没有把命令交代清楚，于是又把号令说了一遍，然后又开始传令。谁知那些女子仍当作是在做游戏，不听号令，嘻嘻哈哈。这一下，孙武不再原谅她们，下令将两个队长杀头示众。

吴王一见要斩自己的宠姬，就叫人传令求情，谁知孙武并不为所动，仍然将那两个女子斩首，并另外指定两个队长，重新击鼓传令。这下，队伍中就再也没人敢违抗命令，全部按照号令整齐地操练起来。

虽然吴王宠姬被斩，但当他看到平日娇生惯养的宫女都被孙武训练得服服帖帖，发现孙武确实很有用兵的才能，便从此重用他，并使吴国成为春秋时的强国。

三人成虎

【解释】

"三人成虎"这则成语原指三个人传言街市上有虎，就会使人信以为真。比喻谣言或讹传一再重复出现，便可能使听者信以为真，足以惑乱听闻。

【出处】

这个成语来源于《战国策·魏策二》：夫市之无虎明矣，然而三人言而成虎。

【故事】

魏国的太子将到赵国都城邯郸去当人质，魏王决定派大臣庞葱陪同前往。

庞葱一直受到魏王信任，怕去赵国后有人在背后说他坏话，使得魏王不再信任他。为此，临行时他特地到王宫里对魏王说："大王，如果有人向您禀报说，街市上有老虎，您相信不相信？"魏王立刻回答说："我当然不相信。"庞葱接着问："如果第二个人也向您禀报说，街市上有老虎，您相信不相信？"魏王迟疑了一下说："我将信将疑。"庞葱紧接着问："要是第三个人也向您报告说，街市上有老虎，您相信不相信？"魏王一边点头，一边说："我相信了。"庞葱分析说："街市上没有老虎，这是明摆着的事。但三个人都说那里有虎，便成为有虎了。如今我陪太子去邯郸，那里离我们魏国的都城大梁，比王宫离街市要远得多，再说背后议论我不是的，恐怕也不止三个人。希望大王今后对这些议论加以考察，不要轻易相信。"魏王很勉强地说："我明白你的意思了，你放心陪公子去吧！"庞葱去赵国不久，果然有人在魏王面前说他坏话。开始魏王不信，后来说他坏话的人多了，魏王就相信了。庞葱从邯郸回来后，果真失去了魏王的信任，再也没被魏王召见。

三生有幸

【解释】

"三生有幸"这则成语的意思是三世都很幸运，形容极难得的好机遇。三生：佛教指前生、今生、来生。

【出处】

这个成语来源于《甘泽谣》：唐李源与圆泽善，圆泽将亡，约十二年后杭州相见。源后诣杭州赴约，有牧童歌曰："三生石上旧精魂，赏月吟风不要论。惭愧情人远相访，此身虽异性常存。"

【故事】

唐朝时，有一个法号叫圆泽的和尚精通佛学，他有一个很要好的朋友，名叫李源。

有一天，他们两人相约一同去游览长江三峡，路过一个村子，看到一位大腹便便的妇人正在溪边汲水。圆泽指着妇人对李源说："这个妇人已经怀孕三年了，正等着我去投胎做她的儿子，可是我却一直逃避。现在既然看见了，我就没法再逃避。三天后，这位妇人应该会生下个孩子，到那时候请你到他家去看看，如果那婴儿对你笑一笑，那便是我。我们就拿这一笑来做我们之间的凭证吧。十二年后的中秋之夜，我在杭州天竺寺的三生石上等你，那时我们再相会吧！"他们分别后，就在这一天的夜里，圆泽果然圆寂，而在同时，那位孕妇也生了一个男孩。

第三天，李源照着圆泽的话，到那位妇人家里去探望，婴儿果然对他笑了笑。

时间过得飞快,第十二年的中秋日终于来临了。当天晚上,李源如期来到天竺寺。刚到寺门口,就看到一个牧童在牛背上唱歌:"三生石上旧精魂,赏月吟风不要论。惭愧情人远相访,此身虽异性常存。"

这首歌谣的意思是:在三生石上和你相见的,仍然是旧时的我啊!我还清楚地记得我们过去一起赏月吟诗的情景。感谢你从远方赶来探望我,你对我的这份情谊,实在令我感动。虽然我的面貌和往日已不相同,但你我之间的情谊却是永恒不变的。

那牧童唱完歌,便离去了。

丧家之犬

【解释】

"丧家之犬"这则成语原作"丧家之狗",指居丧人家的狗,主人因守孝而没有心情去喂养。后世多作"丧家之犬"。比喻失去靠山、无所归依的人,也比喻落魄不得志的人。丧家:有丧事的人家。

【出处】

这个成语来源于《史记·孔子世家》:孔子欣然笑曰:"形状,末也。而谓似丧家之狗,然哉!然哉!"

【故事】

孔子从三十岁开始办私学,几年之内就出了名,吸引了大批弟子。但直到五十岁那年,他才被鲁定公任命为中都(今山东汶上)宰。上任才一年,中都出现了太平的景象。过了一年,鲁定公升他为管理工程建筑的司空;后来,又升他为主管司法和治安的司寇。但是,他担任这个职务的时间并不长。五十五岁那年,他因为对鲁定公接受齐国送来的美女表示不满,便和弟子们离开了鲁国。

孔子先后到卫、陈、宋等诸侯国,但都没有得到诸侯王的赏识。于是,他又来到郑国。不料,在都城的东门外,孔子和他的弟子们走散了,只好孤零零地站在城门下等候。

他的弟子子贡焦急地到处寻找孔子。有个郑国人问他找谁,他急切地说:"喔,我在找我的老师,不知你见到他了吗?"那郑国人回答说:"东门口有个老头儿，其形象不伦不类，非常古怪。他脑门有点像尧帝，脖子有点像皋陶，肩膀有点像子产。不过，他那没精打采的样子，活像一条居丧人家的狗。不知是不是你的老师？"子贡赶紧来到东门，找到了孔子，并如实地将那郑国人的话告诉了孔子。孔子听后笑着说："他说我像这像那，倒是未必；而说我像居丧人家的狗，倒是说对了！说对了！"

丧心病狂

【解释】

"丧心病狂"这则成语的意思是患了疯狂病而丧失了正常人应有的理智。后来用"丧心病狂"比喻丧失理智，言行错乱，好像发了狂似的。也形容残忍到极点。丧心：指失去理智。

【出处】

这个成语来源于《宋史·范如圭传》：公不丧心病狂，奈何为此？必遗臭万世矣。

【故事】

秦桧原是北宋的大臣，随北宋徽、钦二帝一起到北方当俘虏，投靠了金人。四年后他被金人放回南宋，随即提出与金人议和、南北分治的卖国主张。一心主和的宋高宗对大臣们说，他得到了秦桧，高兴得觉也睡不着了。

从此，秦桧青云直上，官至宰相。他对宋高宗说："陛下如果决定同金人议和，只需同臣一人商议此事，不许群臣干预，则大事可成！"秦桧还不断网罗主张投降的官员，迫害主战的官员，从而引起许多大臣的不满，老百姓也对他非常憎恨。一次，金朝派使臣来南宋会谈议和条件。使臣依仗金朝军事力量强大，行动举止傲慢，向南宋提出了无理的要求，遭到主战官员的一致反对。但是，秦桧却主张接受。

当时，校书郎兼史馆校勘范如圭，也主张拒绝与金人议和。他同秘书省的一些同僚商议后，准备联名上书高宗，反对屈辱求和。奏章写好后，其他人却因怕秦桧打击报复，一个个打起了退堂鼓。于是，范如圭就独自给秦桧写了一封信，指责他的卖国行为。信中写道："你秦桧如果不是丧失理智，言行荒谬，像发了狂似的，怎么能干出这种可耻的丧权辱国的事来呢？你这样做，必将遗臭万年，永远受到子孙后代的唾骂！"后来，人们便用"丧心病狂"比喻丧失理智，胡作非为，像发了疯一样。

杀身成仁

【解释】

"杀身成仁"这则成语原指为了成全仁德，可以牺牲自己的生命。后来泛指为了维护崇高的理想和正义事业而牺牲生命。

【出处】

这个成语来源于《论语·卫灵公》：子曰："志士仁人，无求生以害仁，有杀身以成仁。"

【故事】

有一次，孔子的弟子向孔子请教说："先生，您讲的仁德、忠义都是极好的。人人相爱，以仁义待人，确实是一种美德。仁德我很想得到，但能活在这世上也是我的欲望。假如仁德与生命两者发生了冲突，该怎样处理呢？"孔子严肃地回答说："这还有什么可犹豫的呢？凡是真正的志士仁人，都不会因为贪生怕死而损害仁义，应该为了成全仁德，可以不顾自己的生命。"弟子恭敬地给孔子施礼，表示敬服。这时，孔子的学生子贡又问先生说："仁德一定是很难得到的吧？我们应当怎样去培养它呢？"孔子回答说："培养仁德可以从头做起。比如说，工匠要做好他的活计，必须先有得心应手的工具。对于一个国家来说，应该选择那些大夫中的贤者去敬奉它；对于自己来说，就应该挑选那些士人当中的仁者交朋友。这样，才会培养起仁德来。"

姗姗来迟

【解释】

"姗姗来迟"这则成语形容来得很晚,不能准时到达。姗姗:多指女子走路缓慢从容的姿态。

【出处】

这个成语来源于《汉书·外戚传上》:是邪,非邪?立而望之,偏何姗姗其来迟!

【故事】

汉武帝刘彻有个妃子,叫李夫人。她不仅容貌美丽,而且擅长歌舞,所以武帝非常宠爱她。不幸的是李夫人红颜薄命,年纪很轻就患了不治之症,不久便命丧黄泉。武帝非常悲痛,时常思念她。他很迷信,希望能借助神仙的力量,重新见到李夫人。

正巧,有个名叫少翁的方士,从齐地来到京城长安。此人自称有招魂的本领,能将死者的魂魄召来与亲人相见。武帝大喜,立即要他招李夫人的魂。

少翁取来李夫人生前穿过的衣服,并叫人腾出一间干净的房间。他选了一个晚上,点起灯烛,撑起帷帐,请武帝在另一帷帐里坐等。他进入帷帐,喷水念咒,作起法来,闹了好长时间,武帝隐隐约约地看到一个身材苗条的女子缓缓走来。她好像是李夫人,在帷帐里端坐了一会儿,又慢慢地踱来踱去。

武帝越看越发现她像李夫人,所以看得出神。看了一会儿,他想进帷帐与李夫人相见,但被少翁出帐阻止。武帝再转眼一看,里面已经没有人了。他心中又激起一阵悲痛,当即作了一首小词:"是邪,非邪?立而望之,偏何姗姗其来迟!"意思是说:"这到底是不是你?我只能站在远处看你,你为什么这么迟才缓缓而来?"后来,武帝又命人将这首小词谱上曲子演唱,以表达自己对李夫人深切的怀念之情。

神机妙算

【解释】

"神机妙算"这则成语原作"妙算神谋",指巧妙的筹划、神奇的谋略。后世多作"神机妙算",形容灵巧的心思已达到神奇的程度,比喻计谋高明。

【出处】

这个成语来源于《三国演义》:瑜大惊,慨然叹曰:"孔明神机妙算,吾不如也。"

【故事】

208年,曹操率领二十余万大军南下,准备一举消灭孙权和刘备的势力,统一全国。刘备派诸葛亮去东吴联合孙权,共同对付曹操。

东吴的大都督周瑜是位名将,但他嫉妒诸葛亮的才能,总想借机把他除掉。诸葛亮很了解周瑜的心思,可是为了顾全大局,只好与周瑜一起共事。

一次,诸葛亮接受了三天内造出十万支箭的任务,并且立下军令状,到时若交不出十万支箭,就要被斩首。

周瑜暗暗高兴,料定诸葛亮不能完成这个任务,到时就可以毫不费力地把他除掉。他还暗中吩咐造箭军匠故意拖延时间,不给诸葛亮准备所需要的材料。

但是,诸葛亮胸有成竹,自有妙计。他私下向大将鲁肃要了二十只快船,每只船上配置三十名士兵;船上都用青布做帐幕,每只船上扎放了一千多个草人。

一天、两天都没有动静,周瑜认为这次诸葛亮必死无疑。不料到了第三天凌晨,诸葛亮趁江面上笼罩着大雾,下令将草船驶近曹军水寨。他和鲁肃一面在船中饮酒,一面命令士兵在船上擂鼓呐喊,装作攻打曹军的样子。

曹操听到江面上鼓声、呐喊声大作，以为敌军趁大雾前来袭取水寨，慌忙命令曹军不要出击，奋力用箭射向对方。霎时间，曹操水陆两军一万多名弓箭手一齐朝江中射箭。

等到太阳初升、雾散之后，诸葛亮下令各船迅速驶回。这时，二十只船的草人上已经插满了箭，远远超过了十万支。他又让各船士兵齐声高喊"谢丞相赠箭"。等曹操明白真相时，诸葛亮的草船已经驶了二十多里，无法追赶。曹操懊悔不已。

鲁肃把诸葛亮草船借箭的经过告诉周瑜以后，周瑜大吃一惊，感叹道："诸葛亮灵巧的心思已达到神奇的程度，我不如他。"这个故事还引申出另一个成语"草船借箭"，比喻运用智谋，凭借他人的人力或财力来达到自己的目的。

生灵涂炭

【解释】

"生灵涂炭"这则成语形容百姓陷于泥潭火坑，处于极端困苦的境地。生灵：百姓。涂炭：指泥沼和炭火。

【出处】

这个成语来源于《晋书·苻丕载记》：先帝晏驾贼庭，京师鞠为戎穴，神州萧条，生灵涂炭。

【故事】

十六国时期，前秦在苻坚的统治下，加强中央集权，注意农业生产，增加了财政收入，逐步统一了北方大部分地区，并夺取了东晋的一小部分土地。但是，由于连年用兵，百姓负担沉重，加深了境内的阶级矛盾。特别是建元十九年（383）苻坚征调九十万大军攻伐东晋，结果在淝水大败，元气大损，各族首领乘机反秦自立。

两年后，前秦受到后燕和后秦的攻伐，都城长安被困。苻坚被迫退到五将山，不久被后秦王姚苌的军队活捉，囚禁在一个寺庙里。姚苌威逼苻坚交出玉玺，苻坚不仅坚决拒绝，而且痛骂姚苌。于是，姚苌下令处死了苻坚。

前秦的幽州刺史王永得知这个消息后，立即派人通知苻坚的儿子苻丕，并拥立他即皇帝位。第二年，苻丕大封群臣，王永被加封为左丞相。

王永就任后，写了一篇檄文，号召前秦在各地的武装力量联合起来，讨伐后秦的首领姚苌和后燕的首领慕容垂。檄文中写道："先帝不幸在贼人控制的地方被害，京师长安成为敌人的巢穴，国家凋败，百姓生活在泥沼、炭火之中，痛苦不堪。各地文武官员见到本檄文后，要马上派兵马前来会师，准备作战。"尽管如此，但由于后秦兵力强大，王永指挥的各地兵马实力不济，最终失败。394年，前秦被后秦所灭。

声名狼藉

【解释】

"声名狼藉"这则成语原指狼无论是坐、睡或游戏，总喜欢在自己身上放草，而且草既脏又乱。引申为散乱不整，乱七八糟。形容名声很坏，许多人一听到这人的名字就感到厌恶。

【出处】

这个成语来源于《史记·蒙恬列传》：此四君者，皆为大失，而天下非之，以其君为不明，以是籍于诸侯。

【故事】

秦始皇在世时，蒙恬、蒙毅兄弟俩很受信任。蒙恬被派往北方统帅三十万大军去抵御外夷的入侵，并筑起绵延万里的长城。蒙毅则被封为上卿，处理国家军政大事。因秦始皇十分相信他俩，当时有许多文臣武将，不敢和他们兄弟俩计较争论。

秦始皇死后，中车府令赵高和宰相李斯用阴谋手段立秦始皇幼子胡亥为太子，因怕事情暴露，就捏造罪名派人赐死秦始皇长子扶苏和蒙恬。因为蒙恬从前曾处罚过赵高，赵高一直怀恨在心。扶苏自杀，蒙恬却不相信赐死这回事，多次问派来的人，结果被派来的人看管起来。

胡亥即位后，赵高不断地在胡亥面前说蒙恬、蒙毅的坏话，胡亥听信了谗言，诬赖蒙毅曾经劝阻秦始皇立胡亥为太子，对君不忠。蒙毅觉得很冤枉，进行了一番辩驳，说道："从前秦穆公杀死三位良臣（奄息、仲行和针虎）殉葬，又冤杀了百里奚，秦昭襄王杀武安君白起，楚平王杀伍奢，吴王夫差杀伍子胥，这四个国君，都因杀害良臣，犯了大错，遭到天下人的指责与非议，所以他们的名声在诸侯各国间非常坏。用正道治理国家，就要不杀无罪之人，我劝你们不要乱杀无辜！……"无论蒙毅怎样说，胡亥派来的官吏都听不进去，最后还是把蒙毅杀了。

胡亥又派人去赐死蒙恬，蒙恬也被迫自杀了。史书在注解"以是籍于诸侯"时，用了"恶声狼藉，布于诸国"这句话，人们便以此引申出"声名狼藉"这个成语了。

声色俱厉

【解释】

"声色俱厉"这则成语的意思是说话或发怒时，声音和脸色都非常严厉。指人对不满的事情表现得非常愤慨激动。

【出处】

这个成语来源于唐·赵璘《因话录·卷一·宫部》：上后谓次对官曰："韦温，朕每欲用之，皆辞诉，又安用韦温？"声色俱厉。

【故事】

唐德宗时，翰林学士韦绶忠于职守，成为德宗非常信赖的大臣。翰林学士是皇帝最亲近的顾问秘书官，经常住宿内廷，奉命撰拟有关任免将相等的文告，有"内相"之称。韦绶担任这个职务后忙于公务，时常个把月不能回家一次，自然也无法照顾老母。

韦绶因自己不能对老母恪尽孝道，因此内心感到非常不安，几次向德宗提出辞呈。但是，德宗离不开他，一直没有予以批准。直到八年后，韦绶的身体越来越差，德宗才同意他辞去职务，回家休养。

韦绶的儿子韦温，是个非常聪明好学的孩子。他十一岁就通过考试，被补授咸阳尉，后来升迁为监察御史。韦温孝顺长辈，父亲因病辞官回家后，他也跟着辞职回家，一心服侍父亲，时间长达二十年之久。

韦绶临终前，谆谆告诫韦温道："内廷系是非之地，你千万不能当翰林学士，一不小心，就会招致杀身之祸。"韦温含着眼泪表示，一定牢记父亲遗训。韦绶去世后，韦温担任过许多官职。文宗皇帝执政，他非常赏识韦温的才干，决定任命韦温为翰林学士。

韦温铭记父亲遗训，几次恳切地向文宗辞让这个官职。文宗不理解韦温为什么如此固执地辞让这个对旁人来说是求之不得的官职。经过再三询问，韦温才表示，他不能违背对父亲许下的诺言。

后来，文宗对在旁的大臣说："我想重用韦温，他每次都坚决回绝，难道没有他就不行了吗？"文宗说这话时，声音和脸色都非常严厉。在旁的一位大臣见他这样发怒，怕对韦温不利，便劝谏道："陛下，韦温虽然如此固执，但他是遵承父亲遗命，也是一片孝心。请陛下成全他。"文宗不以为然地说："韦绶不让其子当翰林学士，这种遗命是乱命，怎么能成全呢？"那位大臣再次解释说："韦温连父亲的乱命也能遵承，这说明他的孝心是难能可贵的。"文宗听他这样解释，才渐渐消气，并取消了对韦温新的任命。

盛气凌人

【解释】

"盛气凌人"这则成语形容以威严或骄横的气势压人。今多用作贬义。盛气：骄横的气焰。凌：欺侮，侵犯。

【出处】

这个成语来源于《战国策·赵策四》：左师触龙愿见太后，太后盛气而胥之。

【故事】

战国时期，赵国刚由赵太后执政，秦国就攻打赵国。赵国向齐国求援，齐国提出要赵太后的儿子长安君去做人质，才肯出兵。太后不肯。任凭大臣们如何劝谏，太后始终不答应。最后她对左右的人说："今后若再有人来劝我，我定要吐他一脸口水。"赵国的老臣触龙来见太后。太后想这一定又是一个来劝她的家伙，心中厌恶，脸上露出怒气，等着他来发泄心中的怨恨。但触龙进来后，先是表示因年老体衰，未能多来看望太后而深感歉意，而后又拉起了家常，使太后以为他是来看望她的，情绪也缓和了下来。触龙见此情景，便向太后说出了一件心事。他请求太后把他十五岁的小儿子舒祺安排在王宫卫队，因为他喜欢他，无奈自己老了，此事就托请太后照顾。

赵太后见这位老臣为小儿子的事如此恳切，便问道："你们男人家也喜欢自己的小儿子吗？""比女人更喜欢。"触龙回答。"女人们对小儿子才更喜欢呢！"赵太后不禁笑出声来。"我觉得你更喜欢女儿，你对长安君的喜欢，比不上你对你女儿燕后的喜欢。"触龙趁机说道。"不，你弄错了，我更喜欢我的小儿子长安君。"太后坦然地说。触龙觉得时机已经成熟，便转入正题，对赵太后说："你喜欢女儿，所以她嫁到燕国后，你祈祷上天，希望她不要回来，指望她生个儿子继承王位，你这是为她的长远利益考虑。但对长安君，尽管你赐给他许多金银，但你却不让他去替国家建立功劳，将来他怎么会有做君王的威望呢？你没有替长安君作长远打算，所以说，你喜欢长安君，比不上喜欢燕后。"赵太后听了这番话，自知理亏，便同意了大臣们的意见，让长安君去齐国做人质了。

世外桃源

【解释】

"世外桃源"这则成语原指与现实社会隔绝、生活安乐的理想境界。比喻不受外界影响的地方或理想中的美好地方。

【出处】

这个成语来源于晋·陶渊明《桃花源记》：晋太元中，武陵人捕鱼为业，缘溪行，忘路之远近，忽逢桃花林……自云先世避秦时乱，率妻子邑人来此绝境，不复出焉，遂与外人间隔。

【故事】

晋朝的大文学家陶渊明，曾经写过一篇有名的《桃花源记》，内容描写了晋朝湖南武陵一个捕鱼人所遇到的奇事：有一天，这个渔夫划着小船，溯河而上。不知划了多远，他忽然发现在河岸青翠的草地旁，有一座长满了艳丽花朵的桃花林。由于他从未看到过这么美的景色，不由得看呆了。

接着，他又继续向前划，不久看到前面有一座小山，在山腰处有一个小洞口。渔夫好奇地下了船，从那洞口爬进去，想看个究竟。

他刚进入洞口时，里面十分狭窄，可是大约走了十几步后，道路忽然宽阔起来，并且在山洞的尽头，有一片平坦的土地。

他来到里面，只见一排排房屋十分整齐，房前屋后，有很多桑树和竹子；肥沃的田野里，种有各种各样的植物。而田中的道路，东西南北交错着，四通

陶渊明

八达。田野里有不少耕作的人，孩子们则在田间快乐地游戏。

当那些人见到渔夫时，起初都感到惊奇，但不一会儿就很热情地和他闲谈。这些人告诉渔夫，他们的祖先原是为了逃避秦朝的战乱，才率领村人隐居到这里来的。渔夫把朝代的变更告诉他们，他们听了都十分惊异。

几天后，渔夫依依不舍地跟大家告别。他回去以后，把这件奇事报告了太守，太守就派人和他一起沿着原路去找，但怎么也找不着，反而迷失了方向。从此以后，便再也没有人见过这一处桃花源了。

势如破竹

【解释】

"势如破竹"这则成语的意思是形势就像劈竹子，头几节劈开以后，下面各节就能毫不费力地自己顺着刀势分开了。后来用"势如破竹"比喻节节胜利，毫无阻碍。如：像。

【出处】

这个成语来源于《晋书·杜预传》：今兵威已振，譬如破竹，数节之后，皆迎刃而解。

【故事】

杜预，字元凯，是西晋一位著名的将领，就在他被封为镇南大将军、都督荆州军事后不久，他又向晋武帝建议出兵彻底消灭吴国。晋武帝犹豫未决，便召集大臣们一起商议，结果有不少大臣表示反对。他们认为吴国是一个强敌，加上当时正值盛暑，河水泛滥，很容易发生瘟疫，对不适应在沼泽地区打仗的北方士兵来说，是很不利的，不容易取胜。因此他们建议等到明年春天再发兵,那时才有比较大的取胜把握。可是,杜预却坚持自己的主张,他说:"战国时代的燕国大将乐毅,在洛西一战,一口气攻下了齐国七十多座城池,这除了指挥有方以外,主要是士气旺盛;而现在我们已经灭掉了蜀国,将士的士气正在旺盛的时候,在这样的情况下发兵去攻打吴国,就像是劈竹子一样,等劈裂几节以后,剩下的便会迎刃而解,而不会有任何阻碍了。"晋武帝听了,同意了杜预的意见。于是,杜预立刻出兵,他在不到十天的时间里,攻占吴国的许多城池,还俘虏了吴国都督孙歆和高级文武官员二百多人。接着,杜预率大军势如破竹地向吴都建业进发,很快攻下了建业,灭掉了吴国。

杜预

视死如归

【解释】

"视死如归"这则成语的意思是对死亡无所畏惧,把死看得像回家一样平常。形容为了某种理想或正义事业,不惜牺牲生命。归:回家。

【出处】

这个成语来源于《吕氏春秋·审分览·勿躬》:管子复于桓公曰:"……平原广城,车不结辙,士不旋踵,鼓之,三军之士,视死如归,臣不若王子城父,请置以为大司马……"

【故事】

管子,即管仲,名夷吾,字仲,颍上人,春秋初期政治家。春秋初期,齐桓公任命当时的大夫鲍叔牙为宰相,鲍叔牙婉言谢绝了,却举荐管仲。齐桓公问管仲治理政治、复兴国家的方针大略,管仲答复齐桓公说:"开垦大量的土地,扩大城镇的规模,发展生产,利用土地创造尽可能多的财富,我不如宁越,请派他去做管理经济的官;审时度势,说话有分寸,举止得体,礼仪娴熟,我不如隰朋,请派隰朋去管理外交;不辞辛劳,不惜个人生命,不计较个人富贵名利，忠诚耿直，敢冒犯进谏，我不如东郭牙，请派他做主管监察的大臣；整肃军队，打仗英勇，战鼓一鸣，全军将士毫不畏惧，一致英勇挺进，把死看成回家一样，我不如王子城父，请派他去管理军队；断案英明，不杀无辜的人，不冤枉无罪的人，我不如弦章，请派他管理司法。你如果想治国强兵，有这五个人就足够了，若你还想称霸的话，那么，还有我管仲在这里。"齐桓公听了管仲的话，觉得很有道理，连连称赞管仲，任命他为宰相，并依照管仲的意见，分派了这五个人的官职，让他们接受管仲的统一领导。这五个人果然在自己的职位上干得很好。在管仲的辅佐下，十年以后，齐国渐渐地强大了起来，成了诸侯国的霸主。

舐犊情深

【解释】

"舐犊情深"这则成语的意思是老牛舔小牛的毛以示对它的深切疼爱。比喻父母疼爱儿女。舐犊：指老牛舔小牛。

【出处】

这个成语来源于《后汉书·杨彪传》：子修为曹操所杀。操见彪问曰："公何瘦之甚？"对曰："愧无日䃅先见之明，犹怀老牛舐犊之爱。"

【故事】

汉末文学家杨修，才思敏捷过人，在丞相曹操手下任主簿。有一次丞相府建花园，曹操在园门上写了一个"活"字，众人猜不透是什么意思。杨修说："丞相嫌园门太阔。门中写个'活'字，不就是'阔'吗？"曹操第三个儿子曹植喜爱杨修的才学，常邀杨修彻夜长谈，受益匪浅。曹操每与曹植议事，见他对答如流，心中犯疑。曹操长子曹丕买通左右把杨修事先为曹植做好的答案偷出来进呈父亲。曹操见杨修屡次猜透他的心思，更加疑忌杨修，暗暗骂道："匹夫竟敢欺我！"曹操出兵汉中，借故把杨修杀了。事后，曹操遇见杨修的老父杨彪，关心地问："先生为何瘦得如此厉害？"杨彪回答说："愧无金日䃅那样的先见之明，却还怀有老牛舔小牛那样的亲子之爱。"这是委婉地表达自己痛惜爱子被杀的心情。

手不释卷

【解释】

"手不释卷"这则成语的意思是不肯放下手中的书。比喻抓紧时间勤学，或看书入了迷。卷：指书。

【出处】

这个成语来源于《三国志·吴志·吕蒙传》裴松之注引《江表传》：光武（刘秀）当兵马之务，手不释卷。

【故事】

三国时代，东吴有一员大将，名叫吕蒙，字子明。年轻时，他家境贫困，无法读书。从军后，他虽作战骁勇，常立战功，却苦于没有文化，不能把战例经验写下来。

有一天，吴主孙权对吕蒙说："你现在是一员大将，掌权管事，更应该好好地读一些书，增长自己的才干。"吕蒙一听主公要他学习，便为难地推托说："军队里的事情又多又杂，都要我亲自过问，恐怕挤不出时间来读书啊！"孙权说："你的事情总没有我多吧？我并不是要你去研究学问，当专家，而只是要你翻阅一些古书，从中得到一些启发罢了。我年轻时就读过许多书，掌权以来又读了许多史书和兵书，得到的帮助真是太大了。你很聪明，更应该读些书。"吕蒙问："可我不知道应该去读些什么书。"孙权听了，微笑着说："你可以先读些《孙子》《六韬》等兵法书，再读些《左传》《史记》等历史书，这些书对于以后带兵打仗很有好处。"停了停，孙权又说："时间嘛，要自己去挤出来。从前汉光武帝在行军作战的紧张关头，手里还总是拿着一本书不肯放下来呢！你们年轻人更应该勉励自己多读点书。"吕蒙听了孙权的话，回去便开始读书学习，坚持不懈。同时，他还研究评论书中的一些观点。渐渐地，他的见解越来越精辟，有时连当时那些学识渊博的人都自叹不如。

后来，孙权的谋士鲁肃也自认学识比不上吕蒙，感慨地对吕蒙说："了不起，你已经不再是当年的吴下阿蒙了，真应该对你刮目相看了。"

守株待兔

【解释】

"守株待兔"这则成语的意思是守着树桩等待兔子跑来撞死。比喻死守狭隘、片面的经验,不知变通,或不求进取,妄想不经过主观努力而侥幸得到意外的收获。株:树桩。

【出处】

这个成语来源于《韩非子·五蠹》:宋人有耕者,田中有株,兔走触株,折颈而死,因释其耒而守株,冀复得兔。兔不可复得,而身为宋国笑。

【故事】

宋国有个种庄稼的人,一天在田里干活,忽然看到有只野兔从远处奔过来。只见它狂奔乱闯,最后撞在一个树桩上。他走近一看,那野兔已折断头颈死去。农夫高兴极了,把那只死兔捡起来,带回家去美美吃了一顿。第二天,农夫放下农具,再也不下田干活了。他坐在那个树桩边,等待着再发生野兔撞树桩而死的事,以便白白地捡到死兔。

一天、两天过去了,十天、半个月过去了,农夫再也没有等到第二只撞树桩的野兔,而田里的庄稼却荒芜了。人们都取笑他这种行为,并且很快传遍了宋国。

其实,野兔撞在树桩上死去,这是非常偶然的事,并不意味着别的野兔也一定会撞死在这个树桩上。可是,这个农夫竟然把偶然当作必然,不惜放下农具,任其耕田荒芜,专等偶然的收获,真是太愚蠢了。

首鼠两端

【解释】

"首鼠两端"这则成语的意思是在两者之间踌躇不决或摇摆不定。首鼠：双声联绵词，欲进又退、犹豫不决的样子。

【出处】

这个成语来源于《史记·魏其武安侯列传》：与长孺共一老秃翁，何为首鼠两端？

【故事】

有一天，灌夫喝醉了酒，又使武安侯难堪，武安侯便下令逮捕了他，并决定斩首。魏其侯平时和灌夫交往较深，因此他极力去搭救。这事很快告到了皇帝那里，汉武帝也没有立即决断，而是召集文武百官辩论，看到底谁对谁错。

御史大夫韩安国吞吞吐吐地说："魏其侯说灌夫曾经为了国家而英勇对敌，为国立下了很大的功劳，在三军中是很有名的，现在为了几句酒话，就要判他死罪，是不应该的，由此看来魏其侯讲的话是对的。武安侯说灌夫平时无理取闹，无法无天，经常欺侮皇室的骨肉和亲戚，并在家乡侵占百姓财产，为自己积了许多家财，真是罪该万死，所以武安侯说的也是不错的。最后到底怎么处理还是陛下您仔细考虑定夺吧。"事后，武安侯对韩安国说："你平常在朝廷上讲话头头是道，那天为什么首鼠两端，没有明确的态度呢？"

熟能生巧

【解释】

"熟能生巧"这则成语的意思是任何工作只要反复实践，坚持不懈地努力，都能掌握熟练的技巧，熟练了就能找到巧办法、好办法。

【出处】

这个成语来源于《欧阳文忠公文集·归田录》：乃取一葫芦置于地，以钱覆其口，徐以杓酌油沥之，自钱孔入，而钱不湿。因曰："我亦无他，唯手熟尔。"

【故事】

北宋有个名叫陈尧咨的人，擅长射箭。当时在他生活的那个地方，确实没有人能比得上他，他因此十分得意，觉得自己很了不起。一次，他在家中园内练习射箭，几乎箭箭都命中靶子，看的人无不为之叫好。可是却有个卖油的老汉放下肩挑的油担，用一种轻视的眼光看他射箭，似乎对他的箭术很不以为然，只是偶尔点几下头。老汉对周围的人说："这没什么稀奇！"陈尧咨听到了，很是不满，便问他："难道你也懂得射箭？难道我的箭术不高明吗？"老汉笑了笑，说道："你的箭法好，我也不会射箭，但这并不稀罕，不过是手熟罢了。"陈尧咨更生气了，心想："这不是小看我的箭术，又是什么呢？这个人说话这么大口气，难道他也有绝顶的本事？"他正想发问，只见老汉坦然地说道："以我的酌油技巧，我就可知道这一点。"老汉不慌不忙地取出一个葫芦，又取出一个铜钱盖在葫芦口上，然后用木勺在油桶里舀起一勺油，慢慢地将油倒下。油从铜钱的方孔中，像一条直线似的直往葫芦里灌，一勺子油全部倒完，葫芦口的铜钱居然没沾着半点油。这时，老汉抬起头，对陈尧咨说："我也没什么特别的本领，只不过熟能生巧罢了。"陈尧咨看着老汉酌油的熟练手法，心里明白了许多，笑了笑，把老汉送走了。

熟能生巧

束之高阁

【解释】

"束之高阁"这则成语原指把东西捆起来，放在高高的楼阁上。比喻放着不用，丢在一旁不管。也比喻把某事或某种主张、意见、建议等搁置起来，不予理睬和办理。束：捆扎。阁：楼阁。

【出处】

这个成语来源于《晋书·庾翼传》：此辈宜束之高阁，俟天下太平，然后议其任耳。

【故事】

东晋时，有个出身于豪门贵族的名士，名叫殷浩。他从小就喜爱虚无玄妙的老庄之学，读了许多有关玄学的书。殷浩还不到二十岁，就已经相当出名了。

一次，有人问殷浩："将要赴任当官的人梦见棺木，将要得到钱财的人梦见粪土，这该怎样解释？"殷浩不假思索地回答说："官职和钱财，本来就是腐臭和粪土之类的东西。所以，得官得钱的人都会梦见这类东西。"殷浩的回答成为当时名士表示清高的名言。从此，人们更加敬重他了，甚至朝廷的一些要员也来向他请教，他也成为有名的玄学家。当时正力图收复北方的大将庾翼，请殷浩出任司马。殷浩自命清高，没有接受。庾翼再次邀请，他仍然拒绝。还有一个叫杜义的名士，与殷浩一样，也很清高，不愿当官为朝廷出力。

庾翼对杜义、殷浩两人很瞧不起，认为他们虽名冠天下，但其实是徒有虚名，不能重用。他常对人说："杜义、殷浩这类人，只宜把他们像东西那样捆起来，放在高高的楼阁上不去管它。等天下太平了，再考虑让他们出来做些事。"

数典忘祖

【解释】

"数典忘祖"这则成语用来比喻忘本,即忘记自己本来的情况或事物的本源。

【出处】

这个成语来源于《左传·昭公十五年》:籍父其无后乎?数典而忘其祖。

【故事】

籍谈是晋国掌管典籍的官员,他的祖先也曾经做过这样的官。有一次,他被派遣到周朝去参加葬礼,葬礼结束后,周景王设宴招待各诸侯国代表。宴席上,周景王用鲁国朝贡的酒壶为他斟酒,随口问道:"别国都有物品进贡王室,为何独独晋国没有进贡呢?"籍谈回答说:"各诸侯国在受封时都曾得到过王室的赏赐,而晋国从未受过王室的赏赐,所以没有器物可献。"周景王听后,不满地说:"从晋国的始祖唐叔起,就不断受到周王室的赏赐。你身为晋国司典的后代,当今管理典籍的官员,不应该不知道这些史实。"说得籍谈无话可答。

籍谈走后,周景王对左右的大臣们说:"籍谈真是数典而忘其祖啊!"

水滴石穿

【解释】

"水滴石穿"这则成语也作"滴水穿石",意思是水滴不断地向一处滴,时间久了也能把石头滴穿。比喻只要有恒心,坚持不懈,集细微之力也能成就难成之事。

【出处】

这个成语来源于宋·罗大经《鹤林玉露》卷十:乖崖援笔判云:"一日一

钱，千日千钱，绳锯木断，水滴石穿。"

【故事】

从前有个叫张乖崖的人，在崇阳担任县令。当时，社会上还存在军卒凌辱将帅、小吏侵犯长官的风气。张乖崖想找个机会严惩这种行为。

一天，他在衙门周围巡行，忽然看见一个小吏慌慌张张地从府库中溜出来。张乖崖喊住小吏，发现他鬓旁头巾上藏着一枚钱。经过追问盘查，小吏搪塞不过，承认是从府库中偷出来的。

张乖崖将小吏押回大堂，下令拷打。小吏不服，怒气冲冲地说："一个钱有什么了不起，你就这样拷打我！你也只能打我，难道还能杀了我不成？"张乖崖见小吏敢这样顶撞他，就毫不犹豫地拿起朱笔判道："一日偷一钱，千日偷千钱，时间长了，绳子能锯断木头，水能滴穿石头。"判决完毕，张乖崖把笔一扔，手提宝剑，亲自斩了小吏。

吮痈舐痔

【解释】

"吮痈舐痔"这则成语的意思是以舌舔痔疮而祛其毒。比喻谄媚之徒巴结权贵的卑鄙行为。

【出处】

这个成语来源于《庄子·列御寇》：秦王有病召医，破痈溃痤者得车一乘，舐痔者得车五乘，所治愈下，得车愈多。

【故事】

战国时期，宋国的曹商奉国君之命出使秦国。曹商是个善于阿谀逢迎的人，他到了秦国以后，大拍秦惠王的马屁，获得了秦惠王的欢心。秦惠王一时高兴，送给他一百辆战车。

曹商回宋国后，扬扬得意。一次，他遇见当时著名的哲学家庄子，便对庄子夸耀说："过去我家中很贫苦，可以说是穷困潦倒，我不得不靠打草鞋度日，饿得面黄肌瘦。现在，我一下子拥有一百辆战车，这是多么得意的事呀！"庄子听了，冷冷一笑，问道："你听说过秦惠王请医生吮痈舐痔的事吗?"曹商摇摇头回答说:"没有呀,我在秦国的时候,从未听到秦惠王生过痈和痔疮的事!"庄子又冷冷一笑,说:"你太孤陋寡闻了!秦惠王既生过疖痈,又生过痔疮。他召见医生,说谁能把他烂疖子的脓用嘴吮出来的,就赏战车一辆;谁能用舌头去舔他的痔疮,就赏战车五辆。由此可见,你曹商在秦国所干的勾当,比吮痈舐痔更为下贱无耻,所以才得到一百辆战车的赏赐。你有什么好得意的呢?"曹商听了这席充满讽刺意味的话,灰溜溜地走了。

死灰复燃

【解释】

"死灰复燃"这则成语形容烧后的余灰重又燃着。比喻失势者重新得势,也比喻已经停止活动的事物又重新活动起来(含贬义)。复:再,重新。

【出处】

这个成语来源于《史记·韩长孺列传》:蒙狱吏田甲辱安国,安国曰:"死灰独不复然(燃)乎?"

【故事】

西汉时期的睢阳人韩安国,字长孺,原在汉景帝之弟梁孝王刘武手下当差,很得梁王信任。后来他因事被捕,被关押在蒙地监狱中,梁王多方设法,一时仍未能使他获释。

狱吏田甲以为韩安国失势,常常借故凌辱他。韩安国怒道:"你把我看成熄了火头的灰烬,难道死灰就不会复燃?"田甲嘿嘿一笑,说道:"倘若死灰复燃,我就撒尿浇灭它!"韩安国气得说不出话来。

不久,韩安国入狱的事引起太后关注。原来韩安国曾出力调解过景帝和梁王之间的矛盾,使失和的兄弟重归于好,太后为此十分看重韩安国,亲自下诏要梁王起用韩安国。

韩安国被释放,做了梁孝王的内史(掌管民政)。狱吏田甲怕他报复,连夜逃走。韩安国听说狱吏逃亡,故意扬言说,田甲如不赶快回来,就杀了他一家老小。田甲只好回来向韩安国请罪。韩安国讽刺他道:"现在死灰复燃,你可以撒尿了……"田甲吓得面无人色,连连磕头求饶。"起来吧。像你这样的人,才不值得我报复呢!"韩安国面无怒色,并无惩罚田甲之意。

田甲大感意外，更加觉得无地自容。

四面楚歌

【解释】

"四面楚歌"这则成语的意思是四面八方传来楚国人的歌声。比喻四面受敌，处于孤立无援、走投无路的绝境。楚歌：楚国人的歌声。

【出处】

这个成语来源于《史记·项羽本纪》：项王军壁垓下……夜闻汉军四面皆楚歌，项王乃大惊……

【故事】

从公元前206年开始，楚霸王项羽与汉王刘邦之间展开了长达五年的楚汉战争。战争初期互有胜败，但后来刘邦联合各地反对项羽的势力和项羽相争。公元前202年，刘邦等率军合围楚军。这年年底，项羽败退到垓下，被汉军团团围住。

这时，项羽的兵力已被消灭得差不多了，粮食也吃完了，而刘邦的军队兵强马壮，粮草充足，把楚军围了好几层，项羽很难突破重围。为了彻底瓦解楚军的斗志，刘邦运用心理战术，叫汉军唱楚地的歌曲，使楚军以为汉军已经尽占楚地。这一招果然收到了奇效。

一天夜里，项羽听到四面都响起了楚地的歌声，不由得自言自语起来："难道说汉军已经完全占领楚地了吗？唉，这里的楚人为什么这么多？"项羽深感大势已去，焦虑万分。他命人在营帐中摆酒，痛饮解愁。他心爱的妃子虞姬随军陪伴他，此刻被他叫来陪饮。项羽还有一匹青

白杂色的好马,名叫骓,也是他最喜爱的。败局已定,人将战死,最放心不下的便是这虞姬和骓马。想到这里,他一边饮酒,一边悲哀激昂地唱道:"我的力气能拔山啊,勇气盖世无双,时运不佳啊,骓不再前进。骓不前进啊,该怎么办?虞姬呀虞姬,该怎样把你安排?"唱了几遍,又让虞姬舞着剑跟他唱。项羽唱得热泪盈眶,在旁的随从人员也跟着哭泣,谁也不忍心抬起头来看这悲惨的景象。

当天夜里,项羽率领八百多名骑兵,拼死突破重围,向南逃去。几经辗转,最后身边只剩二十八名骑兵,而追来的汉军有成千上万人。走投无路的项羽只得自杀于乌江边。

贪得无厌

【解释】

"贪得无厌"这则成语的意思是贪心没有满足的时候。形容贪心过重,欲望永远不能满足。贪:贪心。厌:满足。

【出处】

这个成语来源于《左传·襄公三十一年》:既而政在大夫,韩子懦弱,大夫多贪,求欲无厌。

【故事】

春秋末期,周天子的权力已经旁落,一些当初受封的诸侯,都纷纷独立,扩展自己的领土。

那时,晋国是一个大诸侯国。国中有六个上卿:赵、魏、韩、范、知、中行。在六个上卿中,知伯是个野心勃勃的人,他总是处心积虑地想扩展自己的势力范围。

有一次,知伯联合韩、赵、魏去攻打中行氏,在把中行氏消灭后,他便把中行氏的土地侵占了。过了几年,知伯又派人去向韩康子要求割地,韩康子惧怕知伯,便忍气吞声地割了一块有一万户人家的土地给他。

知伯得到这块土地以后,很是喜欢。接着,他又派人去向魏桓子要求割地,魏桓子本不想给他,但怕他起兵攻打,也不得已割让了一块土地给他。

这时候,知伯得意极了。他以为全天下的人都怕他,于是他又派人去要赵襄子割让蔡和皋狼这两个地方。

但是，知伯的要求却被赵襄子拒绝了，赵襄子说："土地是先人的产业，我不能随便送人！"知伯得知赵襄子不肯割让土地，十分生气，便约韩康子和魏桓子一同去讨伐赵襄子。

赵襄子知道自己寡不敌众，便采纳了谋士张孟谈的计策，迁到晋阳城中坚守。结果知伯围攻晋阳三年，却一直没能攻下来。

但这时候，晋阳城里粮食快要吃完了，知伯又用水淹城，形势十分危急。赵襄子便派张孟谈去游说韩康子和魏桓子，说服他们反过来反攻知伯。

韩康子和魏桓子本来就对知伯不满，知道知伯贪得无厌，灭了赵襄子对他们没什么好处，便答应和赵襄子一起联合起来，灭掉知伯，然后平分知伯的土地。

于是，三家约定由赵襄子乘夜出兵袭击，韩康子和魏桓子做内应。结果，三家联合，终于击败了知伯，并将他杀死。知伯这个可悲的下场完全是由他自己的贪得无厌造成的。

贪生怕死

【解释】

"贪生怕死"这则成语原或作"贪生畏死"，后世多作"贪生怕死"。形容贪恋生存，害怕死亡。含贬义。

【出处】

这个成语来源于《汉书·文三王传》：今立自知贼杀中郎曹将，冬日迫促，贪生畏死，即诈僵仆阳病，徼幸得逾于须臾。

【故事】

西汉末年，刘立继任梁王，他不仅荒淫暴虐，鱼肉百姓，还不把地方官员放在眼里，为所欲为。

成帝死后刘欣即位，史称汉哀帝。刘立更是不把朝廷放在眼里，还任意杀害下属中郎曹将等人。

这使得哀帝勃然大怒，派廷尉等高官去梁国查办此案。刘立装病不起。于是办案官员传讯梁国大臣，指责刘立不思悔改，对抗朝廷，并透露风声说，圣上将下令收回梁王印玺,将他逮捕入狱。

直到这时,刘立才感到事态严重,赶紧脱去王冠,跪在地上请罪。他把自己犯罪的原因归于幼年失去双亲,在宫中与宦官、宫女相处,染上了不良习气;加上左右大臣搬弄是非,常把他一些细小的过失传到朝中,使得圣上对他不满。

接着,他又可怜巴巴地说:"这回我杀了中郎曹将,确实罪不可赦。但是现在腊冬快过去了,新春大赦就要来了。由于我贪恋生存,畏惧死去,因此假装生病,并非是故意对抗朝廷。这样做是希望侥幸拖到明春等待大赦。"果然,到了第二年春天,哀帝大赦天下,刘立又一次逍遥法外。但是,后来王莽篡权,刘立被废为平民,最终落得个自杀身死的下场。

贪天之功

【解释】

"贪天之功"这则成语原指把天意所成就的功业认为是自己的功劳。后多泛指抹杀别人的成绩和作用,把功劳都算到自己身上。

介子推守志焚绵山

【出处】

这个成语来源于《左传·僖公二十四年》:窃人之财,犹谓之盗,况贪天之功,以为己力乎!

【故事】

晋国公子重耳经历了十九年的流亡生涯后,终于回国夺得政权,登上了王位,他就是晋文公。为了报答有功之臣,晋文公对那些跟随他流亡的人论功行赏,给了许多优厚的待遇,可是,却把介子推给忘了。介子推既没有得到赏赐,也没有得到提拔。

其实，介子推的功劳是很大的。在重耳流亡期间，介子推一直跟随他，对他的照顾无微不至。在挨饿的时候，介子推甚至把自己大腿上的肉割下来给重耳煮汤吃。

介子推很有气节，即使没有得到重耳的封赏，他也毫不介意，甚至认为自己根本就不该受赏。重耳回国之后，他就假称有病，回家隐居，侍奉老母，甘守清贫，宁愿以编草鞋为生，也不图谋禄位，并且说："献公九个儿子，只有国君在世。上天不绝晋国，必定会指派主人。主持晋国祭祀的人，只有国君罢了。所以，这实在是上天立他为君的。可是，那些跟随他流亡的人却以为是自己的力量，这不是在骗人吗？偷人家的财物尚且要被称为盗贼，更何况贪取上天的功绩，把它当作自己的力量呢？下面的人把罪过当成合理，上面的人对欺骗加以赏赐。上下相互蒙蔽，这就难以相处了！"

谈笑自若

【解释】

"谈笑自若"这则成语的意思是在危急、紧张的时刻，也跟平时一样，有说有笑。比喻遇事镇定。自若：跟平时一样。

【出处】

这个成语来源于《三国志·吴志·甘宁传》：宁受攻累日，敌设高楼，雨射城中，士众皆惧，惟宁谈笑自若。

【故事】

甘宁是三国时期东吴名将，因有战功，被任命为西陵太守、折冲将军。

曹操在赤壁之战中失败后，孙权和刘备的联军乘胜追击，一直追到南郡。驻守南郡的魏将曹仁以逸待劳，击败了吴军的先头部队。吴军大都督周瑜大怒，准备与曹仁一决雌雄。甘宁上前劝阻，认为南郡与夷陵互

为犄角，应该先袭取夷陵，然后再进攻南郡。周瑜接受了他的建议，命他领兵攻取夷陵。吴军在甘宁的率领下与魏军守将曹洪的军队展开激战。曹洪败走，甘宁命令部下迅速夺取夷陵。当时他的兵力很少，只有几百人；入城后立即招兵，但也不过千人。当天黄昏，驻守南郡的魏将曹仁，派曹纯和牛金引兵与曹洪会合，共聚五千余人，把夷陵城团团围住。曹军架设云梯攻城，被甘宁守军击退。

第二天，曹军堆土构筑高楼，然后在高楼上向城中射箭。一时间乱箭如雨，吴兵死伤无数。将士们都恐惧起来，唯独甘宁跟平时一样，谈话笑容非常自然。他命人收集曹军射来的数万支箭，选派优秀射手，与魏军对射。在甘宁沉着顽强的固守下，曹军最终没有攻破城池。

叹为观止

【解释】

"叹为观止"这则成语也作"叹观止矣"。指赞叹所见事物已好到极点。

【出处】

这个成语来源于《左传·襄公二十九年》：……观止矣。若有他乐，吾不敢请已。

【故事】

吴国君主寿梦有四个儿子：诸樊、余祭、余眛、季札，他临死前将四人召集到病床前，安排后事。寿梦认为幼子季札最贤能，想让他做君主，可是季札拒绝了。于是，寿梦立下遗规，由四个儿子依次传位，最终由季札为君。

寿梦死后，诸樊首先继承王位，十三年后去世，接着余祭在位十七年被刺杀，然后三弟余眛继位，拜季札为相。季札主张罢兵安民，结交齐、晋等中原诸侯，余眛同意季札主张，派他出使鲁、齐、郑、卫、晋等国。公元前544年，吴公子季札来到鲁国，表示愿与鲁国世代友好相处。鲁国很高兴，用舞乐招待季札。季札精通舞乐，一边观赏，一边品评。当鲁国演出《韶箾》舞时，季札便断定这必然是最后一个节目了。观罢《韶箾》，季札赞叹一番，然后非常得体地道谢："这舞乐好极了，我们就观看到这里为止吧！"这令鲁国人非常惊奇，他们怎么也不会想到季札竟能预知这是最后一个节目！

探骊得珠

【解释】

"探骊得珠"这则成语表示摸到骊龙下巴底下,取得宝珠。比喻作诗写文章能抓住要害,深得命题的精髓。探:探取。骊:古指黑龙。

【出处】

这个成语来源于《古今诗话·探骊获珠》:白曰:"四人探骊,子先获珠,所余鳞角,何用?"

【故事】

传说,古时候黄河边上住着一户人家,生活很贫苦,靠割芦蒿编芦苇为生,勉强维持温饱。

一天,儿子到河边去割芦蒿,一时性起,潜入河水深处,竟得到一颗价值千金的明珠,便高兴地拿回家去。

他父亲看后,说:"赶紧拿石头把它砸了!这种价值千金的珍珠,必定是万丈深渊中黑龙下巴底下的东西。要探取它,一定得在黑龙睡着的时候。要不,你还能活着回来吗?"

唐朝著名的诗人元稹、刘禹锡、韦楚客,一天在白居易家里聚会,谈论南朝兴衰的历史,并每人赋一首题为《金陵怀古》的诗。结果,刘禹锡先赋成一首。白居易读后赞叹不已,对他说:"我们四个人摸黑龙,你先获得明珠,留下的只是黑龙的头角了,还有什么用?"就这样,三人就不再作以金陵怀古为内容的诗赋了。

探囊取物

【解释】

"探囊取物"这则成语的意思是伸手到袋子里取东西。比喻一件事非常容易办到。探囊：手伸进口袋。

【出处】

这个成语来源于《新五代史·南唐世家》：中国用吾为相，取江南如探囊中物尔。

【故事】

韩熙载为五代时期的名士，因其父亲被明宗李嗣源所杀，准备离开中原，投奔江南的南唐。

韩熙载临走前，他的好朋友李穀为他送行。道别时，韩熙载对李穀说："江南的国家如果任用我为宰相，我定能率军北上，迅速平定中原。"李穀听后说："中原国家如果任用我为宰相，那夺取江南各国好比把手伸到口袋里取东西那样容易。"韩熙载投奔南唐不久，就将吴国给灭了。但是，南唐国事多变，奸臣当道，他未能得到重用。于是，他借酒消愁，整天与歌妓厮混在一起，也一直未能当上宰相。他原先的誓言，自然没有实现。

李穀的情况与韩熙载不同。他成为北方后周的将领，奉命征伐南唐。他在南征过程中打了不少胜仗，屡建战功，但唯独当宰相的誓言一直没有实现。

螳臂当车

【解释】

"螳臂当车"这则成语的意思是螳螂举起前腿想阻挡车子前进。比喻自不量力，招致失败。臂：螳螂的前腿。当：阻挡。

【出处】

这个成语来源于《庄子·人间世》:"汝不知夫螳螂乎?怒其臂以当车辙,不知其不胜任也。"

【故事】

颜阖为鲁国名士,一次他游历卫国,卫灵公听说他很有才学,便打算聘请他当自己长子蒯聩的老师。颜阖风闻蒯聩非常凶暴,任意杀人,卫国的人对他十分惧怕。对这样的人是否可以教导,他拿不准,因此去请教卫国的贤人蘧伯玉。颜阖把自己对蒯聩的了解告诉了蘧伯玉,然后问道:"如今大王要我当他的老师,要是我同意了,会很难办的:如果放任他而不引导他走正路,他一定会继续残害国人,给国家造成危害;如果对他严加管束,制止他胡作非为,他就会来害我。我该怎么办呢?"蘧伯玉回答说:"凭你的才能去教育蒯聩,是很困难的。如真的当他老师,应该处处谨慎,不能轻易地触犯他,否则会招来杀身之祸。就像太爱自己的马的人,见有虫咬马,便赶紧猛力拍打。结果惊了马,马会把他踢死。"蘧伯玉见颜阖不住地点头,便又举了一个例子:"你知道螳螂吗?一次我乘马车外出,看到路上有只螳螂,不顾车轮正在朝它滚去而奋力举起两条前腿来,想挡住车轮行进。它不知道自己的力量根本不能胜此重任,结果当然被车轮碾得粉身碎骨。螳螂之所以被碾死,是因为它自不量力。如果你也自不量力,想去触犯蒯聩,恐怕也要落得与螳螂当车一样的下场。"颜阖听了,决定不去触犯蒯聩,尽快离开卫国。后来,蒯聩在一次闹事中被人杀死。

螳螂捕蝉

【解释】

"螳螂捕蝉"这则成语的意思是螳螂捕捉蝉,却不知潜在的危险。比喻目光短浅,只见眼前利益而不顾后患。

【出处】

这个成语来源于汉·刘向《说苑·正谏》:蝉高居悲鸣饮露,不知螳螂在其后也。螳螂委身曲附欲取蝉,而不知黄雀在其傍也。

【故事】

春秋时期，吴王准备攻打楚国，怕臣子反对，下了一道命令：谁敢劝阻出兵，就杀了谁。一些大臣认为，攻打楚国即使取胜，但后防空虚，别的诸侯国可能会乘虚而入，结果仍然不妙。因吴王已下了死命令，谁也不敢再去进谏。

在侍候吴王的人中有个少年，也认为攻楚会造成后患，应该劝吴王别这样做。他当然不能直接劝阻，于是采取了另一种办法。

一天，他拿了一只弹弓，在王宫后园寻找目标打鸟。到第三天，他的行动被吴王发现了，问他是否打着鸟，他说没有打着，但见到了件有趣的事。吴王很感兴趣地要他说出来，于是他说道："我在打鸟的时候，看到园子里一棵树上有只蝉。蝉高高地停在树上，悲哀地鸣叫着，同时饮着露水。这蝉不知道螳螂正在它的背后。那螳螂弯着身子，屈着前肢，将要去捕捉蝉，却不知道黄雀正在它的身后呢！""那黄雀要干什么呢？"吴王插话说。少年接着说："那黄雀伸长脖子，正想把螳螂吃掉，却不知道我的弹弓已对准了它，即将把它弹死。蝉、螳螂和黄雀这三只小动物，都一心想得到眼前的利益，却没有顾到它们的后面有祸患啊！"吴王这时才理解，原来这少年是在规劝自己不要贸然出兵攻打楚国，以免造成祸患。恍然大悟的吴王立即下令停止出兵。

天罗地网

【解释】

"天罗地网"这则成语的意思是天空、地面所张设的罗网。比喻包围得非常严密，无处可逃。

【出处】

这个成语来源于元曲《伍员吹箫》：若不是芈建来说就里，白破了这厮谎，险些儿被赚入天罗地网。

【故事】

《伍员吹箫》是元代的李寿卿创作的杂剧，说的是春秋时吴国大夫伍员（伍子胥，名员）的一段曲折的人生经历。大致情况是这样的：楚平王身旁有个很会拍马的人，名叫费无极。一次，他奉命到秦国去给太子芈建迎接新娘，见新娘非常美丽，便怂恿平王把她留作自己的妃子。昏庸好色的平王居然照办。大家都认为这是一件极不光彩的事情。

太子芈建的老师伍奢，是个刚正不阿的大臣。费无极生怕他今后帮助太子惩罚自己，便怂恿平王诱杀了伍奢和他的长子。这样做还不够，费无极又怂恿平王把太子芈建送到城文去把守边疆。后来仍不放心，决定杀死他以绝后患。

太子芈建得到风声，连夜逃跑。他知道伍奢的次子伍员在樊城镇守，便赶到那里，告诉了他父兄被杀的情况，并说费无极已派其子费得雄到樊城来骗他回去，然后杀掉。

伍员听到这些消息，大骂费无极心狠，平王无道，决定采取适当措施对付即将赶来的费得雄。

过了几天，费得雄果然来到樊城。见了伍员后，他谎称平王因伍员屡立战功，要重加赏赐，请伍员立刻启程回朝，接受赏赐。

伍员故意问道："我已半年未曾回朝，不知我家父兄等是否安康？"费得雄装模作样地说："你们伍家好生兴旺，有哪家比得上！"伍员听了勃然大怒，一把抓住费得雄的衣襟，痛斥道："你们这帮坏蛋，把我全家杀绝，还无耻地说我伍家兴旺！"费得雄以为伍员不可能知道这件事的详情，便要求伍员举出证人。

伍员愤怒地说："如果不是公子芈建来到这里说明内情，道破你这个坏蛋的谎言，我险些被你骗进天罗地网！"费得雄这才无话可说。伍员痛打了他一顿，弃官而走。后来他来到吴国，打扮成一个要饭的，在热闹的街市上吹箫唱曲，最终被吴王请去，当了吴国的大夫。在他的帮助下，吴国战胜了楚国，他也为父兄报了仇。

天衣无缝

【解释】

"天衣无缝"这则成语的意思是天仙做的衣服没有拼接的缝隙。比喻事物周密完善，没有任何破绽、缺点。缝：缝隙。

【出处】

这个成语来源于前蜀·牛峤《灵怪录·郭翰》：徐视其衣并无缝，翰问之，曰："天衣本非针线为也。"

【故事】

郭翰是唐朝的御史，他善于观察分析问题，因此查出了许多官员贪赃枉法的行为。

盛夏的一个晚上，天气闷热，郭翰在屋里实在睡不着，便搬了个竹床到院子里去睡。望着明月和星斗，他感到十分惬意。

突然，他发现天空中有一女子由远及近飘然而下。郭翰简直不敢相信自己的眼睛，用手揉一揉，想把眼睛睁得更大些，看看清楚。

确实是一个女子穿着五彩衣裙，散发着淡淡的香味，落在郭翰面前。

郭翰看着那女子，不禁想起每年七月初七牛郎织女鹊桥相会的传说，脱口而出："你是天上的织女吧！"美丽的织女回答说："我是天上的织女。"郭翰目不转睛地看着美丽的织女，打量着那随风飘飞的衣裙。突然，他发现，织女的衣服没有缝纫的针脚，感到很奇怪，就问："咦！你的衣裙怎么不是用线缝的呢？"织女说："我是天上的神仙，神仙穿的都是天衣，天衣本来就不是用针线缝合的，所以就不会有缝的痕迹了。"织女说完，轻盈地飘离地面，升向空中。郭翰看着织女离去，嘴里仍念叨着说原来天衣没有缝啊！

同仇敌忾

【解释】

"同仇敌忾"这则成语的意思是共同怀着无比的仇恨和愤怒,一致对付敌人。

【出处】

这个成语来源于《诗·秦风·无衣》:修我戈矛,与子同仇。

【故事】

春秋时期,有一首表现士兵们慷慨从军、同心对敌的乐观精神和保卫祖国的英雄气概的歌谣在军中广为流传。这首歌谣分为三节,可以反复咏唱。其中第一节是这样的:"谁说没有衣服?我的战袍就是你的。国王兴兵打仗,快把刀枪修好。我与你共同对付仇敌。""同仇"这个词就来源于这首歌谣。公元前623年,卫国的宁俞出使鲁国,鲁文王设宴招待。席间,文王让乐工演唱《湛露》和《彤弓》。宁俞一听就知道,这是周天子对诸侯恩赐、褒奖时的宴乐。为此,他在席间不作任何答谢之辞。

文王不理解宁俞在席间的沉默。宴饮完毕后,命人私下询问他是什么原因。宁俞回答说:"当年诸侯以周天子对敌人的愤恨为愤恨,所以为天子献上战功。天子为了酬谢诸侯,在酒宴中赋《湛露》及《彤弓》,这是应该的。但如今我们卫国来到鲁国表示友好,大王学天子赐诸侯的礼节,也命乐工演唱《湛露》和《彤弓》。在这种情况下,我只好沉默不言了。""敌忾"这个词就来源于此。

同工异曲

【解释】

"同工异曲"这则成语的意思是曲调虽异,演奏得却同样精彩。比喻不同人的辞章或言论同样精彩,或做法虽不同而效果一样。

【出处】

这个成语来源于唐·韩愈《进学解》：子云相如，同工异曲。

【故事】

韩愈是唐代杰出的散文家，曾经担任过国子监博士。他学识渊博，讲起课来旁征博引，兼通百家，出口成章，妙语连珠，深受太学生们的欢迎。有一次，他写了一篇题为《进学解》的文章，来发泄自己才学极高却遭到贬斥的愤懑情绪。

一天早上，韩愈教导太学生们说："学业由勤奋而精进，由嬉游而荒废；为人行事由深思远虑而获得成就，由因循、随便而招致毁败。如今圣上和群臣融洽相处，公正无私，有才能的人都得到了任用，谁说才多反而不被举用？"说到这里，太学生们哄堂大笑起来，有人站出来说道："先生在骗人！弟子跟先生学了几年，对先生终年苦学不倦、对待学业的勤奋十分了解。先生埋头于儒家典籍之中，玩味它的精华，然后写成文章，住处内充满了自己的著作。上取法学习于虞舜、夏禹时代的著述，《尚书》《诗经》，下及《庄子》《史记》以及西汉扬雄和司马相如的著作，它们各有特色，都是好文章，就像乐曲虽不同，但同样美妙动听。先生的文章内容丰富，语句洒脱畅达。先生的为人行事，也早已由深思远虑而获得成就，但为什么自己常常被弄得进退两难呢？"

痛定思痛

【解释】

"痛定思痛"这则成语的意思是悲痛的心情平静以后，再追想当时所遭受的痛苦。

【出处】

这个成语来源于宋·文天祥《指南录后序》：呜呼！死生，昼夜事也，死而死矣，而境界危恶，层见错出，非人世所堪。痛定思痛，痛何如哉！

【故事】

1275年，元军逼近南宋都城临安。这时，不论是应战、守城还是迁都，都已经来不及了。朝中的大小官员聚集在左丞相的官署里，都不知道用什么办法来解除危难。

  为了缓解危急的局势，同时考虑到先前使者来往从未有被扣留在元营的，顺便窥察一下元营的情况，回来后找出挽救国家危亡的计策，文天祥毅然辞去右丞相的职务，以资政殿学士的身份前往元营。到元营后，文天祥大义凛然，激昂慷慨陈辞，痛斥了元军南侵的罪行，令元帅伯颜非常惊慌，却又钦佩他的才识，企图引诱他投降，文天祥严词拒绝；即使元军以死相威胁，文天祥也毫不动摇。

  不久，元军让继文天祥任右丞相的贾余庆以祈请使的身份，前往元朝的京城大都。伯颜强迫文天祥随同前往。

  文天祥认为，按照常理他应当自杀，但他抑制住自己的情绪，忍受着屈辱，还是随贾余庆去了。船驶到京口，文天祥乘敌人不备，与同去的幕客乘上一条小船脱身。接着，一行人来到了真州。文天祥把敌人的军情虚实告诉了真州守将苗再成；同时写信给淮东、淮西两位边防统帅，约定同他们联合兵力奋起抗战。

  不料，驻扬州的淮东边帅李庭芝以为文天祥已投降元军，这回是来代敌人骗取扬州城的，于是命令苗再成除掉他。苗再成不同意这样做，也不忍心下手，于是送文天祥出城，劝他逃到淮西去。文天祥不得已，只好改名换姓，隐蔽行踪，在荒野里赶路，在露天里歇宿，每天与敌人的骑兵周旋于淮河地区。

  为了消除李庭芝的误会，文天祥前往扬州，准备当面与他说清楚。但凌晨时抵达扬州城下，听一守门人说李庭芝已下令逮捕他，他觉得一时难以解释明白，不得已再次离开扬州。后来他得到一只船，避开被敌人占据的小岛，绕过扬子江口，进入苏州，经过四明，转到天台，终于到达了永嘉。

  早在通州的时候，文天祥就听说恭帝的哥哥赵昰在福州即位。因此到永嘉后，他又乘海船去了福州。

  文天祥在从元军手中逃脱到渡海南下途中，写了许多记录自己危急遭遇和抒发自己爱国之情的诗篇。后来他把这些诗作汇成一个集子，命名为《指南录》。"指南"是表示他像磁针一样，永远指向南方，表明了他对宋王朝的一片忠心。

  在《指南录后序》中，文天祥概述了自己去元营谈判，被驱北行，中途逃脱，经过流亡到福州的遭遇。其中的第四段，列数了自己遭遇的险境，几乎没有一天不遭遇到死亡的威胁。他叹道：生与死是像昼夜转移一样平常的事。死了也就算了；但是艰难险恶的处境反复错杂地出现，不是人所能

忍受得了的。痛苦的事情过了之后，再回想起当时的痛苦，这种痛楚又是多么深啊！

痛心疾首

【解释】

"痛心疾首"这则成语的意思是悲伤得使头都疼了。形容伤心、痛恨到极点。痛心：伤心，悲伤。疾首：头痛。

【出处】

这个成语来源于《左传·成公十三年》：余虽与晋出入，余唯利是视。不榖恶其无成德，是用宣之，以惩不壹。诸侯备闻此言，斯是用痛心疾首，昵就寡人。

【故事】

春秋时期，周天子的地位逐渐衰弱，天下分为许多国家，势力比较大、领土比较广的国家总想占更多的土地，取得霸主的地位。秦国和晋国就是两个想争霸的国家。

其实，秦国和晋国本来关系是很好的，彼此经常用联姻来表示友好，比如秦穆公的夫人就是晋献公的女儿，秦穆公曾三次帮晋国安定君位；当初晋公子重耳即晋文公被迫流亡在外时，也是得到秦国的大力帮助，才回国继承王位的。

但是，由于两国的国境相接，彼此都想扩展自己的领土，因此两国虽然有良好的关系，但仍然时常为了争夺势力范围而发生冲突。从秦穆公到秦桓公三代中，秦晋两国就曾连年用兵。

秦晋大战龙门山

在晋厉公即位以后，秦、晋两国又发生了边界纠纷，于是两国国君就约好在令狐（在今山西临猗西）会面，订立了盟约，解决了边界纠纷。

可是秦桓公回国后，马上就背叛了盟约。他邀晋国一起攻打自己边界上的一个小国白狄。白狄是秦国的敌国，却和晋国有着姻亲关系。晋国畏惧秦国，无可奈何地答应了。

可是这时候秦国派人去向白狄国说："晋国要出兵攻打你们！你们应该归附我们秦国，和我们一起对付晋国！"晋国国君知道后，十分痛恨秦国这种背信弃义的行为，于是派吕相去和秦国绝交，并对秦桓公说："现在每个诸侯国都知道你们秦国是一个唯利是图、背信弃义的国家，所以，大家都愿意和晋国保持友好关系，而对秦国痛心疾首。现在，我们和各诸侯国都做好了和秦国交战的准备，你们秦国如果愿意遵守盟约的话，我国便负责劝诸侯国退兵，否则，我们只有在战场上见了。"秦桓公根本不把晋国放在眼里，于是后来晋国率领各诸侯国与秦国大战于麻隧，秦军大败。

投笔从戎

【解释】

"投笔从戎"这则成语的意思是扔掉笔去参军。形容弃文就武，读书人参军入伍。投：扔掉。从戎：参军。

【出处】

这个成语来源于《后汉书·班超传》：尝辍业投笔叹曰："大丈夫无他志略，犹当效傅介子、张骞立功异域，以取封侯，安能久事笔研（砚）间乎！"

【故事】

西汉著名史学家班彪的小儿子、《汉书》的编撰者班固的弟弟班超，从小胸怀大志，虽然不注意修饰外表，不拘小节，但很孝顺长辈，常常在家干粗活、累活。他擅长辩论，并且阅读过各种图书和典籍。

汉明帝永平五年（62），班固被召到京城洛阳做官，三十岁的班超与母亲随同前往。由于家境贫寒，他经常替官府抄写书籍，以取得一些收入。

时间一长，整天抄抄写写的工作使班超感到十分厌烦，觉得长期干这种事没有出息。一天，他正在埋头抄书，突然心有所感，把笔一扔，感叹地说：

"大丈夫纵然没有雄才大略，也应当像傅介子、张骞一样，到西域去建功立业，获得封侯的赏赐，怎么能老是这样埋头在笔砚之间抄书呢？"同他一起抄书的人听他说这话都不以为然，讥笑他是异想天开。班超反感地说："你们这些庸碌的小人，怎么能理解壮士的志向呢？"不久，班超参加了军队。由于他作战英勇、身先士卒，因此很快得到了提拔。后来，汉明帝又派班超出使西域。在多次出使西域的过程中，他只带着数十个随从，凭着自己的勇敢和智慧，克服了重重困难，加强了汉朝和西域各国在政治、经济、文化等各方面的联系，为双方的和平友好做出了重要贡献。

投鞭断流

【解释】

"投鞭断流"这则成语的意思是把马鞭投入江中，就能截断江流。形容人马众多，兵力强大。

【出处】

这个成语来源于《晋书·苻坚载记》：坚曰："以吾之众旅，投鞭于江，足断其流，何险之足恃？"

【故事】

382年，统一了北方大部分地区后的前秦皇帝苻坚，准备进攻东晋。为此，他把文武官员召集起来，对大家说："自从我当皇帝以来，前秦的国力日渐强大，地盘也由小转大，在北方已没有任何国家敢与我抗衡。但是，南方的晋朝还占据着大片肥沃的土地。每想到这里，我就吃不下饭，睡不好觉。如今我已拥有百万大军，可说天下无敌。我想亲自率领大军伐晋，大家以为如何？"大殿上沉默了好久，才有左仆射权翼起身说："目前晋朝有宰相谢安执政，君臣和睦，上下一心，将士士气很高，要攻灭它恐怕还不到时机。望陛下三思。"苻坚听了，认为权翼是长敌人志气，灭自己威风，紧绷着脸不高兴，但嘴上仍然说："好吧，请其他大臣说说看法。"过了一会儿，太子左卫率（护卫太子的官员）石越说："陛下，目前咱们虽然兵多将广，但晋军还占据着长江天险，对他们极为有利。咱们如强行渡江，势必造成很大损失。陛下务必三思而行！"接连两位大臣都反对攻晋，使苻坚非常恼火。于是他傲慢地说："长江有什么了不起的？凭我有百万大军，只要我下令让每个士兵把鞭子投入江中，就足以截断长江的水流！"苻坚气呼呼地回到内宫，太子苻宏又来劝说他别草率行事，但他仍然不听，一意孤行。第二年，苻坚亲自率领九十万大军，向东晋发动进攻，结果在淝水之战中大败。

投鼠忌器

【解释】

"投鼠忌器"这则成语的意思是要扔东西打老鼠，又担心砸坏了它旁边的器物。比喻采取行动有所顾虑，想干而不敢放手去干。比喻想打击某人（多指坏人），而又顾虑妨害他所依附的人。

【出处】

这个成语来源于《汉书·贾谊传》：里谚曰："欲投鼠而忌器。"此善谕也。鼠近于器，尚惮不投，恐伤其器，况于贵臣之近主乎！

【故事】

贾谊，西汉初期人，著名的辞赋家和政论家。

贾谊写的政论文，都能切中时弊，而且提出了不少重要的见解。其中的《陈政事疏》（又名《汉安策》）指出，当时各诸侯王形成割据一方、竞相扩充实力的局面，隐藏着分裂中央政权的危机，建议削弱诸侯王的势力，巩固中央集权。

贾谊在《陈政事疏》中还提出，应该坚决实行严格的等级制度。他认为，皇帝是至高无上的。皇帝管辖的大小官吏，好比一级一级的台阶，应该界限分明，不可混淆，做到尊卑有序。百姓犯了法，可用在脸上刺字、割鼻子、砍脚、鞭打等手段去惩治；但王侯大臣犯了法，不能采用这些刑罚，而应用"廉耻节礼"等封建道德来约束。王侯大臣即使犯了天大的罪，也只能赐他们死，因为他们是皇帝身边的达官贵人。

为使自己的主张更生动，贾谊引用一个谚语说：本来想用东西投掷老鼠，但顾忌会打坏它旁边的器物。这是一个很好的比喻。老鼠靠近器物尚有所顾忌，不用东西去投掷它，唯恐损伤器物，何况对贵臣的处置呢？对于皇帝身边的大臣，不能对他们施以惩治老百姓的刑罚，以免使皇帝的尊严受损。

图穷匕见

【解释】

"图穷匕见"这则成语的意思是将图展开,展到尽处匕首显露出来。比喻事情发展到了最后关头,真相或本意终于完全显露出来。图:地图。穷:尽。匕:匕首。见:通"现",显露。

【出处】

这个成语来源于《战国策·燕策三》:轲既取图奉之。发图,图穷而匕首见。

【故事】

战国末期,燕国的太子丹被迫到秦国做人质。秦王嬴政(即后来的秦始皇)很瞧不起他,也不放他回国,后来让他回国,又在途中设计害他。因未得逞,他才得以回到燕国。这时,秦国实力强盛,不久攻灭了韩、赵两国,接着又向燕国进军。为此,太子丹决定派人去行刺秦王,以期扭转局势。

太子丹物色到一位名叫荆轲的勇士。他擅长剑术,是行刺秦王的最佳人选。为了使荆轲能接近秦王,太子丹特地为他准备了两样秦王急于想获得的东西:一是从秦国叛逃到燕国的将领樊於期的头颅;二是燕国督亢地区(今河北涿州市)的地图,表示燕国愿将这块地方献给秦国。

这两样东西分别放在匣子里。行刺秦王的匕首,就放在卷着的地图的最里面。此外,还为荆轲配了一名助手,此人叫秦舞阳。临行时,太子丹等身穿丧服,将荆轲送到易水边。

秦王得知燕国派人来献两样他最需要的东西,非常高兴,在都城咸阳宫内隆重接见。荆轲捧着装有樊於期头颅的匣子走在前面,秦舞阳捧着装有地图的匣子跟在后面。

秦舞阳在上台阶时,紧张得双手颤抖,脸色变白。荆轲赶紧解释掩盖过去,并按秦王的要求,接过秦舞阳手里装有地图的匣子,当场打开,取出地图,双手捧给秦王。秦王慢慢展开卷着的地图,细细观看。快展到尽头时,突然露出一把匕首。荆轲见匕首显露,左手抓住秦王衣袖,右手举起匕首便刺。

但是,荆轲并未刺中秦王。秦王急忙拔剑自卫,却又一时拔不出来。于是，两人绕着柱子转。卫兵因没有秦王命令，不敢擅自上前。

就在这紧张的时刻，秦王的侍臣突然将医药袋投向荆轲，并提醒秦王把剑推到背后拔出。秦王顿时醒悟过来，迅速拔出剑来，一剑砍断了荆轲的左腿。荆轲倒地后，将匕首投向秦王，但仍没有击中秦王，最后卫兵一拥而上，将荆轲乱刃分尸。

推心置腹

【解释】

"推心置腹"这则成语的意思是推出自己的赤心，放置在人家的腹中。比喻真诚待人。

【出处】

这个成语来源于《后汉书·光武帝纪上》：降者更相语曰："萧王推赤心置人腹中，安得不投死乎！"

【故事】

西汉末年，王莽篡汉，建立了新朝。可是，王莽处理政事却十分无能。他怕别人以他篡汉的方式来夺取他的政权，所以对手下的人一个也不信任，事情无论大小都要亲自处理，而政令的下达则全凭他当时的兴致，因此常有朝令夕改的情况发生。

在这种情况下，天下起义不断。当时声势最大的一支起义军叫绿林军，他们拥立汉宗室刘玄为皇帝，而同为汉宗室的刘秀也乘机起兵，投奔刘玄。

后来，刘秀率军在昆阳大败王莽的新军，被刘玄封为破虏大将军。接着，绿林军攻占了长安，杀死了王莽。刘秀受命攻打邯郸，很快又攻下邯郸，杀掉了自称天子的王郎。刘玄见刘秀屡立大功，封他为萧王。

这时，北方尚未全部平定，于是刘秀又带兵北上。24年，刘秀率大军来到鄡（qiāo，治所在今河北束鹿东）地，围攻另一支农民起义军——铜马军。经过鏖战，铜马军被刘秀打败，又收降了几十万人。

刘秀把这些投降的军队一一整编，编入自己所属的队伍中。而对铜马军中那些原来的将领，刘秀仍一一派给他们官职，让他们带领原来的人马。

但铜马军的将领却忧心忡忡，他们认为自己原来就是刘秀的敌人，将来一定不会有好日子过，甚至担心将来刘秀会杀死他们。

刘秀知道他们的疑虑后，便只带了两个随从，到新投顺的各营去巡察。刘秀这种完全信任他们、没有丝毫戒心的做法使投降将领们的心终于放了下来，他们便高兴地在私底下说："萧王这个人很诚恳，他跟我们推心置腹，我们怎能不为他卖命呢？"这样一来，刘秀实力大增，后来他终于重新统一了中国，建立了东汉王朝，成为历史上有名的光武帝。

退避三舍

【解释】

"退避三舍"这则成语的意思是主动退让九十里。比喻退让和回避，避免冲突。舍：古时行军计程以三十里为一舍。

【出处】

这个成语来源于《左传·僖公二十三年》：晋楚治兵，遇于中原，其辟君三舍。又《二十八年》：退三舍辟之。

【故事】

春秋时，晋献公宠爱骊姬，还立骊姬所生的儿子奚齐为世子，公子重耳和夷吾被迫流亡国外。

起先，重耳仓皇逃到翟国，在那里一住就是十二年。晋献公去世以后，臣子里克杀掉了先后继位的奚齐和卓子。后来，夷吾自梁国回去即位，史称晋惠公。晋惠公怕重耳回国来夺他的宝座，便派人去行刺重耳。

在这种险恶的形势下，重耳只得到处逃亡。他曾先后逃到齐、曹、卫等国，但是那些国家的国君没有一个瞧得起他。后来他到了楚国，楚成王对他很赏识，很器重，不但用接待诸侯的礼仪对待他，而且对他的随从如赵衰、介子推等也十分优待和尊重。有一天，楚成王准备了丰盛的酒菜，来款待这位落难的晋公子。成王和重耳紧邻而坐，彼此谈得很投机。酒酣耳热之时，成王突然笑着问："今天我以如此隆重的礼节接待你，将来你要是回国，做了晋国国君，打算怎样报答我呢？""男女奴隶、宝玉和丝绸您多的是；至于装饰用的羽毛、兽齿和皮革等，又是贵国的名产，我实在不知道应该怎样报答您才好！"重耳很为难地说。

成王听了重耳的回答，觉得很不满意，说："话虽然这样说，但我想，你将来若做了晋国国君，总可以报答我吧！"这时，重耳突然灵机一动，说："假如托您的福真能回到晋国，将来万不得已和您在战场上见面，那我就退避三舍，来报答您对我的恩情。"后来，重耳果然回到了晋国，并做了国君（即晋文公）。再后来为了援助宋国，重耳不得不和楚国交战。当两军接近时，他为了实现当初对楚成王的承诺，便下令全军后退了九十里。

外强中干

【解释】

"外强中干"这则成语的意思是表面好像很强大，内里却很空虚。多用来形容外表强大而实际虚弱的事物。

【出处】

这个成语来源于《左传·僖公十五年》：今乘异产以从戎事，及惧而变，将与人易……张脉偾兴，外强中干，进退不可，周旋不能，君必悔之。

【故事】

春秋时期，秦国攻打晋国，三战三胜，秦国的军队乘胜进入了晋国的阵地，晋国形势危急。

晋惠公决心亲自出征，抵抗秦军，于是便叫人给他的战车上套上郑国出产的名马，此种马高大强壮，他认为用此马出征，有利于战事。在一旁的谋士庆郑知道了，劝阻他说："古代有祭祀活动或打这样的大仗，一定要用本国产的马，因为本国的马在本国的国土长大，服本国的水土，懂得本国人的心，因而它听从本国人的使唤，而且它熟悉本国的道路，所以用它套车，不会不顺从你的意志。"晋惠公听了，并不以为然。只听庆郑继续说道："现在你改用郑国的马，你不熟悉它的性情，它一旦受惊，就会变得难以驾驭。它会惊恐紧张，血管膨胀，呼吸急促，外表虽很强壮，内心却已虚弱无力了，到时要进进不得，要退退不得，后悔也晚了。"可是，晋惠公还是没有听从庆郑的劝告，一意孤行，套上郑国的马出征了。

不久，秦晋两国的军队在韩地交战，战斗十分激烈。正在此时，晋惠公的战车所套的马，陷入了泥泞之中，战马受惊，狂嘶乱叫，拼命挣扎，越陷越深，进退不得，晋军因此大败，晋惠公也被秦国俘虏了。

完璧归赵

【解释】

"完璧归赵"这则成语原指把完整无损的和氏璧完好地归还给赵惠文王。比喻把物品完好地归还物品主人。完：完整。璧：玉器。

【出处】

这个成语来源于《史记·廉颇蔺相如列传》：相如曰："王必无人，臣愿奉璧往使。城入赵而璧留秦；城不入，臣请完璧归赵。"

【故事】

战国时期，赵惠文王得到一块稀世宝玉——和氏璧，秦昭王听说后，便派人送信给赵王，说愿意以十五座城来换这块璧。

赵王怕秦王有诈，不想将璧送去，但又怕秦王以此为借口派兵来犯。就在这左右为难的时候，有人向赵王推荐了蔺相如。赵王召见了他，听他分析了这件事的性质，并认为还是答应秦国的要求为好。赵王很满意他的分析，问他谁可以出使秦国。蔺相如回答说："想必大王还未找到可以出使的人。我愿意捧着璧出使秦国，并向大王保证：秦国将城池给赵国，我就把璧留给秦王；如若秦国不将城池给赵国，我就一定将完整的璧送归赵国。"于是，赵王派蔺相如出使秦国。他向秦王献上和氏璧后，秦王满心欢喜，只顾给左右大臣和姬妾们传看玉璧而无意交城。蔺相如借口璧上有小白斑点要指给秦王看，取回和氏璧，随即愤怒地指责秦王不提交城之事，显然不是诚心交换。若强行逼迫他，他将让玉璧与自己的脑袋一起在柱上撞个粉碎。

秦王害怕和氏璧被损坏，马上表示道歉，并当场叫人拿出地图，划出十五座城池。但蔺相如料到他这是做做样子，不会真的交城，因此表示秦王必须斋戒五天，在朝廷上举行最隆重的仪式，方能献璧。秦王被迫同意。蔺相如估计到，秦王虽然答应斋戒五天再受璧，但肯定不肯给赵王十五座城，因此让一个随从人员换上普通百姓穿的粗布衣服，藏着和氏璧，从小路逃回赵国，从而实现了自己完璧归赵的诺言。

等到秦王发觉受骗，已经来不及了，他虽然很恼火，但认为就是杀了蔺相如，也不能得到这块璧。于是就此作罢，让蔺相如平安地返回赵国。

玩物丧志

【解释】

"玩物丧志"这则成语的意思是人如果沉湎于所爱的事物，就会丧失进取向上的志向。

【出处】

这个成语来源于《尚书·旅獒》：玩人丧德，玩物丧志。

【故事】

姬发攻灭商朝后，建立了周朝，历史上称他为周武王。武王把占领的土地分封给有功的大臣和诸侯，并且派出大批使者到各边远地区，去宣扬自己的武功文治，号召远方各国和部族都来臣服。不少远方的国家和部族慑于武王的威名，纷纷派使者来到周朝称臣，同时带来了许多贡物。在这些贡物中，有一只被称为獒的狗。这獒身体大，

尾巴长，四肢比较短，毛呈黄褐色，凶猛善斗，可作为猎犬养。这畜生很有灵性，见到武王后就匍匐在地，似乎在行拜礼。武王很高兴，吩咐侍从好好喂养它，并重赏了献獒的使者。然后，武王几乎每天都和獒在一起玩。

太保如公奭觉得，作为一个君王，对此要有所节制，于是作了一篇名叫《旅獒》的文章呈给武王。文中写道：沉湎于侮辱和捉弄别人，会丧失自己崇高的德行；沉湎于所喜爱的事物，会丧失自己进取的志向。创业不易，不能让它毁于一旦啊！武王读了这篇文章，想到纣王荒淫无度导致商朝灭亡的教训，觉得如公奭的文章有道理，于是就将贡物分赐给各功臣和诸侯。

亡羊补牢

【解释】

"亡羊补牢"这则成语的意思是羊丢失后，才修补羊圈。比喻出了差错，设法补救，免得再受损失；也含犹未为晚之意。亡：丢失。牢：关牲口的圈栏。

【出处】

这个成语来源于《战国策·楚策四》：臣闻鄙语曰："见兔而顾犬，未为晚也；亡羊而补牢，未为迟也。"

【故事】

战国时期，昏庸的楚襄王即位后，重用奸臣，政治腐败，致使国家一天天衰败。大臣庄辛看到这种情况，非常着急，劝襄王不要成天吃喝玩乐，不管国家大事，这样长此以往，楚国就要亡国了。楚襄王听了大怒，骂道："你老糊涂了吧，竟敢这样诅咒楚国。"庄辛见楚襄王不纳忠言，只好躲到了赵国。结果庄辛到赵国才待了五个月，秦国就派兵攻打楚国，并长驱直入，攻陷了楚国的都城郢城。楚襄王惶惶如丧家之犬，逃到城阳。这时，他想到庄辛的忠告，又悔又恨，便派人把庄辛迎请回来，说："过去因为我没听你的话，所以才会弄到这种地步，现在，你看还有办法挽救吗？"庄辛看到楚襄王有悔过之心，便借机给他讲了个故事：从前，有人养了一圈羊。一天早晨，他发现少了一只羊，仔细一查，原来羊圈破了个窟窿，夜间狼钻进来，把羊叼走了一只。邻居劝他说："赶快把羊圈修一修，堵上窟窿吧！"那个人不肯接受劝告，回答说："羊已经丢了，还修羊圈干什么？"第二天早上，他发现羊又少了一只。原来，狼又从窟窿中钻进来，叼走了一只羊。这时他才后悔自己没有听从邻居的劝告，便赶快堵上窟窿，修好了羊圈。从此，狼再也不能钻进羊圈叼羊了。

除此之外，庄辛还给楚襄王分析了当时的形势，认为楚国都城虽被攻陷，但还有几千里国土，只要振作起来，改正过去的过错，秦国是灭不了楚国的。楚襄王听了，便遵照庄辛的话去做，果真度过了危机，使楚国再次振兴起来。

惘然若失

【解释】

"惘然若失"这则成语的意思是心情沮丧，好像丢了什么东西似的。惘然：失意的样子。

【出处】

这个成语来源于《后汉书·黄宪传》：是时同郡戴良，才高倨傲，而见宪未尝不正容，及归，惘然若有失也。

【故事】

东汉时有位学者，名叫黄宪。他出身贫寒，父亲是个牛医，但是他从小刻苦自学，学识超人，而且品性高洁，不图功名。

黄宪十四岁时，名士荀淑无意间遇见黄宪，见他生得很有灵气，便请他到旅舍的房里坐坐。只交谈几句，荀淑就发现他有惊人的才学。一连谈了几个时辰，直到夕阳西下，荀淑才恭恭敬敬地送他出门，分手时他向黄宪拱拱手说："真没有想到，您竟是我的老师啊！"次日，荀淑去拜访本郡的功曹袁阆，一见面他就问："贵郡有个颜子，您知道吗？"袁阆马上回答说："怎么会不知道，他是黄宪，还未成年呢。"颜子即颜渊，是孔子三千弟子中最有学问的一个，年纪也很轻，所以后来常把学问超群的年轻人比作颜子。袁阆一听就知道颜子是指黄宪，说明黄宪的才学是郡里公认的。

后来，又有一位名士拜访了袁阆，谈了不多久就告辞了。接着，这位名士去找黄宪谈，结果一连谈了几天。于是他做了比较：袁阆像一道清泉，一眼可看到底；黄宪像千顷大湖，无法测出它的深广。

与黄宪同在一个闾里的戴良，也有出众的才学，只是他傲气十足，目空一切，自称像孔子和大禹一样天下第一，谁也比不上他。但是他见了黄宪，马上变了一副模样，露出正儿八经的面容，回家后还怅惘失意，好像丢掉了什么东西似的。

有一次戴良回到家里，母亲见他闷闷不乐，便问道："你这是从牛医那里回来的吧？"戴良叹了口气，说："是啊，我没见到他的时候，总觉得他不如自己，但见了他，就觉得他高不可攀。黄宪这人真难以捉摸！"黄宪的名声越来越响，郡里甚至朝廷都征召他去做官。但他生性淡泊，视功名如浮云，始终不愿去当官。

望尘莫及

【解释】

"望尘莫及"这则成语原作"望尘不及"，后世多作"望尘莫及"。形容望着远去的人马行走时扬起的阵阵尘土，却不能追上他们。比喻远远地落在了别人的后面，相差甚远，无法追上。

【出处】

这个成语来源于《后汉书·赵咨传》：复拜东海相，之官，道经荥阳，令敦煌曹暠，咨之故孝廉也，迎路谒候。咨不为留，暠送至亭次，望尘不及。

【故事】

赵咨，字文楚。东汉东郡燕人。汉灵帝时，曾几度出任敦煌太守，后因病辞官回家，在家里和子孙一起以种田为生。后又复出做官，任东海相。

去东海赴任的路上，要经过荥阳。当时的敦煌县令曹暠，得知赵咨要经过荥阳，特地在路口等候，想与赵咨好好地叙叙旧情。因为他俩相识，而且曹暠曾经受到赵咨的推荐，去参加选拔官吏的考试，所以曹暠自然是十分高兴，想请他在荥阳稍事停留，彼此好好聊聊。想不到，赵咨到达荥阳后，见了曹暠，连车也没下就走了。曹暠想送他到十里外的长亭，但只看见车马行路扬起的滚滚尘土，他们早已走远了。曹暠对一旁的主簿（文书事务官员）说："赵咨很有名望，今天路过这里而不作停留，我这当县令的必然被天下人耻笑。"说完丢下他当官的印绶，追至东海去了。

现在，人们习惯把"望尘不及"这个成语，说成"望尘莫及"。

望梅止渴

【解释】

"望梅止渴"这则成语原意是梅子酸,人想吃梅子就会流涎,因而止渴。比喻用不切实际的空想、空话安慰自己。

【出处】

这个成语来源于《世说新语·假谲》:魏武行役失汲道,军皆渴,乃令曰:"前有大梅林,饶子,甘酸可以解渴。"士卒闻之,口皆出水,乘此得及前源。

【故事】

曹操是三国时著名的政治家、军事家,他足智多谋,善于解决用兵中的各种复杂问题。

有一年夏天,他带领一支大军,经过一个没有水的地方。当时已经到了中午,烈日当空,天气十分炎热。将士们携带着沉重的武器,全身都被汗水浸湿,又热又渴,非常难受,严重影响了行军速度。

曹操见将士们一个个舔着干燥的嘴唇,勉强行走,心里非常焦急。他把向导叫来,问他附近有没有水源,向导回答说没有。曹操不甘心,下令队伍原地休息,派人分头到各处去找水。过了好一会儿,派去的人全都提着空桶回来。原来,这里是一片荒原,没有河流,也没有山泉,根本找不到水。

曹操又下令就地挖井。士兵们挥汗挖土,但过了好长时间,也挖不出一滴水。

曹操心想,情况很严重,如在这里久留,会有更多的人无法坚持。他

灵机一动，站到高处，大声说道："有水啦！有水啦！"将士们听说有水，全都从地上爬起来，兴高采烈地问道："水在哪里？水在哪里？"曹操指着前面说："这条路我过去曾走过，前面不远的地方有一大片梅林，那里结的梅子又大又多，它那甘美的酸汁可以解渴，咱们快上那儿去吧！"将士们一听说梅子及梅子的酸汁，就自然而然地想到酸味，从而流出口水，顿时不觉得那么渴了。

曹操立即指挥队伍行进。经过一段时间，终于把队伍带出这个没有水的地方，来到有水源的地方。于是大家在痛痛快快地喝足了水之后，又精神焕发地继续行军了。

望洋兴叹

【解释】

"望洋兴叹"这则成语也作"望洋向若（而叹）"，意思是：仰望着无边无际的大水，身不由己地发出了感叹（赞叹别人的伟大壮观）。在伟大的事物面前，开阔了眼界，才感到自己渺小。后来一般用来比喻办事力量不足，条件不够，无从着手，无可奈何。望洋：仰望的样子。兴：发出。

【出处】

这个成语来源于《庄子·秋水》：顺流而东行，至于北海，东面而视，不见水端。于是焉河伯始旋其面目，望洋向若而叹。

【故事】

河伯是黄河里的河神，他一向以为，他所在的黄河是天下最大的河，这里的水是最多的，因此从未远离过黄河。秋天来了，雨水连绵不断，大大小小河流的河水猛涨后全汇集到黄河里。于是，黄河的水面开阔起来。隔水望去，只见波涛滚滚，连对岸的牛马也看不清楚了。

河伯见水势这么大，以为天下的水都流到这里了。于是，得意扬扬地乘兴顺流东游。不久，他来到了黄河的入海口北海。举目望去，但见白茫茫的大海无边无际。这景象是他从未见过的，黄河根本不能与北海相比。这时的河伯，再也不得意扬扬了。他抬起头来，望洋兴叹道："俗话所说的'听到一百样道理，就自以为知道得很多，觉得谁也比不上自己'，这话也许说的就是我吧。

如果我不到这里来，没有亲眼看到无边无际的北海，我的眼界怎么能打开？我也会永远被那些有见识的人讥笑！"北海之神安慰河伯说："是啊，对井中的蛙，是不能同它谈海的，因为它被自己的住处所局限，根本不知道什么是海；对只生存于夏天的虫，是不能同它谈冰的，因为它受时间限制，根本就不知道什么是冬天；对见识浅陋的人，是不能同他讲高深的道理的，因为他被所受到的教育束缚了。"河伯听了连连点头称是。因为他觉得，北海之神讲的道理都是自己从未听到过的。

望洋兴叹

危如累卵

【解释】

"危如累卵"这则成语原作"危于累卵"，意思是像垒起来的蛋，随时都有倒下来打碎的可能。比喻情况非常危险。

【出处】

这个成语来源于《史记·范雎蔡泽列传》：秦王之国危于累卵，乃臣则安。

【故事】

范雎，战国时期魏国人。他出身贫寒，曾经跟魏国中大夫须贾一起出使齐国，齐襄王仰慕范雎的口才，送金送酒食给他，引起须贾的怀疑。回国后，须贾向魏相魏齐作了报告，范雎遭到诬害，差点被打死。后来，他化名张禄，在魏人郑安平和秦国出使魏国的使臣王稽的帮助下，逃往秦国。

王稽向秦昭王推荐范雎，说："魏国的张禄先生，是个不可多得的人才，他说秦国现在危险得像垒起来的鸡蛋，大王如果能重用他，就可转危为安。所以我把他带到秦国来了。"秦昭王起先并不相信范雎，但他后来发现范雎确实才能非凡，便先拜范雎为客卿，接着又封范雎为相国。范雎采用远交近攻的策略，为秦国的强大做出了自己的贡献。

　　根据《史记·范雎蔡泽列传》的注释，"危如累卵"的原始故事发生于春秋时期，那时的晋灵公贪图享乐，派大臣屠岸贾给他造一座九层的琼台，他怕有人劝阻，下令说："谁敢进谏，一律杀头。"大臣荀息知道后，便来求见晋灵公。晋灵公为了防止荀息谏阻，命武士弯弓搭箭，只要荀息一开口劝谏，便立刻把他射死。

　　荀息见到晋灵公后，故作轻松地对晋灵公说："我今天来拜见大王，并不敢向你规劝什么，只是来给你表演一个特技。我能够把十二颗棋子垒起来，再把九个鸡蛋垒上去而不会倒塌。"晋灵公听了，便叫荀息表演。荀息先把十二颗棋子垒起来，再把鸡蛋一个个加上去。晋灵公见了，在一旁大叫"危险"，荀息慢条斯理地说："这有什么危险，还有比这更危险的呢！"晋灵公问他更危险的是什么。荀息说："大王，你造九层高台，弄得国内已没有男人耕地，国库空虚，一旦外敌入侵，国家危在旦夕，难道不更危险吗？"话刚说完，晋灵公立即醒悟过来，马上停止了九层高台的工程。

为虎作伥

【解释】

　　"为虎作伥"这则成语的意思是旧时迷信认为被老虎咬死的人，他的鬼魂会化作伥鬼，又帮助老虎伤人。比喻帮助恶人作恶，干坏事。

【出处】

　　这个成语来源于《正字通·听雨记谈·伥襫》：相传虎啮人死。死者不敢他适，辄隶事虎。名为伥鬼。伥为虎前导，途遇暗机伏陷，则迁道往。人遇虎，衣带自解，皆伥所为。虎见人伥而后食之。

【故事】

　　从前，在某个地方的一个山洞里，住着一只凶猛无比的老虎。有一天，它因为没有食物充饥，觉得非常难过。于是，它走出山洞，到附近的山野里去猎取食物。

山野里各种各样的动物虽然很多，但是，当它们一闻到老虎身上那股特殊的味道时，全都敏感地逃开了。

老虎眼见这些大好的食物都无法到口，心中有说不出的懊恼。正在这时候，它看到不远处的山腰有一个人正蹒跚地走来，便猛扑过去，把那个人咬死，把他的肉吃光。

但仍不满足的老虎，抓住那个人的鬼魂不放，非让它再找一个人供它享用，不然，它就不让那人的鬼魂获得自由。

那个被老虎捉住的鬼魂居然同意了。于是，他就给老虎当向导，找呀找呀，终于遇到了第二个人。

这时，那个为了自己早日得到解脱的鬼魂，竟然帮助老虎行凶。他先过去迷惑新遇到的人，然后把那人的带子解开，衣服脱掉，好让老虎吃起来更方便。

这个帮助老虎吃人的鬼魂，便叫作伥鬼。后人根据这一传说，把帮助坏人做伤天害理的事情，称为"为虎作伥"。

韦编三绝

【解释】

"韦编三绝"这则成语的意思是形容读书刻苦勤奋。"韦"是熟牛皮；"韦编"指用熟牛皮绳把竹简编联起来；"三"是概数，表示多次；"绝"是断的意思。

【出处】

这个成语来源于《史记·孔子世家》：孔子晚而喜《易》……读《易》，韦编三绝。曰："假我数年，若是，我于《易》则彬彬矣。"

【故事】

春秋时的书，主要是以竹子为材料制作的：把竹子破成一根根竹签，称为竹"简"，用火烘干后在上面写字。竹简有一定的长度和宽度，一根竹简只能写一行字，多则几十个，少则八九个。一部书要用许多竹简，这些竹简必须用

·291·

韦编三绝

牢固的绳子之类的东西编连起来才能阅读。像《易》这样的书，当然是由许许多多竹简编连起来的，因此有相当的重量。

孔子用了很大的精力，把《易》全部读了一遍，对它的内容有了基本的了解。不久又读第二遍，掌握了它的基本要点，接着，他又读第三遍，对其中的精神实质有了透彻的理解。在这以后，为了深入研究这部书，又为了给弟子讲解，他不知翻阅了多少遍。这样读来读去，把串联竹简的牛皮带子也给磨断了几次，不得不多次换上新的再使用。

即使读到了这样的地步，孔子还谦虚地说："假如让我多活几年，我就可以完全掌握《易》的文与质了。"

围魏救赵

【解释】

"围魏救赵"这则成语是指围攻来犯之敌的后方据点，迫使敌人撤回其兵力的作战策略。比喻借一件事情，解救另一件事情。

【出处】

这个成语来源于《史记·孙子吴起列传》：战国时，魏国围攻赵国都城邯郸，赵国求救于齐国。齐将田忌、孙膑率兵救赵，趁魏国都城兵力空虚，引兵直攻魏国。魏军回救，齐军乘其疲惫，于中途大败魏军，遂解赵围。

【故事】

战国时期，魏惠王派庞涓率领大军进攻赵国，将邯郸团团围住。赵成侯自知国力难以抵挡魏军，就把中山之地献给了齐国，求齐国派兵解围。齐王即拜田忌为大将，并拜孙膑为军师，兴兵救赵。孙膑献计说："我们把兵埋伏在路上，扬言攻打襄陵，魏军一定会撤回邯郸外围的兵力，回头救襄陵，我们在中途袭击魏兵，一定可大获全胜。"田忌采用了孙膑的计策。庞涓听到齐国进攻襄陵的消息后，马上撤回包围邯郸的兵去救襄陵。谁知魏军在途中遭到齐军截击，被齐军杀得四散奔逃，庞涓拼命逃走，只好把军队撤回大梁。

未雨绸缪

【解释】

"未雨绸缪"这则成语的意思是趁着天还没下雨，先修缮房屋门窗。比喻事先做好准备，防患于未然。"绸缪"是缠缚的意思，引申为修补。

【出处】

这个成语来源于《诗经·豳风·鸱鸮》：迨天之未阴雨，彻彼桑土，绸缪牖户。

【故事】

周武王攻灭商朝后，将商纣王的儿子武庚继续留在商的旧都，封其为殷君。为了防止万一，就将自己的三个弟弟管叔、蔡叔和霍叔，分封在商旧都的东面、西面和北面，以便监视武庚和商朝的遗民，称为"三监"。

武王的弟弟周公旦以及太公、召公等，在灭商的过程中立了大功，武王把他们留在京城镐辅政，其中周公旦最受武王宠信。过了两年，武王患了重病，大臣们都非常忧愁。忠于武王的周公旦特地祭告周朝祖先，表示愿意代替哥哥去死，只望武王病愈。祝罢，命人将祝词封存在石室里，不准任何人泄密。

说来奇怪，周公旦祝祷后，武王的病情一度有了好转。但是，不久又发病去世。年幼的太子姬诵被拥立为国王，周公旦受武王遗命摄政。

周公旦的摄政，引起了管叔等三监的妒忌。他们放出流言说，周公旦企图夺取成王的王位。这些流言蜚语很快传到成王耳朵里，成王也不免产生了疑虑。周公旦知道后，对太公、召公说："如果我不讨伐他们，就无法告慰于先王！"但是，周公旦考虑到一时很难向成王说清楚，又为了解除他对自己的疑虑，就离开镐京，前往东都洛邑。

武庚不甘心商朝的灭亡。他见周氏兄弟之间发生了矛盾，就派人和管叔等三监联络，挑拨他们与周公旦的关系。与此同时，他积极准备起兵反叛。

周公旦在洛邑住了两年，其间他把武庚暗中与管叔等勾结的情况全部调查清楚了，便写了一首诗送给成王。这首诗的名字叫《鸱鸮》。它的前两节是这样的："猫头鹰啊猫头鹰！你已抢走了我的儿，不要再毁我的家。我多么辛苦殷勤哟，为哺育儿女已经全累垮！趁着天还没有下雨，我就忙着把桑根剥下，加紧修补好门窗。因为下面的人呀，有时还会把我欺吓！"这首诗以母鸟的口吻哀鸣，反映了周公旦对国事的关切和忧虑。诗中的猫头鹰是指武庚，哀鸣的母鸟则是周公旦自己。

不料，年轻的成王并没有看懂这首诗的含义，因此没有理解周公旦的苦衷。后来，他无意之中在石室里发现了周公旦的祝词，深受感动，立即派人把周公旦请回镐京。这时，成王才知道武庚与三监相互勾结的内情，派周公旦出兵讨伐。最后，杀了武庚、管叔和霍叔，蔡叔在流放中死去，由此，新生的周王朝得到了巩固。

成王发现周公旦的祝词

畏首畏尾

【解释】

"畏首畏尾"这则成语的意思是既怕前头又怕后面。形容瞻前顾后，疑虑重重的样子。畏：害怕。

【出处】

这个成语来源于《左传·文公十七年》：古人有言曰："畏首畏尾，身其馀几？"

【故事】

春秋时期，晋国和楚国都是大国，力量强大，郑国较小较弱。晋国和楚国为了扩大自己的势力范围，都想把郑国变为自己的附庸。

有一次，晋灵公为了扩大影响，为了称霸诸侯，制造声势，他在郑国附近召集邻近小国开会。郑国因地处晋楚之间，既不愿得罪晋国，也怕得罪楚国，所以只得找个借口不去参会。

晋灵公见郑国没来开会，说郑国对晋国有二心，很是不满。郑国为此惶恐不安。

郑国的国君郑穆公急忙写信给晋灵公，陈述郑国与晋国在历史上就一直保持着友好的关系，并说明郑国的处境，表明郑国的态度。信中还说："我们郑国位于晋、楚两大国之间，北边怕晋国，南边畏惧楚国，故而未应邀出席会议，这实在是无可奈何的事，古谚说'畏首畏尾，身其馀几'，一个小国对待大国，到了这般地步也算到头了。我们郑国，现在正是这样，我们一贯殷勤地侍奉你们，可是你们还不满意，这使我们感到十分难办。可是如果逼我们逼得太急，无路可走，那我们就只好去投靠楚国了，如果我们投靠了楚国，那是你们逼我们不得不这样做的！"晋灵公见信后，怕郑国真的投靠楚国，就决定不向郑国兴师问罪，而以和谈的方式来解决。

闻鸡起舞

【解释】

"闻鸡起舞"这则成语的意思是听到鸡叫就起来舞剑。比喻有志报国的人及时奋起。闻：听到。舞：舞剑。

【出处】

这个成语来源于《晋书·祖逖传》：中夜闻荒鸡鸣，蹴琨觉曰："此非恶声也。"因起舞。

【故事】

祖逖和刘琨都是晋代著名的将领，两人在少年时代就是好朋友，青年时又一起任司州（今河南洛阳东北）的主簿。两人志同道合，意气相投，都希望为国家出力，干出一番事业。他们白天一起在衙门里供职，晚上合盖一床被子睡觉。

当时，西晋皇族内部互相倾轧，争权夺利，各少数民族首领乘机起兵作乱，国家安全受到严重威胁。祖逖和刘琨为此都很焦虑。

一天半夜，祖逖被远处传来的鸡叫声惊醒，便把刘琨踢醒，说："你听到鸡叫声了吗？"刘琨侧耳细听了一会儿，说："是啊，是鸡在啼叫。不过，半夜的鸡叫声是恶声啊！"祖逖一边起身，一边反对说："这不是恶声，而是催促我们快起床锻炼的叫声。还是起床吧！"刘琨表示认同，跟着穿衣起床。两人来到院子里，只见满天星斗，月光皎洁，于是拔出剑来对舞。直到曙光初露，他们才汗淋淋地收剑回房。

后来，祖逖和刘琨都为收复北方竭尽全力，做出了自己的贡献。

刎颈之交

【解释】

"刎颈之交"这则成语用来比喻可以同生死、共患难的朋友。

【出处】

这个成语来源于《史记·廉颇蔺相如列传》：卒相与欢，为刎颈之交。

【故事】

战国时，赵国宦者令（宫中太监的首领）缪贤的门客蔺相如，受赵王派遣，带着稀世珍宝和氏璧出使秦国。他凭着智慧与勇气，完璧归赵，得到赵王的赏识，被封为上大夫。

后来，秦王与赵王相会于渑池，想逼迫赵王屈服。蔺相如和廉颇将军力劝赵王出席，并设巧计，廉颇以勇猛善战给秦王以军事上的压力，蔺相如凭三寸不烂之舌和对赵王的一片忠心使赵王免受屈辱，并安全回到赵国。赵王为了表彰蔺相如，就封他为上卿，官位比廉颇将军的要高。

对此事廉颇十分不满，他认为自己英勇善战，为赵国拼杀于前线，是赵国的第一大功臣，而蔺相如只凭一张嘴，居然官居自己之上。他很不服气，就决心要好好羞辱他一番。

蔺相如听到这个消息，便处处回避与廉颇见面。到了上朝的日子，就称病不出。

有一次，蔺相如有事出门，遇到廉颇。廉颇就命令手下用各种办法堵住蔺相如的路，最后蔺相如只好下令回府。得意扬扬的廉颇将此事到处宣扬。

蔺相如的门客们听说了，纷纷提出要回家，蔺相如问为什么，他们说："我们为您做事，是敬仰您是个正直崇高的君子，可现在您居然对狂妄的廉颇忍气吞声，我们可受不了！"蔺相如听了，哈哈一笑，问道："你们说是秦王厉害还是廉将军厉害？我连秦王都不怕，又怎会怕廉将军呢？秦国现在不敢来侵犯，只是惮于我和廉将军一文一武保护着赵国，作为赵王的左膀右臂，我又怎能因私人的小恩怨而不顾江山社稷呢？"廉颇听说后，非常惭愧，便袒胸露背背着荆条向蔺相如请罪。从此，他们便成了同生死、共患难的好朋友，同心同德效力赵国。

卧薪尝胆

【解释】

"卧薪尝胆"这则成语的意思是睡在柴草上,品尝苦胆的味道。比喻不敢安逸,刻苦自勉。

【出处】

这个成语来源于《史记·越王勾践世家》:吴既赦越,越王勾践反(返)国,乃苦身焦思,置胆于坐,坐卧即仰胆,饮食亦尝胆也。

【故事】

公元前493年,吴王夫差为报父仇,领兵攻打越国,越王勾践兵败投降。夫差大获全胜,得意扬扬地把勾践及其妻子押回吴国。为了在诸侯国中表现自己宽宏大量,他决定不杀勾践夫妇,而让他们住在父亲墓前的石屋里,一边看墓赎罪,一边养马。夫差外出,勾践就得拿着马鞭子,走在马车前面。

过了三年,夫差认为对勾践的惩罚已经够了,今后他不会再反对自己了,便将勾践夫妇释放回国。

回国后的勾践立志报仇雪恨。为了锻炼自己的意志,他睡觉不用被褥,就躺在柴草中。又在自己起居处悬挂一个苦胆,坐卧时都能看到,每次吃饭前,都要去尝一尝胆的苦味,还经常哭着问自己:"勾践,勾践,你忘记会稽战败的耻辱了吗?"勾践还采取各种措施,努力发展生产,并亲自扶犁种田,让妻子纺织;食不加肉,衣不重彩,与百姓同甘共苦。同时奖励生育,增加人口,加强国力。就这样,越国一天天强大起来。

过了四年,勾践举兵进攻吴国,大败夫差。夫差连忙派人求和,但被勾践拒绝,夫差被逼自杀,吴国灭亡。

无出其右

【解释】

"无出其右"这则成语的意思是没有能超过他的。出：超过。右：上，古代以右为尊。

【出处】

这个成语来源于《史记·田叔列传》：上尽召见，与语，汉廷臣毋能出其右者。

【故事】

汉朝建立之初，刘邦封了许多异姓为王。有一次，刘邦带兵前往代地（今山西阳高）镇压陈豨的反叛。

途经赵国，赵王张敖深恐刘邦怪罪于他，便下令做了许多美味佳肴，亲自端着盘子，送给刘邦吃。

谁知刘邦故意大耍皇帝的威风，叉开两腿，大模大样地坐着，不但不回礼，而且开口就骂张敖招待不周。

赵国的宰相赵午等见刘邦如此寻衅，羞辱赵王，气愤异常。回宫后，他们竭力劝说赵王反叛刘邦，赵王执意不允，并把手指咬出血来，让大臣们不要再提。

大臣们见赵王不答应，便决定瞒着赵王去暗杀刘邦。谁知事情败露，刘邦大怒，下令逮捕赵王及其近臣。

结果赵午等都自杀了，赵王和大臣贯高被押到都城长安。许多忠于赵王的旧臣都想护送赵王去长安。刘邦知道了，立即下令，如有人胆敢跟随就灭他三族。

田叔、孟舒等十几个臣子就剃掉头发，身穿红色衣服，用铁圈束住头颈，伪装成赵王家奴，一起去了长安。

到了长安，刘邦亲自审讯贯高，要他说出赵王谋反经过。贯高把赵王如何不肯谋反，还阻止臣子们谋反的经过详细地说了一遍。刘邦这才相信赵王的确没有谋反，但仍借口赵王没有教育好臣子，把他降为宣平侯。

赵王向刘邦谢恩，并请刘邦宽恕随他而来的田叔、孟舒等大臣。刘邦一听有如此忠心的大臣，便召见了他们。通过谈话，刘邦对他们过人的才学、高尚的品德、对君王的忠心有了真正的了解，他感慨地说："嘀！现在汉朝的臣子没有一个能超过他们的。"他心里一高兴，想重用他们。于是他们有的做了郡的长官，有的做了诸侯王的相国。田叔则被任命为汉中守。

吴下阿蒙

【解释】

"吴下阿蒙"这则成语的意思是住在长江南岸一带的吕蒙学识浅薄。吴下是长江南岸一带，阿蒙即吕蒙。指当时在吴下的阿蒙学识浅薄。后用来泛指还处于学识浅薄之时的人。

【出处】

这个成语来源于《三国志·吴志·吕蒙传》裴松之注引《江表传》：肃拊蒙背曰："吾谓大弟但有武略耳，至于今者，学识英博，非复吴下阿蒙。"

【故事】

三国时，吕蒙为东吴名将，他身居要职，但因小时候依靠姐夫生活，没有机会读书，学识浅薄，见识不广。

有一次，孙权对吕蒙和另一位将领蒋钦说："你们现在身负重任，得好好读书，增长自己的见识才是。"吕蒙不以为然地说："军中事务繁忙，恐怕没有时间读书。"孙权开导他说："我的军务比你们要繁忙多了。我年轻时读过许多书，就是没有读过《易》（即《周易》）。掌管军政以来，读了许多史书和兵书，觉得大有益处。当年汉光武帝在军务紧急时仍然手不释卷，如今曹操也老而好学。希望你们不要借故推托，不愿读书。"孙权的开导使吕蒙很受启发。从此他开始抓紧时间读书，不久之后，他就读了很多书，比一般人读得都要多。

一次，士族出身的名将鲁肃和吕蒙谈论政事。交谈中鲁肃常常理屈词穷，被吕蒙难倒。鲁肃不由得轻轻拍拍吕蒙的背说："以前我以为老弟只是略懂军事谋略罢了。现在才知道你学问渊博，见解高明，再也不是以前吴下的那个阿蒙了！"吕蒙笑笑说："离别三日，就要用新的眼光看待。今天老兄的反应为什么如此迟钝呢？"接着，吕蒙透彻地分析了当前的军事形势，还秘密地为鲁肃提供了三条对策。鲁肃非常重视这些对策，从不泄露出去。

后来，孙权赞扬吕蒙等人说："人到了老年还能像吕蒙那样自强不息，一般人是做不到的。一个人拥有了富贵荣华之后，更要放下架子，认真学习，轻视财富，看重节义。这种行为才是值得别人学习的啊！"

惜墨如金

【解释】

"惜墨如金"这则成语原意是惜墨像吝惜金子一样。指作画时用墨先淡后浓。后来泛指写字、作画、作文不轻易下笔，力求精练。

【出处】

这个成语来源于明·陶宗仪《辍耕录》卷八："作画用墨最难，但先用淡墨，积至可观处，然后用焦墨浓墨……李成惜墨如金，是也。"

【故事】

李成，字咸熙，唐宗室的后人，住在长安（今陕西西安），后来迁居青州益都（今属山东），人们称他为李营丘。他是五代（后梁、后唐、后晋、后汉、后周）、宋初的著名画家。他很爱读书，读了许多经史，而且喜欢写诗，还擅长弹琴、下棋。但他最擅长的还是画山水。他画山水，初学于荆浩、关同，后来常摹写真景而自成一家。

李成善于表现北方山野的寒林景色和风雨、晦明、烟云、雪雾等自然景象。他的山水画特别讲究画的构图和笔墨的运用。他的笔势锋利，墨法精微，好用淡墨，落笔简练。所以后人赞扬他说："李成作画，不轻易落笔，先用淡墨，后用浓墨，爱惜笔墨就像爱惜金子一样。"李成画的山石，就好像卷动着的云，后人称这种表现技法为"卷云皴（国画画山石时，勾出轮廓后，为了显示出山石的纹理和阴阳面，再用淡干墨侧笔而画。）"他和关同、范宽形成五代、北宋间北方山水画的三个主要流派。他的画法也多为后人所学。

洗耳恭听

【解释】

"洗耳恭听"这则成语从字面上解释应是洗净耳朵，恭敬地听对方讲话。实际就是极为恭敬地听对方讲话。这是请人讲话时说的客气话。恭：恭敬。

【出处】

这个成语来源于《高士传·许由》：尧欲召我为九州长，恶闻其声，是故洗耳。

【故事】

上古尧帝年老的时候，想找一个贤能的人来接替自己，他听说许由是个隐世的高人，便想把帝位让给他。于是，他派使者到许由隐居的箕山去请他。使者来到箕山，见了许由，说了尧帝想把帝位让给他的事。许由说："我不稀罕什么帝位，你请回去吧！"使者走后，许由感到使者的话污染了他清净的耳朵，因此立刻跑到山下的颍水边，掬水洗耳。

与许由在一起隐居的还有巢父，这时他正巧牵着一头牛来让它饮水，便问许由在干什么。许由就赶快把消息告诉他，并且说："我听进了这样不干不净的话，怎能不赶快洗洗我清白的耳朵呢？"巢父听了冷笑一声，说道："哼，谁叫你在外面招摇，有了名声，现在惹出麻烦来了，那完全是你自己讨来的，还洗什么耳朵？算了吧，别玷污了我小牛的嘴！"说着，便牵起小牛，径直走向水流的上游去了。这个故事传说叫作"箕山洗耳"。晋人皇甫谧把它收集在他所撰写的《高士传》中。"洗耳"一词就源于此。不过后来人们所说的"洗耳"却和许由的洗耳含义完全不同。许由是因为不愿意听，并且自命清高而洗耳；后来所说的洗耳却是准备领教的意思，一般都叫作"洗耳恭听"——把耳洗干净，以便恭恭敬敬地听取有益的话。

先声夺人

【解释】

"先声夺人"这则成语原作"先人有夺人之心"，指抢在别人之前（掌握了主动权），能够动摇敌人的战斗意志。后世多作"先声夺人"，是从《军志》里的话转化而来。表示先造成声势，以破坏敌人的士气。又比喻做事抢先一步，争取主动。

【出处】

这个成语来源于《左传·昭公二十一年》：《军志》有之，"先人有夺人之心，后人有待其衰"。

【故事】

宋国的司马华费遂有三个儿子：华䝙、华多僚和华登。华多僚得国君宋元公的信任，就经常在元公面前说两个弟兄的坏话。在华登被迫逃亡到国外后，他又在元公面前诬陷华䝙，说他打算接纳逃亡的人。宋元公经不住华多僚的一再挑拨，便派人通知华费遂，叫他驱逐华䝙。华费遂知道这件事是华多僚干的，恨不得杀了他，但又只得执行元公的命令，准备叫华䝙去打猎，然后打发他走。

华䝙了解到这是华多僚干的坏事，本想杀了他，但又怕父亲伤心，便决定逃亡。

临行时，华䝙打算与父亲告别，不料在朝廷上遇见了华多僚。他一时性起，就与侍从杀死了华多僚，并召集逃亡的人一起反叛宋国。元公请齐国的乌枝鸣帮助守卫城池。

这年冬天，逃亡在外的华登带领了吴国的一支军队，前来支持华䝙攻打宋国。眼看华登的队伍就要到了，有位名叫濮的大夫对乌枝鸣说："兵书《军志》上有这样的话：先向敌人进攻可以摧毁敌人的士气，后向敌人进攻要等待他们士气衰竭。何不趁华登的军队很疲劳，还没有安顿好就对他们发起进攻？如果敌人已经来到而且稳住，他们的人就多了，到那时我们就后悔不及了。"

乌枝鸣听从了濮的建议。结果，宋国和齐国的联军击败了吴军，俘虏了两个将领。但是，华登率领余部又击败了宋军。宋元公想逃，濮拦住他说："我是小人，可以为君王战死，但不能护送你逃跑。请君王等待一下。"濮说完这话，一面巡行，一面向军士们喊道："是国君的战士，就挥舞旗帜！"军士们按照他的话挥舞旗帜。宋元公也壮着胆下城巡视，对军士们说："国家败亡，国君死去，这是大家的耻辱，不只是我一个人的罪过，大家拼死打吧！"乌枝鸣命令军士们用剑与叛军拼搏。齐军和宋军一起攻击华登，华登支持不住，节节败退。濮冲到前面刺死华登，将他的头砍下，裹在战袍里，一边奔跑一边喊道："我杀了华登了！我杀了华登了！"宋元公最终取得了战争的胜利。

相敬如宾

【解释】

"相敬如宾"这则成语原作"相待如宾"，一家人彼此相处，如同对待宾客一样。后世多作"相敬如宾"，指夫妻互相敬重、爱护。

【出处】

这个成语来源于《左传·僖公三十三年》：臼季使过冀，见冀缺耨，其妻馌之，敬，相待如宾。

【故事】

春秋时期，晋国大夫胥臣（又名"臼季"）奉命出使，路过冀地（今山西河津东北），遇见一人正在田间锄草，他妻子把午饭送到田头，恭恭敬敬双手捧献给丈夫，丈夫庄重地接住，祝祷后进食，妇人侍立一旁等他吃完，收拾餐具辞别丈夫而去。胥臣十分赞赏，认为夫妻之间尚能如此互相尊敬，如同对待宾客一样，何况对待别人。他深信此人必是有德之士，上前请教姓名，才知原来是前朝旧臣郤芮的儿子郤缺。郤芮原先因功封在冀地，被人称作冀芮，后犯谋逆罪被杀，他的儿子郤缺也被废为平民，以耕种为生，但人们仍习惯称他为冀缺。

胥臣完成使命回国之时，晋国两位贤臣狐偃、狐毛都已经去世，晋文公好似失去了左右臂膀，闷闷不乐。胥臣便向文公推荐郤缺，担保他才德兼备，如能起用，一定不比狐毛、狐偃差。文公却认为，罪臣的儿子不能重用。胥臣进言道："古代尧、舜是贤君，可是尧的儿子丹朱、舜的儿子商君都不肖。大禹的父亲鲧治水九年不成，被舜处死；可是禹却把洪水治平，舜便传位给禹，使他成为一代圣君。可见贤与不肖并不是父子相传，主公何必计旧恶而抛弃有用之才呢？"晋文公被说服了，拜胥臣为下军元帅，任命郤缺做他的助手，为下军大夫。不久文公去世，襄公继位，晋国在国丧期间遭外族侵犯，郤缺迎战有勇有谋，立下退敌头功。晋襄公大悦，升任他为卿大夫，将冀地作为封赏给了郤缺。

削足适履

【解释】

"削足适履"这则成语的意思是把脚削小，去适应鞋子的大小。比喻无原则地迁就，也比喻愚蠢地生搬硬套。适：适应。履：鞋子。

【出处】

这个成语来源于《淮南子·说林训》：骨肉相爱，谗贼间之，而父子相危。夫所以养而害所养，譬犹削足而适履，杀头而便冠。

【故事】

春秋时期，楚灵王灭掉北方蔡国后，派他的弟弟弃疾去管理蔡国这个地方，并封他为蔡公。楚灵王又继续率兵去攻打东方的解国。弃疾的野心很大，在奸臣朝吴的怂恿下，突然回国杀害了楚灵王的两个儿子。因为弃疾还有两个哥哥，所以他不敢马上继承王位，就拥立他哥哥的儿子子午做国君，子晳做令尹。楚灵王得知这个消息后，气得上吊身亡。后来，弃疾知道灵王已死，又用朝吴的奸计，硬逼子午自杀，自己做国君，历史上称为楚平王。

在同一时期，类似的事件也发生在

骊姬巧计杀申生

了晋国。昏庸的国君晋献公很宠爱美妾骊姬，打算立骊姬的儿子奚齐为太子。骊姬表面上一本正经，背后却使坏主意陷害原来的太子申生。一天，骊姬设计要太子申生去祭奠已死去的亲娘，事后又使人在祭肉中放上毒药。正当晋献公准备吃点祭肉时，骊姬又设法阻止，随即当着晋献公的面将祭肉扔给狗吃，狗吃了不一会儿就死了。于是骊姬便号啕大哭，说太子申生是故意要害死国王，并挑拨献公与另外二位世子重耳、夷吾的关系。晋献公听得此话，信以为真，便赐申生自尽。接着又派兵去捉拿重耳、夷吾。后来重耳、夷吾都逃出了晋国。重耳最终返回晋国做了国君，他就是春秋五霸之一的晋文公。

《淮南子·说林训》在评述这两个因为听信谗言，以致造成弟弟逼死哥哥、父亲杀死儿子的事件时说："这种骨肉相残的事，如同把脚削去一块以适应鞋子尺寸，把脑袋削去一块以适应帽子大小一样愚蠢。""削足适履"，原来比喻骨肉相残，现用来形容委屈自己去迁就不合理的事。

笑里藏刀

【解释】

"笑里藏刀"这则成语原作"笑中有刀"，在笑容中藏着尖刀。后世多作"笑里藏刀"，形容表面和善，内心阴险毒辣。

【出处】

这个成语来源于《旧唐书·李义府传》：义府貌状温恭，与人语必嬉怡微笑，而褊忌阴贼……故时人言义府笑中有刀。

【故事】

李义府，唐朝人，出身寒族，但潜心读书，关心时政。唐太宗时，他在科举考试中因对策（对答皇帝有关政治、经义方面的策问）良好而被朝廷录用，当了一个小官。

唐高宗继位后，由于李义府擅长奉承拍马，因此很快升了官。过了几年，高宗想把武则天立为皇后，李义府百般支持，博得了高宗的欢心，很快升任右丞相，成为掌握朝政大权的高级官员。

李义府表面上待人和蔼谦恭，但心里却偏狭阴险，冒犯过他或不顺从他的人，都会遭到他的迫害。因此，大家在背后给他起了一个外号：笑中刀。

有一次，李义府听说大理寺的监狱里关着一个犯死罪的女囚，长得非常美，于是就产生了霸占她的想法。他目无国法，指使狱吏毕正义私下放了她，然后把她弄到手。事情被发觉后，主管大理寺的官员向高宗奏告。毕正义畏罪自杀。李义府以为死无对证，不把这件事放在心上。

侍御史（掌管监察官员工作的官职）王义方了解内情后，向高宗奏告此案的主谋是李义府，要求朝廷对他严加惩处。但是，高宗加以偏袒，非但不拿李义府问罪，反而将王义方贬到外地去做小官。事后，李义府还恬不知耻、皮笑肉不笑地讽刺王义方。

在这之后，李义府的胆子越来越大。一天，他在宫中看到一份任职名单，便默记于心。回家后，他就指使儿子找到名单上的一个人，向他透露了这件事，并乘机索取了一大笔钱。这件事不久被揭发出来，高宗终于认清了这个一贯奉承拍马、笑里藏刀的家伙的真面目，将他流放到巂州（今四川境内）去。后来天下大赦，也没有让他再返回来。

心旷神怡

【解释】

"心旷神怡"这则成语的意思原或作"神怡心静"，后世多作"心旷神怡"，指心胸开阔，精神愉快。旷：开阔，开朗。怡：快乐，愉快。

【出处】

这个成语来源于宋·范仲淹《岳阳楼记》：登斯楼也，则有心旷神怡，宠辱皆忘，把酒临风，其喜洋洋者矣。

【故事】

现在湖南省的岳阳市有座著名的高楼，即岳阳楼。该楼高三层，向下可看到波光粼粼的洞庭湖。此楼初建于唐朝初年，到北宋滕子京又加以重修。

滕子京和范仲淹是好朋友，他们两人都在1015年考取了进士。宋仁宗庆历四年（1044）滕子京担任了岳州（今湖南岳阳）知州，次年就重修岳阳楼，并请好友范仲淹为他写篇文章，来记叙这件事。范仲淹欣然接受了好友的请求，写成了《岳阳楼记》这篇传诵千古的文章。文中写到了在不同的时令、气候条件下登上岳阳楼所看到的景色和不同的感受。

"至若春和景明……登斯楼也，则有心旷神怡，宠辱皆忘，把酒临风，其喜洋洋者矣。"写的就是在春风和暖、阳光明媚的时候登上岳阳楼所看到的景色，这时，你会觉得心胸开阔，心情开朗，精神十分愉快。这时，所有的荣辱得失都会忘得一干二净；这时，你再端起酒杯，在阳光的照耀下、清风的吹拂下，举杯畅饮，这乐趣真是无穷无尽啊！

后来，人们就把范仲淹这篇文章中"心旷神怡"这四个字作为成语，用它来比喻心胸开阔，心情开朗，精神愉快。

信口雌黄

【解释】

"信口雌黄"这则成语原作"口中雌黄"，指随口更正不恰当的话。后世多作"信口雌黄"，指言论不妥随口更改；也指随口乱讲，轻下论断。信口：随口。雌黄：一种名叫"鸡冠石"的黄赤色矿物，古时写字用黄纸，写错了就用雌黄做的颜料涂抹后再写。

【出处】

这个成语来源于晋·孙盛《晋阳秋》：王衍，字夷甫，能言，于意有不安者，辄更易之，时号口中雌黄。

【故事】

魏晋时期，上层社会盛行清谈之风，西晋大臣王衍就是一个出名的清谈家。此人年少时就伶牙俐齿，极有口才。他在文学名家山涛府上做客，以清秀的仪表、文雅的谈吐，赢得四座赞赏。山涛却感叹道："日后耽误天下的，未必不是此人啊！"王衍成年后，爱好老子、庄子的学说，善于用老、庄的道家思想解释儒家经义，讲授玄理。讲的时候，他总是身穿宽袍大袖的衣服，手执玉柄麈尾（用鹿的尾毛制成的拂尘），满嘴都是玄妙空虚的怪话，每逢义理讲得不恰当时，便随口更改，毫不在乎。人们因此称他是"口中雌黄"。

王衍不仅说话如此，在做事上也惯于随便更改。最初他把女儿嫁给太子为妃，后来太子遭陷害，他怕受牵连，赶快上表请求离婚；太子沉冤昭雪，他因丧失气节被判"禁锢终身"。西晋皇族的争权斗争愈演愈烈，酿成历史上著名的"八王之乱"，王衍却在乱中被两位得势王爷看中，官拜尚书令。但他颠三倒四的习性不改，身居要职却不以天下为念，只顾扩张自己的权势。西晋王朝败亡，王衍推卸责任，声称自己"一向不干预朝政，罪不在我"，但还是难逃一死。被俘后，他被活埋在了瓦砾堆中。

信誓旦旦

【解释】

"信誓旦旦"这则成语是指誓言说得极其诚挚，十分可信。信誓：表示诚意的誓言。旦旦：诚恳的样子。

【出处】

这个成语来源于《诗经·卫风·氓》："及尔偕老，老使我怨。淇则有岸，隰则有泮。总角之宴，言笑晏晏。信誓旦旦，不思其反。反是不思，亦已焉哉！"

【故事】

春秋时候，卫国的淇水河边，住着一位年轻的女子。她非常天真、美丽，有个奸诈的男子看中了她，就借换丝的名义来向她求婚，并且甜言蜜语地向她发誓说："我真心实意地爱你，今后决不变心，一定和你白头偕老。"一番话语最终打动了这女子，于是他们便商定好秋天结婚。到了秋天，那个奸诈的男子就按时把她和她的财物用车子都拉了回去，两人结成了夫妻。婚后，这个女子不管男人家境如何，毫无怨言地爱着自己的丈夫，辛勤地操劳家务。可是过了些年，她那美丽的容颜衰老了。于是，她的丈夫就对她百般虐待，到最后竟然抛弃了她。这时，这位女子的心像针扎似的，十分痛苦。终于，她对负心的丈夫充满了怨恨，决心和他一刀两断。

后来，有人把这位女子的遭遇，用自诉的形式写成了《氓》这首叙事诗，作为对旧社会的一种揭露和控诉。

原诗第六章是写女子从痛苦中觉醒及对背信弃义的丈夫的怨恨，并决心和他一刀两断。诗中"信誓旦旦，不思其反"两句，意思是男方当初的爱情誓言何等诚挚，没料到如今会变心背誓。

后来，"信誓旦旦"逐渐演化为一个成语，用来形容极其恳切、诚挚的誓言。

胸有成竹

【解释】

"胸有成竹"这则成语原指在画竹之前,心里已经有了竹子的形象。比喻人们做事之前已经有了主意,或有了成功的把握。有时也写成"成竹在胸"。成竹:完整的竹子。

【出处】

这个成语来源于苏轼《文与可画筼筜谷偃竹记》:故画竹,必先得成竹于胸中,执笔熟视,乃见其所欲画者,急起从之,振笔直遂,以追其所见,如兔起鹘落,少纵则逝矣。

【故事】

文同,字与可,北宋仁宗时期著名画家,四川省梓潼县人。他的诗、文、书法都写得很好。他喜爱画花鸟虫鱼写生画,特别擅长画竹子,他画的竹子栩栩如生、清秀逼真,很受人们的赞扬,故文与可有"墨竹大师"之称。

文与可学画非常认真、细致。为了画好竹子,文与可在房屋周围种了许多青竹,一年四季,不管风吹雨打还是烈日当空,他每天都仔细观察竹子的枝叶在晴天或雨后、在茂盛或落叶等不同时期的状态和生长情况,了解竹子在不同季节和不同天气里的形态变化。

经过长期种植竹子的实践和细心的观察、揣摩,文与可不仅对竹子的特性了如指掌,而且在胸中形成、积累了各种各样竹子的形象。正因为这样,在他动笔作画之前,怎样构图、着墨,在他的心中早就有了轮廓,因而不必费尽心思,反复琢磨,就能一挥而就,挥洒自如,出色地画出各式各样的竹子。

苏轼被贬以后,也很喜欢画墨竹画,文与可画竹的经验使苏轼受到很多启示,所以他说画竹子,要预先详细观察竹子,在胸中形成竹子的形态,认清想要画的东西,一经发现,便振笔疾书,心手合一,以画表现出自己所观察到的、感受到的东西,如果不立刻捕捉住,稍一疏忽,就会很快消逝。

文与可的一位好朋友晁补之在《赠文潜甥杨克一学文与可画竹求诗》中说:"与可画竹时,胸中有成竹。"意思是说文与可在画竹子的时候,心中就已经构思好了完美的竹子形象。

栩栩如生

【解释】

"栩栩如生"这则成语用来形容画作、雕塑中的艺术形象等生动逼真，就像活的一样。栩栩：生动活泼的样子。

【出处】

这个成语来源于《庄子·齐物论》：昔者庄周梦为胡蝶，栩栩然胡蝶也，自喻适志与！不知周也。

【故事】

庄周，又称庄子，战国时期的哲学家。他常在自己的哲学著作《庄子》中讲寓言故事，借以说明自己的哲学观点，读起来很容易懂也容易信服。

庄子讲过一个名叫"庄生梦蝶"的寓言，故事大意是说：一天夜里，庄子梦见自己变成了一只蝴蝶，这是一只欣然自得、轻快舒畅的蝴蝶。这时，他已经完全忘记了自己是庄周。

过了一会儿，庄周从梦境中醒了过来，惊喜不已。他不知道究竟是庄周梦见自己变成了蝴蝶，还是蝴蝶梦见自己变成了庄周。

庄周为什么讲这个寓言呢？原来他要借此说明，天下万事万物的差别都是相对的，说到底都是一样的。

言不由衷

【解释】

"言不由衷"这则成语原作"信不由衷"，意思是言语不是从内心发出来的。后世多作"言不由衷"，比喻说的话不是从内心发出来的，不是真心话，口心不一。由：从。衷：内心。

周平王

【出处】

这个成语来源于《左传·隐公三年》：信不由中，质无益也。

【故事】

春秋初期，周朝已经非常衰败。郑国的国君郑庄公是周朝的卿士，执掌朝中大权。他依仗自己的实力和地位，根本不把周天子放在眼里。当时的天子周平王，是一个软弱无能的人。他不得不依靠郑庄公处理朝政，却又对虢公忌父十分信任，想让他代替郑庄公掌管朝政。

郑庄公知道这件事后，对周平王非常不满。周平王很害怕，赶紧向郑庄公解释说，他没有让忌父取代郑庄公的想法。为了取得郑庄公的信任，他和郑庄公互换人质，让周太子狐到郑国去做人质，而郑公子忽则到周朝来做人质。

公元前720年，周平王死去，他的孙子姬林继承君位，称周桓王。周桓王也想让忌父代替郑庄公当卿士掌管朝政。郑庄公知道后大怒，派大夫祭足带领兵马，到周朝的温地收割了麦子，并全部运到郑国。到了秋天，祭足又带领兵马到周朝成周，把那里的谷子全部割掉，运回郑国。从此，周朝和郑国之间的关系更加恶化，彼此结下了仇恨。

当时的史官在评论这件事的时候说："说的话不是发自内心，即使互换人质也是没有用的。"

掩耳盗铃

【解释】

"掩耳盗铃"这则成语原作"掩耳盗钟"，捂住自己的耳朵偷钟。后世多作"掩耳盗铃"，捂住自己的耳朵偷铃铛。形容自己欺骗自己，多用来比喻愚蠢自欺的掩饰行为。掩：捂住。盗：盗窃。

【出处】

这个成语来源于《吕氏春秋·自知》：有得钟者，欲负而走，则钟大不可负。以椎毁之，钟况然有音。恐人闻之而夺己也，遽掩其耳。

【故事】

春秋末，晋国的智伯灭掉了范吉射，范逃离晋国。一天，有个人发现范家有一口钟，便心怀歹念，想把它偷走。但是，钟太重了，他无法背走它。

思考了一会儿后，他终于有办法了：把钟敲碎，然后一块一块地取走。于是，他找了一个铁锤，竭尽全力向钟砸去。

"当——"，铜浇铸而成的钟发出洪亮的响声，几乎把他的耳朵都震聋了，钟却一点儿也没碎。他又猛力砸了一下，钟仍然发出洪亮的响声，还是一点儿也没碎。

钟声使他醒悟道：如果再继续砸下去，不断发出当当的声响就会被别人听到，他就偷不成钟了。

他自以为聪明，想了个办法：把自己的耳朵捂住再砸。他心想，这样一来，钟声再响也听不见了。既然我听不见，别人也听不见，钟就可以偷走了。

其实，这种自欺欺人的行为是非常可笑的。他捂住了自己的耳朵，自然听不见钟声，但别人的耳朵并未捂住，仍然可以听到钟声。

在我国古代，钟和铃都是乐器，所以"掩耳盗钟"也称"掩耳盗铃"。

叶公好龙

【解释】

"叶公好龙"这则成语比喻表面上爱好某事物，实际上并不是真正爱好，甚至是惧怕、反感。

【出处】

这个成语来源于汉·刘向《新序·杂事》：叶公子高好龙，钩以写龙，凿以写龙，屋室雕文以写龙。于是天龙闻而下之，窥头于牖，施尾于堂。叶公见之，弃而还走，失其魂魄，五色无主。是叶公非好龙也，好夫似龙而非龙者也。

【故事】

沈诸梁，字子高，春秋时楚国人，在叶地当县尹，自称"叶公"，别人都叫他"叶公子高"。

这位叶公爱龙成癖，他身上佩带的钩剑、凿刀等武器上都饰有龙纹，家里的梁柱门窗上都雕着龙，墙上也画着龙。四方各地都知道叶公喜欢龙。

上界的天龙听说人间有这么一位叶公对它如此喜爱，决定到人间走一遭向叶公致谢。

这天叶公正在午睡，一时风雨大作，雷声隆隆，把他惊醒。他忙着起来关闭窗户。不料天龙从窗口伸进头来，吓得他魂飞魄散，夺门而逃。逃进堂屋，又见一条硕大无比的龙尾巴横在面前，挡住去路。他面如土色，顿时倒在地上，不省人事。天龙瞧着半死不活的叶公，感到莫名其妙，只能扫兴地飞回上界。

其实，叶公并不真的爱好龙，他爱的不过是似龙非龙的东西而已。

夜郎自大

【解释】

"夜郎自大"这则成语比喻孤陋寡闻，妄自尊大。

【出处】

这个成语来源于《史记·西南夷列传》：滇王与汉使者言："汉孰与我大？"及夜郎侯亦然。各自一州王，不知汉广大。

【故事】

汉武帝打算加强同南方各部族的联系和寻求打通到身毒国（今印度）的道路，曾派使臣王然于、柏始昌等人抄小路往西南寻求通往身毒之路。到了滇（云南）地，滇王当羌问使者："汉朝和我们相比，哪个大？"到了夜郎国，夜郎王也是这样问。原来他们对汉朝的情况很不了解，一直认为自己的地盘非常广大，谁也比不了。使者听了，不禁哑然失笑，便向他们做了介绍，他们仍然不相信。

汉武帝初期，边界不断受到北方匈奴和南方巴蜀的侵扰，汉武帝在镇抚北方的同时，也派兵去征讨南方。大将唐蒙应召出征，他在向汉武帝的上书中建议要征服南方必须首先结交并镇抚夜郎国，然后再由夜郎的牂牁江南下，作为进取南方之路。汉武帝采纳了唐蒙的建议，并由他率领一万多人且运送大批礼物由长安到夜郎，以安抚夜郎国，并将夜郎国改为汉的郡县。

夜郎国的故址在贵州西部地区，娄山关东北二十里的地方，在西南六十多个部族中还算是较大的一个。国内四面环山，交通不便。

史称夜郎的国王姓竹名多同。相传有一个女子在河边洗衣服，忽然看见水面上漂过来三节大竹子，竹子里还有小孩子的哭声。她赶紧把竹子捞起剖开，发现里面竟有一个男婴，于是抱回去抚养。他长大以后，既有才学，又有武艺，后来做了夜郎国王，就姓竹。

唐蒙见了夜郎国王后，将朝廷意愿向他作了转达，以封侯和让他儿子做郡守为条件，并赠送了华丽的绸缎等礼物，提出改夜郎为郡县。由于国王从未离开过自己的国土，也不知外界的情形，因此一直称王称霸。当使者告诉他汉朝有十三个州府，每个州府又有许多县，夜郎的国土只有汉朝一个县那么大。夜郎国王才同意改为汉朝的郡。

一鼓作气

【解释】

"一鼓作气"这则成语原指战斗刚开始时，一擂战鼓，勇气就振作起来，这时士气最旺盛。现比喻做事要趁大家情绪高涨、劲头十足时，一下子完成。含有鼓励的意思。鼓：敲战鼓。作：振作。

【出处】

这个成语来源于《左传·庄公十年》：夫战，勇气也。一鼓作气，再而衰，三而竭。

【故事】

春秋时期，各国为争霸而不断争战。公元前684年的春天，强大的齐国出兵攻打弱小的鲁国。鲁庄公亲自带领军队前往长勺应战，陪同的是主动请战而来的曹刿。

到了长勺，双方摆开阵势，准备大战一场。齐军先声夺人，首先擂响战鼓向鲁军发动进攻。鲁庄公正准备出兵迎战，曹刿劝阻说："大王，时机未到，等会儿再说。"齐军见鲁军毫无动静，不出来应战，便再一次擂响战鼓，摇旗呐喊起来。

战长勺曹刿败齐

鲁庄公又想应战，但曹刿仍然要他按兵不动。齐军见鲁军还不出阵，便又一次擂起战鼓，向鲁军挑战，但曹刿还是叫鲁庄公命令军队坚守不战。

齐军三次准备进攻，都不见鲁军应战，情绪顿时低落下去，十分疲惫，士气大减，认为鲁军不会再打了，大家纷纷坐下来歇息，队伍也开始松散开来。

这时，曹刿当机立断，对鲁庄公说："进攻的时机到了。"随着雨点般的战鼓响起，早就摩拳擦掌的鲁军将士奋勇出击，齐军没有来得及防备，顿时丢盔弃甲，四处溃逃。

战斗胜利后，庄公问曹刿："刚才为什么要等齐军擂了三次进军的鼓后，才能出击？"曹刿回答说："打仗，最重要的是靠勇气。敲第一遍鼓时，士气最旺盛；敲第二遍鼓时，士兵的勇气已经减退；敲第三遍鼓时，勇气已经快没有了。这时我军擂鼓进攻，用士气旺盛的军队去进攻松懈疲乏的军队，那当然能取胜啦！"

一箭双雕

【解释】

"一箭双雕"这则成语的意思是射箭技术高超，一箭射中两只雕。比喻做一件事达到两个目的。雕：一种凶猛的大鸟。

【出处】

这个成语来源于《北史·长孙晟传》：尝有二雕飞而争肉，因以箭两只与晟，请射取之，晟驰往，遇雕相攫，遂一发双贯焉。

【故事】

南北朝时，北周有个武将叫长孙晟。他聪明好学，武艺高强，十八般兵器样样精通。特别是他射箭的功夫，更是无人可比。

北周的国王为了安定北方的少数民族突厥人，决定把一位公主嫁给突厥王摄图。为了安全起见，派长孙晟率领一批将士护送公主前往突厥。

历经千辛万苦，长孙晟一行人终于到了突厥。摄图大摆酒宴，宴请长孙晟。酒过三巡，按照突厥人的习惯，要比武助兴。突厥王命人拿来一张硬弓，要长孙晟射百步以外的铜钱。只听得"格勒勒"一声，硬弓被拉成弯月，一支利箭"嗖"的一声射进了铜钱的小方孔。

"好！"大家齐声喝彩。从此摄图更加敬重长孙晟，留他在突厥住了一年，并经常让他陪着自己一块儿去打猎。

有一次，他俩正在打猎时发现天空中有两只大雕在争夺一块肉，他连忙递给长孙晟两支箭说："能把这两只雕射下来吗？""一支箭就够了！"长孙晟边说边接过箭，策马而去。他搭上箭，拉开弓，对准两只厮打得难分难解的大雕，"嗖"的一声，两只大雕便应声而落。

一鸣惊人

【解释】

"一鸣惊人"这则成语的意思是一声鸣叫使人震惊。原意是以鸟喻人，表示奋发图强。现比喻平时默默无闻，一下子做出惊人之举。鸣：鸟叫。

【出处】

这个成语来源于《史记·滑稽列传》：此鸟不飞则已，一飞冲天；不鸣则已，一鸣惊人。

【故事】

战国中期，齐国的国君威王继承王位时不满三十岁，他一连三年，整天在宫中饮酒作乐，不理朝政，把国家搞得乱七八糟。

韩、赵、魏等诸侯国见有机可乘，便纷纷出兵，向齐国发动进攻，侵吞了齐国的不少土地。眼看齐国面临着灭亡的危险，但齐威王却漫不经心，依然故我。虽然大臣们很着急，但没有一个人敢当面劝谏威王。

这时，朝中有个名叫淳于髡的大夫，他是个善于说隐语的辩士，他知道齐威王爱听隐言，就进宫去对齐威王说："国中有只大鸟，栖息在大王的王宫里已经三年了，可是它从来没有飞过一次，也没有叫过一声，您知道这是为什么吗？"齐威王知道淳于髡是用大鸟来暗喻自己，笑了笑说："这可不是一只平凡的鸟呀！它不飞也就罢了，一旦飞起来，就会直冲云天；它不叫也就算了，一旦大叫一声，天下的人都会大吃一惊。"从此以后，齐威王果然像换了个人似的，他不再沉湎于酒色，而是勤勤恳恳地治理起国家来。他召见了全国七十二个县的长官，对有功的给予奖励，对无能的进行惩罚。同时，采取一系列措施，发展生产，整顿军队，这样，齐国一天天变得强大。

接着，齐威王又出兵讨伐并打败了魏国，逼魏国归还了从前侵占的土地。其他诸侯国听到这个消息，十分震惊，便都主动把从前侵占的土地归还给了齐国。

从此，齐国再次强盛起来。在齐威王执政的三十七年中，齐国一直以强国的姿态傲视诸国。

一诺千金

【解释】

"一诺千金"这则成语的意思是即使得到一百斤黄金,也不如得到季布的一句许诺。后来用"一诺千金"形容一句许诺就价值千金。比喻说话算数,极讲信用。诺:许诺,诺言。

【出处】

这个成语来源于《史记·季布栾布列传》:得黄金百斤,不如得季布一诺。

【故事】

秦朝末年,楚地有一个叫季布的人,性情耿直,为人侠义好助。只要是他答应过的事情,无论有多大困难,他都设法办到,因此受到人们的赞扬。

楚汉相争时,季布帮助项羽多次击败刘邦。刘邦当了皇帝后,想起这事,就气恨不已,下令通缉季布。

这时敬慕季布为人的人,都暗中帮助他。不久,季布经过化装,到山东一个姓朱的人家当用人。朱家明知他是季布,仍收留了他,后来,朱家又到洛阳去找刘邦的老朋友汝阴侯夏侯婴说情。刘邦在夏侯婴的劝说下撤销了对季布的通缉令,还封季布做了郎中,不久又改做河东守。

季布有个同乡叫曹邱生,专爱结交有权势的官员,借以炫耀和抬高自己,季布一向看不起他。曹邱生听说季布做了大官,就马上去见季布。

曹邱生进入厅堂后,季布的脸色非常阴沉,话语也非常难听,但曹邱生对着季布又是打躬,又是作揖,要与季布拉家常叙旧,并吹捧说:"我听到楚地到处流传着'得黄金千两,不如得季布一诺'这样的话,您怎么能有这样好的名声传扬在梁、楚两地呢?我们既是同乡,我又到处宣扬你的好名声,你为什么不愿见我呢?"季布听了曹邱生的这番话,心里顿时高兴起来,留下他住了几个月,作为贵客招待。曹邱生临走,季布还送给他一份厚礼。

后来,曹邱生又继续到处替季布宣扬,季布的名声也就越来越大了。

一字千金

【解释】

"一字千金"这则成语的意思是一个字就价值千金。形容文字价值极高,文辞精彩奇妙。

【出处】

这个成语来源于《史记·吕不韦列传》：布咸阳市门，悬千金其上，延诸侯游士宾客有能增损一字者予千金。

【故事】

秦始皇嬴政年幼继位，吕不韦以仲父、相国的身份辅佐嬴政。当时东方六国的宗室贵族，为了笼络人心、增强实力，各自广泛招揽人才，最著名的有魏国的信陵君、楚国的春申君、赵国的平原君和齐国的孟尝君。这四人有"四公子"之称，他们家里都养着上千名有学问的门客，名声很大。吕不韦认为，像秦国这样的强国，应该招揽更多的学者名士，给他们更高的待遇。他门下拥有宾客三千，家童万人。这些文人在他的组织下共同编写了一部二十六卷二十多万字的巨著，内容包罗万象，通贯古今，命名为《吕氏春秋》。他下令把全书张挂在京城咸阳的市门上，一旁放着千金重赏，公开宣布说："能指出书中不足、增加或删去一字者，赏给千金。"吕不韦这样大张旗鼓地宣传，也是为自己扩大影响，张扬权势。那时人们慑于吕不韦位高权重，谁也不愿出面指摘《吕氏春秋》的缺失，著作公布一个多月，前来观看的人成千上万，却始终没有一个人出来改动一字，领取千金之赏。于是，吕不韦下令集中人力抄录全文并传送至各地，他的名声因此远扬天下。

秦始皇成年亲自掌握政权后，对吕不韦产生疑忌，于是免去他的相国职务，逼他服毒自杀。《史记·吕不韦列传》记有咸阳市门千金悬赏的故事，成语"一字千金"从此流传至今。

一字之师

【解释】

"一字之师"这则成语的意思是改正一个字的老师。指由于替别人改正一个使用错误或不够恰当、贴切的字眼而被称为老师。古时的一些好诗文,经他人改动一字而更加完美,这个改字者就被人尊称为"一字之师"。后来,"一字之师"借指能纠正一个错别字或者一个在文句中不妥当的字的老师。

【出处】

这个成语来源于宋·陶岳《五代史补》:齐己作《早梅》诗,有"前村深雪里,昨夜数枝开"之句,郑谷改"数枝"为"一枝",齐己下拜。时人称郑谷为"一字师"。

【故事】

唐朝时,齐己和尚住在江陵龙兴寺,他学识渊博,能诗善文,自号衡岳沙门。冬天的一个早晨,他刚做完早课,突然一个小和尚喜形于色地跑进佛堂让他去观赏后园的梅花。齐己一听,立即起身到后园去。进入后园,远远望去,确有几枝梅花已傲然怒放。

"嗬!真是太美了,简直就是一首诗!"齐己赞叹着、观赏着,一首咏梅诗便在他脑海里酝酿而成,他脱口而出:"万木冻欲折,孤根暖独回。前村深雪里,昨夜数枝开。……"《早梅》诗写好后,齐己和尚照例又拿去请他的文友们品评。文友们看了后,都觉得写得不错,其中有个人说:"袁州(江西宜春)的郑谷,善写《鹧鸪诗》,人称郑鹧鸪。这人诗文的特点就是用词准确、生动,师父不妨去请他看看。"

齐己听了,立即带了自己的《早梅》诗,动身去郑谷家。郑谷读了《早梅》一诗后,沉思片刻,说:"……既为《早梅》,'昨夜数枝开'这句不足以点明'早'字,不如把'数枝'改为'一枝'的好。"齐己听了郑谷的话,觉得十分有道理,佩服极了,便口称老师,跪下来虔诚地向郑谷行礼。

其他一些文人,觉得郑谷虽只改换了一个字,全诗就显得确切、生动多了,便都说郑谷是齐己的"一字之师"。

以卵投石

【解释】

"以卵投石"这则成语也称"以卵击石",意思是拿鸡蛋碰石头。比喻不自量力,自取灭亡。

【出处】

这个成语来源于《墨子·贵义》:以其言非吾言者,是犹以卵投石也,尽天下之卵,其石犹是也,不可毁也。

【故事】

有一年,墨子前往北方的齐国。途中遇见一个叫"曰"的人,对墨子说:"您不能往北走啊,今天天帝在北边杀黑龙,你的皮肤很黑,去北方是不吉利的。"墨子说:"我不相信你的话!"说完,他继续朝北走去。但不久,因为北边的淄水泛滥,无法渡过河去,所以他又回来了。

名叫"曰"的那人得意地对墨子说:"怎么样?我说你不能往北走,遇到麻烦了吧?"墨子微微一笑,说:"淄水泛滥,南北两方的行人全都受阻隔。行人中有皮肤黑的,也有皮肤白的,怎么都过不去呀?"曰听后支吾着说不出话来。墨子又说:"假如天帝在东方杀了青龙,在南方杀了赤龙,在西方杀了白龙,再在中央杀了黄龙,岂不是让天下的人都动弹不得了吗?所以,你的谎言是抵挡不过我的道理的,就像拿鸡蛋去碰石头,把普天下的鸡蛋全碰光了,石头还是毁坏不了。"曰听了羞愧地走了。

饮鸩止渴

【解释】

"饮鸩止渴"这则成语的意思是用毒酒来止住口渴。比喻不顾后患而用有害的办法解决目前的困难。鸩:传说中的一种毒鸟,用它的羽毛泡在酒中喝了能毒死人。

【出处】

这个成语来源于《后汉书·霍谞传》：譬犹疗饥于附子，止渴于鸩毒，未入肠胃，已绝咽喉。

【故事】

东汉时，霍谞从小勤奋好学，少年时代就读了大量儒家经书，长大后，担任了廷尉。

霍谞有个舅舅名叫宋光，在郡里当官。由于他秉公执法，得罪了一些权贵，被他们诬告篡改诏书，因此被押到京都洛阳，关进监狱。

宋光下狱后，霍谞的心情一直难以平静，那时候的霍谞虽然只有十五岁，但各方面都已经比较成熟。他从小常和宋光在一起，对舅舅的为人非常清楚，知道舅舅不可能干这种弄虚作假的事。他日思夜想应该如何为舅父申冤，最后决定给大将军梁商写一封信，为舅舅辩白。信中有这样一段话："宋光作为州郡的长官，一向奉公守法，以便得到朝廷的任用。怎么会冒触犯死罪的险去篡改诏书呢？这正好比为了充饥而去吃附子，为了解渴而去饮鸩。如果这样的话，还没有进入肠胃，到了咽喉处就已经断气了。他怎么可能这样做呢？"梁商读了这封信，觉得很有道理，也非常赏识霍谞的才学和胆识，便请求顺帝宽恕宋光。不久，宋光被免罪释放，霍谞的名声也很快传遍了洛阳。

庸人自扰

【解释】

"庸人自扰"这则成语的意思是自己找自己麻烦，泛指本来没有问题而自己瞎着急或自找麻烦。

【出处】

这个成语来源于《新唐书·陆象先传》：天下本无事，庸人扰之为烦耳。

【故事】

唐睿宗时，陆象先任监察御史。他为人宽容，才学很高，办事干练，敢于直言，唐睿宗很器重他。可是，有一次他触怒了唐睿宗，被贬到益州任大都督府长史兼剑南道按察使。

陆象先到任以后，对老百姓十分宽厚仁慈，即使对犯罪的人也不轻易动刑。他的助手韦抱真劝他说："这地方的百姓十分愚顽，很难管教。你应该用严厉的刑罚来建立自己的威望。不然的话，以后就没人怕你了！"陆象先却不以为然地说："我的看法和你完全不同。老百姓的事情在于治理，你治理得好，社会安定，老百姓安居乐业，他们便会服从你，为什么一定要用严刑来树立自己的威望呢？"于是，陆象先用自己的一套办法治理益州。有一次，一个小官吏犯了罪，陆象先只是训诫了他一顿，劝他以后不要重犯，而他的一个属下认为这样处理太轻，应该用棍子重重责打一顿。陆象先严肃地对他们说："人情都是相通的。我责备了他，他难道会不理解我的话吗？他是你的手下，他犯了罪，难道你就没有责任吗？如果一定要用刑的话，一定从你开始。"那个属下听了，满脸羞惭地退了下去。

后来，陆象先曾多次对他所管辖的官吏说："天下本来没有什么了不起的大事，只是有一些见识浅陋的平庸无能之辈，自己烦扰自己，结果把一些很容易解决的事情也办糟了。我为的是要从根本上来解决问题，以后就可以减少许多麻烦。"在陆象先的努力下，益州被治理得井井有条，百姓生活安定。

愚公移山

【解释】

"愚公移山"这则成语的意思是愚公移走了两座山。比喻不怕困难，有宏大的志愿和顽强的毅力。愚公：《列子》寓言中的一个人物。

【出处】

这个成语来源于《列子·汤问》：北山愚公者，年且九十，面山而居……聚室而谋曰："吾与汝毕力平险……可乎？"

【故事】

在传说中，古时候有太行和王屋两座大山。那里的北山住着一位老人名叫愚公，快九十岁了。他每次出门，都因被这两座大山阻隔，要绕很大的圈子。

一天，他召集全家人，说："我准备与你们一起，用毕生的精力移走太

太行山

行山和王屋山，怎么样？"大家都表示赞成，但愚公的妻子提出了一个问题："你们大家的力量加起来，都不能搬移一座小山，又怎能把太行、王屋两座大山移走呢？再说，把那些挖出来的泥土和石块放到哪里去呢？"一番讨论之后大家认为，可以把挖出来的泥土和石块扔到东边的海边和北边最远的地方。

第二天一早，愚公带着儿孙们开始挖山。虽然一家人每天挖不了多少，但他们还是坚持挖。直到换季的时候，他们才回家一次。

有个名叫智叟的人得知这件事后，特地来劝愚公说："你这样做太不聪明了，凭你这有限的精力，又怎能把这两座山挖平呢？"愚公回答说："你这个人太顽固了，简直无法开导。即使我死了，还有我的儿子在这里。儿子死了，还有孙子，孙子又生孩子，孩子又生儿子。子子孙孙是没有穷尽的，而山却不会再增高，为什么挖不平呢？"当时山神见愚公他们挖山不止，便向玉帝报告了这件事。玉帝被愚公的精神感动，派了两个大力神下凡，把两座山背走。从此，愚公出门再也不会受高山的阻挡。

鹬蚌相争

【解释】

"鹬蚌相争"这则成语的意思是鹬和蚌相互争斗。比喻双方相持不下，而使第三者从中得利。鹬：一种长嘴的水鸟。蚌：一种硬壳的水性动物。

鹬蚌相争

【出处】

这个成语来源于《战国策·燕策二》：蚌方出曝，而鹬啄其肉，蚌合而拑其喙……两者不肯相舍，渔者得而并禽之。

【故事】

战国末期，七个诸侯国相互攻伐，战争连年不断。有一年，赵国准备攻打燕国。有个名叫苏代的说客去拜见赵惠王，劝说他不要去攻燕。他先向赵惠王说了个寓言故事：一天，蚌趁着天晴，张开两片硬壳，在河滩上晒太阳。有只鹬鸟见了，快速地把嘴伸进蚌壳里去啄肉。蚌急忙把硬壳合上，钳住鹬的嘴不放。

鹬鸟啄肉不成，嘴反被钳住，便威胁蚌说："好吧，你不松开壳就等着。今天不下雨，明天不下雨，把你干死！"蚌毫不示弱地回答说："好吧，你的嘴已被我钳住。今天拔不出，明天拔不出，把你饿死！"就这样，蚌和鹬鸟在河滩上互相争持，谁也不让谁。时间一长，它们都精疲力竭。正好有个渔翁经过这里，见它们僵持不下，谁也不能动弹，便轻易地把它们一起捉住了。

讲完这个故事后，苏代又对赵惠王说："如果赵国去攻伐燕国，燕国竭力抵抗，双方必然长久相持不下。这样，强大的秦国就会像渔翁那样坐收其利。请大王认真考虑之后再做决定。"赵惠王觉得苏代说得很有道理，表示不再去攻伐燕国了。后来，人们从这个寓言故事中引申出成语"鹬蚌相争"，并常和"渔翁得利"一起连用。"鹬蚌相争，渔翁得利"往往用来比喻双方相争，结果两败俱伤，使第三者从中获利。

缘木求鱼

【解释】

"缘木求鱼"这则成语的意思是爬到树上去抓鱼。比喻方向或方法不对，不可能达到目的。缘：沿着，顺着。木：树。

【出处】

这个成语来源于《孟子·梁惠王上》：以若所为，求若所欲，犹缘木而求鱼也。

【故事】

孟子，名轲，战国时期思想家、政治家、教育家。当时，七雄纷争，战事不断，孟子周游列国，推行仁政，最后来到齐国，被齐宣王拜为客卿。

一次，齐宣王和孟子闲谈。孟子问齐宣王："大王动员全国的军队，让将士们冒着生命危险去攻打别的国家，难道只有打败了别的国家，你的心里才痛快吗？""不！不是打败了别的国家我才感到痛快。我这样做，不过是为了满足我最大的欲望罢了。"齐宣王说。

"那大王最大的欲望是什么呢？"孟子问。齐宣王笑了笑，没有回答。孟子便又问："是因为好东西不够吃，还是好衣服不够穿呢？是因为宫中的艺术品太差，还是宫中的音乐不动听呢？是因为侍候你的人太少，还是……？"齐宣王听了，摇头说："不，都不是！""噢，那我明白了，大王的最大欲望是想征服天下，称霸诸侯。但是，如果用你的办法去满足你的欲望，就好像爬到树上去抓鱼一样，那肯定是徒劳的。""事情竟有这样严重吗？"齐宣王问。"恐怕比这还要严重呢！爬到树上去捉鱼，最多就是抓不到鱼，还不至有什么祸害。如果想用武力来满足自己称霸天下的欲望，不但目的达不到，反而会惹祸上身。"接着，孟子又举了一些例子，说明小国和大国不能为敌，弱国和强国不能为敌，齐国不能同天下为敌的道理，要想称霸天下，必须实行仁政。

齐宣王听了，最后说："您的主张不错，我不妨试一试。希望您能辅佐我达到目的。"

越俎代庖

【解释】

"越俎代庖"这则成语的意思是厨师虽不做饭，掌管祭祀的司祭也不能放下祭器去替他下厨房。比喻越权办事或包办代替。

【出处】

这个成语来源于《庄子·逍遥游》：庖人虽不治庖，尸、祝不越樽俎而代之矣。

【故事】

尧打算禅让天下，曾找到许由，说要把帝位让给他，但许由坚辞不受。他对尧说："您已经把天下治理得很好了，我再来代替您，这不是让我享受您的名声吗？鹪鹩在森林里筑巢，占一根树枝的地方就行了；鼹鼠在河边饮水，顶多喝满一肚子也就够了。算了吧，我的君主！天下对我来说是一点儿用处都没有啊！厨师在祭祀的时候，又做菜，又备酒，忙得不可开交，可是掌管祭祀的人，并不能因为厨师很忙，就丢下手中的祭祀用具，去代替厨师做菜、备酒啊！您就是丢开天下不管，我也决不会代替您的职务。"

运筹帷幄

【解释】

"运筹帷幄"这则成语的意思是在军帐中谋划军机，拟订作战计划。比喻高超卓越的军事指挥才能。后用来泛指主持大计，考虑决策。筹：计谋、谋划。帷幄：古代军队的帐幕。

【出处】

这个成语来源于《史记·太史公自序》：运筹帷幄之中，制胜于无形，子房计谋其事，无知名，无勇功，图难于易，为大于细。

【故事】

建立汉朝、当了皇帝的刘邦在都城洛阳南宫摆设酒宴，招待文武官员。刘邦说："诸位不要瞒我，都要说真心话。我为什么能取得天下？项羽又是为什么会失去天下的呢？"有两位将领马上回答说："项羽待人轻慢而且好侮辱人，陛下仁厚而且爱护人。陛下派人攻打城池，夺取土地，所攻下和降服的地方就分封给大家，跟天下人同享利益。而项羽妒贤嫉能，忌妒有功的，怀疑有才能的，打了胜仗不给人家授功，夺得了土地不给人家好处。这就是他失去天下的原因。"刘邦摇摇头，说："你们只知其一，不知其二。如果说在军帐之中出谋划策，决定胜负在千里之外，我比不上张良；镇守国家，安抚百姓，供给粮饷，保证运粮道路不被阻断，我比不上萧何；统率百万大军，战则必胜，攻则必取，我比不上韩信。这三个人都是人中俊杰，我却能够使用他们。这就是我能够取得天下的原因。项羽虽然有一位重要的谋士范增，但他却不信任。这就是他失败的原因。"

凿壁偷光

【解释】

"凿壁偷光"这则成语的意思是凿漏房内的墙壁，以便偷借邻居屋内的灯光来读书。形容人刻苦好学。

【出处】

这个成语来源于晋·葛洪《西京杂记》卷二：匡衡勤学而无烛，邻居有烛而不逮，衡乃穿壁引其光，以书映光而读之。

【故事】

汉朝时候，有个叫匡衡的人，非常喜欢读书。但是因为家境贫寒，买不起蜡烛，夜间无法照明读书。匡衡的邻居家日子过得挺好，每天晚上都点起蜡烛，屋子里亮亮堂堂的。他想到邻居家里去读书，可是遭到了拒绝。后来，匡衡想出了一个好办法，他偷偷地在墙壁上凿了一个小洞，邻居家里的亮光就透过来了，他把书本对着这光，读起来也挺方便。

匡衡读的书越来越多，可是他没有钱去买书，心中十分着急。有一天，他发现县里有一个财主，家里堆放着许多书，他就去帮财主家干活，不要工钱。财主很奇怪，问他："小伙子，你为啥白白给我家干活呀？"匡衡也不隐瞒，就说："我给你干活，不想得到工钱，只想借你家里的书看看，不知你答应不？"财主非常高兴，就把家里的书，全都借给他。匡衡就是凭着这种精神，成了一个知识丰富的人。

债台高筑

【解释】

"债台高筑"这则成语是指战国时东周的周赧王欠了很多债，那些债主天天跑到宫门外向他要债。他没钱还债，只好躲到宫内的一座高台上藏了起来。后来用"债台高筑"形容欠了很多债。

【出处】

这个成语来源于《汉书·诸侯王表序》：有逃责（债）之台。（颜师古注："服虔曰，周赧王负责，无以归之，主迫责急，乃逃于此台。后人因以名之。"）

【故事】

战国后期，东周的最后一个君主周赧王虽然有着周天子的名义，但毫无权力可言，还不如列国中一个最小的诸侯，真正受他管辖的土地不过几十个县，而且这几十个县还由东周公和西周公二人分管着，他一点儿实权也没有。于是，他就到东周公那儿住几天，又到西周公那儿住几天，一天天地混日子。

当时，秦国想灭掉六国，六国则联合起来抵御秦国。公元前257年，秦国出兵伐赵，赵国向魏国和楚国求救。魏公子信陵君设法窃取了魏王的兵符，率兵打败了秦国。

楚孝烈王听到这个消息，派使者去请求周赧王用天子的名义，下令联合六国一起出兵伐秦。周赧王一直恨秦王欺负他，一口答应，立刻用周天子的名义，叫楚国去连络各国诸侯出兵。同时，周赧王还让西周公拼凑了一支六千人的部队，准备和六国的部队一起去讨伐秦国。

可是，周赧王太穷了，他没钱给这支六千人的部队提供给养，发放粮饷。于是，他向国内那些富裕的商人、地主借钱，并立下字据，说好打了胜仗以后，连本带利一起归还。

借到钱后，周赧王便派西周公集合军队驻扎在伊阙，等候各诸侯国的人马。可是，等了三个多月，只有楚、燕两国派来了军队，其他诸侯国有的没有力量出兵，有的不愿出兵，联合讨伐秦国的计划便成了泡影。仗虽没打，但周赧王借的钱却全部花完了。

西周公带着军队撤了回去。那些债权人拿着债券，天天到宫门外向周赧王要债。周赧王没钱还债，跑又没处跑，只好躲到宫中的一座高台上藏了起来。后来，这座高台被人们叫作"逃债台"。

招摇过市

【解释】

"招摇过市"这则成语的意思是故意在公众中显示声势，炫耀自己，以引起别人注意。招摇：张扬、炫耀自己。市：闹市，指人多的地方。

【出处】

这个成语来源于《史记·孔子世家》：灵公与夫人同车，宦者雍渠参乘，出，使孔子为次乘，招摇市过之。

【故事】

春秋时期，卫国的国君卫灵公昏庸无能，对朝政大事一概不过问，国家的大权全控制在他的妻子南子手里。由于南子作风轻浮，行为不检点，因此名声很不好。

公元前494年，孔子在周游列国的途中，带着子路、颜回等一批学生来到了卫国。

卫灵公知道孔子是个大学问家，对他很客气，甚至开玩笑似的说要和孔子结为兄弟。孔子以为卫灵公很赏识自己，即将重用自己，便也很高兴。

孔子的名声南子也听说过，南子就派人去对孔子说："要和卫国国君结为兄弟的人，一定要拜见我。我希望能见见你。"于是，孔子到宫中去见南子。南子在接见孔子时，故意只隔开一层薄薄的纱帘，又把衣服上装饰的玉佩弄得叮当作响，向孔子卖弄风骚，孔子十分尴尬。

这件事让孔子的学生子路知道了，气呼呼地埋怨老师不该和这种轻佻的女人见面，认为这样有失老师的尊严。孔子急得对天发誓说："我之所以去见南子，是因为她掌握着卫国的实权。我是去向她宣传我的政治主张的。如果我向你说谎，老天爷会惩罚我的。"

有一天，卫灵公和南子乘着一辆非常华丽的车子出游，并由一名太监雍渠陪着，让孔子坐在第二辆车中。卫灵公得意扬扬地在闹市兜了几圈，故意显示自己的威风，而南子在车中向卫灵公搔首弄姿，丑态百出。孔子生气地说："卫灵公不是一个想把国家治理好的人，他只是一个好色之徒罢了。"孔子在卫国住了一个多月，见卫灵公没有重用他的意思，便带着学生们离开了卫国。

枕戈待旦

【解释】

"枕戈待旦"这则成语的意思是枕着兵器等待天亮。形容杀敌报国心切，时刻警惕敌人，一刻也不放松，准备投入战斗。

【出处】

这个成语来源于《晋书·刘琨传》：吾枕戈待旦，志枭逆虏，常恐祖生先吾著鞭。

【故事】

西晋末年魏昌人刘琨不仅精通武艺，而且很有抱负。有一次，他听说朋友祖逖被朝廷任命了官职，就给亲属写信说："我每天都是枕着兵器躺在床上，随时想杀敌报国。可惜祖逖比我先去建功立业了。"后来，刘琨任并州刺史期间，晋阳灾荒严重，贼寇乘机作恶，劫道抢掠，百姓叫苦连天。刘琨便率领一千人，平定了盗匪，劝百姓种地，还派兵保护他们。

有一次，北方骑兵包围了晋阳城，城内兵力甚少，刘琨想出一个办法：夜里，他登上城楼，吹起箫来，那曲调凄凄惨惨，如泣如诉，城外的士兵听了无不悲伤。半夜，他又吹起胡笳，乐声使士兵想起家乡，怀念亲人，流下眼泪。天快亮时，刘琨又吹起了箫，围城的士兵再也忍不住了，纷纷骑马回去。

郑人买履

【解释】

"郑人买履"这则成语讲的是有个郑国人到集市上去给自己买鞋,忘了带自己鞋子的尺码。他宁可去取鞋的尺码而不相信自己脚的实际大小。后来用"郑人买履"讽刺那些墨守成规而不顾客观实际的教条主义者。履:鞋子。

【出处】

这个成语来源于《韩非子·外储说左上》:郑人有且置履者,先自度其足而置之其座,至之市而忘操之,已得履,乃曰:"吾忘持度。"反归取之,及反,市罢,遂不得履。人曰:"何不试之以足?"曰:"宁信度,无自信也。"

【故事】

有一个郑国人想买一双鞋,又不知道自己脚的尺寸,就拿了根草绳依自己脚的大小绞了一段,放在凳子上。他到了集市上,找到鞋铺,这才想起忘了带尺码。

店主很有经验,一见他要买鞋便当即拿出一双,要他试穿,可他却说:"不行不行,我忘了带尺码,怎能买鞋?我得回去取!"说完,转身便往家跑。他回家一看,尺码果然在凳子上,便拿起草绳,又返身往集市赶。

到了集市才发现集市早已散了,那铺子也已关了,他十分气恼,捶胸顿足,连连怪自己太糊涂,以至误了买鞋。

路人看见他的情形十分好笑,问道:"你是给谁买鞋呀?""我自己。""那你为什么不用自己的脚去试鞋,非要去取什么尺码呢?"他连忙摇头,道:"那怎么行呢?我的脚怎么会有尺码那么准确呢?"

纸上谈兵

【解释】

"纸上谈兵"这则成语的意思是在纸面上谈论用兵。比喻空谈理论，不能解决实际问题。

【出处】

这个成语来源于《史记·廉颇蔺相如列传》：赵括自少时学兵法，言兵事，以天下莫能当。尝与其父奢言兵事，奢不能难，然不谓善。

【故事】

战国时，赵国大将赵奢的儿子赵括，从小便熟读兵书，因此只要一谈到怎样用兵，他便会引经据典，说得头头是道。所以，不少人都觉得他是个大将之才。但是，他的父亲却始终不承认儿子精通兵法，善于用兵。他甚至说："我的儿子将来要是不做赵国的将军，那倒是赵国的福气，万一不幸让他当上赵国的将军，那他一定是个败军之将。因为他从没上过战场，只会'纸上谈兵'，一旦真的领兵打仗，绝对会出问题！"知子莫若父。赵奢对儿子的看法十分正确。秦昭王四十七年，秦王派大将王龁攻打赵国的上党，赵国大将廉颇奉赵王之命率兵二十万救援上党。他采取固守策略，坚守长平，和秦军相持了四个多月，秦军没能攻下长平。

这时，宰相范雎为秦王献上离间计，到赵国去传布谣言说："秦兵所惧怕的，只有赵括一个人。廉颇是个无能之

败长平白起坑赵卒

辈，再过些日子，他就要投降了。"赵王听信了谣言，便决定派赵括去代替廉颇领兵。赵王召来赵括，问他说："你能击败秦军，为国争光吗？"赵括大言不惭地说："要是碰上秦国名将白起，那我还得考虑一下对付的办法，现在是王龁领兵，我一定把他打得落花流水。"于是，赵括在接管廉颇的兵权以后，立即改变固守的策略，不久就遭秦兵围困。这时，秦王悄悄改派白起为主将，而以王龁为副将。结果，白起大败赵括，赵军四十万人马被俘后全遭活埋，而善于"纸上谈兵"的赵括也在突围时中箭身亡。

这次战役，就是历史上有名的"长平之战"，赵国不仅在这次战役中损失了四十万军马，更重要的是从此国力衰弱，再也无法和秦国抗衡了。

指鹿为马

【解释】

"指鹿为马"这则成语讲的是赵高故意将鹿说成马，迫使大臣们承认，对不承认的就暗中加以迫害。比喻歪曲事实，颠倒是非。

【出处】

这个成语来源于《史记·秦始皇本纪》：赵高欲为乱，恐群臣不听，乃先设验，持鹿献于二世，曰："马也。"二世笑曰："丞相误邪？谓鹿为马。"

【故事】

秦始皇死后，担任中车府令（掌管皇帝车马）的宦官赵高和秦始皇的小儿子胡亥串通起来，并且威胁丞相李斯，伪造遗诏，由胡亥继位，称为秦二世。

立下大功的赵高被秦二世封为郎中令，成为秦二世最信任的人，但他的职位仍在李斯之下。后来他设计害死李斯，当了丞相。然而他的野心很大，

想当皇帝。为了试探大臣们对自己是否服气，他想出了一个办法。

一天，他把一只梅花鹿牵到朝堂上，指着它对秦二世说："这是臣刚寻找到的一匹骏马，特献给陛下。"秦二世见赵高把鹿说成是马，不禁笑出声来，说："丞相怎么说错了话？这明明是鹿，却说它是马。"赵高面不改色地说："陛下，这是马不是鹿，不信可问问大臣们，它究竟是马还是鹿？"说罢，他用威吓的眼光扫视了一下大臣们，想迫使大家承认。秦二世让大臣们都来瞧瞧，并问他们它是什么。大臣们看后，有的默不作声；有的为了讨好赵高，顺着他说它是马；也有的人不愿说假话，不承认赵高的说法，指出它是鹿。

事后，赵高暗中对不顺他意的大臣加以迫害，将他们投入监狱。此后，大臣们更加畏惧赵高。

趾高气扬

【解释】

"趾高气扬"这则成语的意思是走路时脚抬得很高，神气十足。形容骄傲自满、得意忘形的样子。

【出处】

这个成语来源于《战国策·齐策三》：子教文无受象床，甚善。今何举足之高，志之扬也？

【故事】

孟尝君辅佐齐王称霸后，一次出行到了楚国。楚王献上珍贵的象床以示敬意。

负责送象床的人叫登徒，他对这趟差事很不满意，就去拜访孟尝君的门人公孙戍，希望公孙戍想办法使自己免除这一差事，事成后愿以祖传的宝剑酬报。

公孙戍答应了下来，便去参见孟尝君，问："您接受了楚国的象床吗？"孟尝君点点头。

公孙戍说："希望您不要接受。"孟尝君诧异地问道："为什么？"公孙戍说："好几个国家都让您执掌相印，是因您振兴了齐国，也是因为喜欢您做事的方式和清廉的作风。如果现在您接受楚国的宝物象床，那么您还没去的那些国家该怎么接待您呢？我恳请您别接受。""好吧。"孟尝君被他说服了。公孙戍见事已成，快步离开。刚走到第二道门，孟尝君便召他回来："你让我不接受象床，这意见很好。但你现在为什么走路把脚抬得很高，脸上神采飞扬呢？"公孙戍说："因为我有三件喜事，外加一柄宝剑。"孟尝君笑笑，说："说出来听听。"公孙戍说："您的那么多门客都不来劝您，我来了，这是一喜；我的意见您听取了，这是二喜；我的意见纠正了您的过失，这是三喜。运送象床的人不喜欢这个差事，事成许赠一柄宝剑，现在我可以得到了。"孟尝君听完，又好气又好笑，说："那你快去吧。"当天，孟尝君门前就贴了这么个告示："有能传颂我孟尝君大名，使我免犯过失，在外面还能获得宝物的人，请进来谈谈你的建议。"

至死不悟

【解释】

"至死不悟"这则成语的意思是一直到死仍不醒悟。形容顽固到了极点，多指沉迷于某种于本身并不利的境地而终不悔悟。悟：醒悟。

【出处】

这个成语来源于《柳河东集·三戒·临江之麋》：三年，麋出门，见外犬在道甚众，走欲与为戏。外犬见喜且怒，共杀食之，狼藉道上。麋至死不悟。

【故事】

古时候，临江地区（今江西省清江县）有一个人外出打猎，捉到了一只小麋鹿，心中十分高兴，便把这小麋鹿带到家中养了起来。

这人还养了好几条大大小小的狗。这些狗看到主人带回一只小麋鹿，一个个伸长了舌头，垂涎三尺，摇头摆尾地窜了过来，想要吃掉它。

主人十分生气，对着那些狗大声呵斥，把它们赶得远远的。他心中想：如果让小麋鹿和家中的狗交上朋友，这些狗就不会欺负它，更不会吃掉它了。

于是，他天天抱着小麋鹿和家中的狗接近，让狗和小麋鹿一起戏耍，但不准狗欺负小麋鹿。狗通人性，过了一段时间，狗知道了主人的意思是要保护小麋鹿。它们虽然嘴很馋，但怕主人责怪，只好把口水咽下去。

过了一段时间，小麋鹿看到这些狗和自己都很友好，便也把这些狗当成了自己的朋友。它有时顽皮地用头去撞撞狗的身体，有时在狗的身边逗乐打滚。它和主人养的几条狗之间的关系越来越亲热，越来越随便了。

过了三年，小麋鹿长成了大麋鹿，它的胆子也越来越大了。一天，它独自走出家门去玩，看到路上有几条狗在互相打闹。它以为这些狗也和家里的狗一样会对自己很友好，便奔过去和它们一起玩耍。

这些狗见了，不由得又生气又高兴。生气的是，这只傻乎乎的麋鹿竟然如此大胆，敢加入它们的队伍，和它们一起玩耍；高兴的是，这只麋鹿膘壮体圆，大家可以美美地吃一顿了。

于是，它们一拥而上，这个咬头，那个咬脚，不多一会儿，路上一片狼藉，只剩下麋鹿的尸骸了。

这只麋鹿一直到死，都没弄明白自己是怎么死的。

炙手可热

【解释】

"炙手可热"这则成语的意思是手一靠近就觉得热得烫人。比喻气焰盛，权势大。炙：烤。

【出处】

这个成语来源于唐·杜甫《丽人行》：炙手可热势绝伦，慎莫近前丞相嗔。

【故事】

唐玄宗李隆基刚即位时，很有作为，他任用姚崇、宋璟为丞相，整顿弊政，社会经济得到很大发展，历史上称这一时期为"开元盛世"。

但是，晚年的唐玄宗任用李林甫为丞相，政治开始腐败。天宝四年（745），他封宫妃杨玉环为贵妃，纵情声色，奢侈荒淫，政治越来越腐败了。

杨贵妃有个堂兄叫杨钊。由于杨贵妃得宠，杨钊也平步青云，做了御史，唐玄宗还赐名"国忠"。不久，李林甫死了，唐玄宗便任命杨国忠做丞相，把朝廷政事全部交给杨国忠处理。

一时之间，杨家兄妹权势熏天，他们结党营私，把整个朝廷搞得乌烟瘴气，以致不久之后就爆发了安禄山、史思明的叛乱。

而当时，杨家兄妹过着花天酒地、穷奢极欲的生活。753年3月3日，杨贵妃等到曲江池边游春野宴，轰动一时。诗人杜甫对杨家兄妹这种只顾自己享乐而不管人民死活的行为极为愤慨，写出了著名的《丽人行》一诗，大胆揭露和深刻讽刺了杨家兄妹生活的奢侈和权势的煊赫。"炙手可热势绝伦，慎莫近前丞相嗔"，便是诗中的两句。这两句诗的意思是：杨家位高权重，势焰灼人，没有人能与之相比；你千万不要走近前去，以免惹得丞相发怒生气。

置之度外

【解释】

"置之度外"这则成语的意思是放在一边，暂不考虑，即不把某件事情（多指生死、利害）放在心上。置：放。度：考虑。

【出处】

这个成语来源于《后汉书·隗嚣传》：帝积苦兵间，以嚣子内侍，公孙述远据边陲，乃谓诸将曰："且当置此两子于度外耳。"

【故事】

东汉初年，光武帝刘秀虽然建立了政权，但天下并没有统一。当时，除了光武帝外，梁王刘永、蜀王公孙述、燕王彭宠、齐王张步、五郡大将军窦融、西州大将军隗嚣等，或者拥有重兵，占据州郡，要和光武帝争夺天下；或者表面上表示臣服，但仍保留实力，伺机而动。

胸怀大志的光武帝，决心要统一全国。于是，他搜罗人才，争取民心，发挥他善于用人、善于用兵的才能，把刘永、李宪、卢芳、彭宠、张步、董宪等一个个消灭掉。

接着，五郡大将军窦融审时度势，又归附了光武帝。这样，最后只剩下西州大将军隗嚣和占据蜀中的公孙述了。

不久，光武帝派使者来歙去见隗嚣，劝他臣服。隗嚣见光武帝兵势强盛，心中虽不乐意，但表面上只得答应，而且把自己的大儿子隗恂打发到洛阳，去做光武帝的内侍（实际是做人质）。

建武六年（30），光武帝平定了中原，环顾天下形势，因为有隗嚣的大儿子在京城做内侍，隗嚣已不足为患，而公孙述又远在西南边陲，可以说，天下大局已定，便在和众将议论的时候说："隗嚣和公孙述这两个人，已经没有力量阻挡我统一全国了，我可以不把他俩放在心上了！"过了几年，光武帝出兵征伐隗嚣和公孙述，消灭了这两股割据势力，彻底统一了中国。

忠言逆耳

【解释】

"忠言逆耳"这则成语的意思是忠实的劝告听起来不舒服。

【出处】

这个成语来源于《史记·留侯世家》：且"忠言逆耳利于行，良药苦口利于病"，愿沛公听樊哙言。

【故事】

公元前207年，刘邦攻陷咸阳，进入秦宫探看。只见宫室华丽，各处宝物不计其数，都是他从未见到过的。每到一处，许多美丽的宫人都向他跪拜。他越看越觉得新奇，兴味也越来越浓。于是，他打算住在宫内享受一番。

刘邦的部将樊哙发现刘邦要住在宫中，问他："沛公（指刘邦）是想拥有天下，还是只想当一个富家翁呢？"刘邦回答说："我当然想拥有天下。"樊哙真诚地说："臣进入秦宫里，见到里面的珍奇财宝不可胜数，后宫中美人数以千计，这些都是导致秦朝灭亡的东西啊！望沛公迅速返回霸上，莫要住在宫中。"刘邦对樊哙的劝谏不以为然，还是准备住在宫中。谋士张良知道这件事后，对刘邦说："秦王无道，百姓造反，打败了秦军，沛公才能来到这里。您为天下除掉害民的暴君，理应克勤克俭。如今刚入秦地，就想享乐。俗话说：'忠言逆耳利于行，良药苦口利于病。'望沛公听从樊哙的忠告。"刘邦听了，终于醒悟过来，马上下令封锁府库，关掉宫门，随即率军返回霸上。

众志成城

【解释】

"众志成城"这则成语原作"众心成城",形容大家一条心,就像筑起坚固的城堡一样不可摧毁。现在用来比喻众人齐心合力,事情一定会成功。

【出处】

这个成语来源于《国语·周语下》:众心成城,众口铄金。

【故事】

周景王即位以后,他为了能更多地搜刮钱财,下令废除了当时流通的小钱,重新铸造一种大钱。大夫单穆公劝谏说:"大王,废小钱,铸大钱,老百姓将受到很大的损失;老百姓穷了,国家就无法治理呀!"可是,周景王不听,仍我行我素。这样,他从老百姓那里掳掠了一大笔财富。

过了两年,他又为了个人行乐,下令把全国的好铜收集起来,铸造两口大钟。单穆公又劝谏说:"大王,你两年前铸大钱废小钱,使百姓受到很大损失。现在又要造大钟,这不仅劳民伤财,而且用大钟配乐,声音也不会和谐的。"但周景王仍不听,下令继续铸造。过了一年,两口大钟铸成了,一口叫"无射",一口叫"大神"。

一个敲钟的人为了奉承景王,谄媚地说:"新铸的大钟,声音非常好听。"于是,周景王就命他敲击,他听了后,对司乐官州鸠说:"你听,这钟声多和谐呀!"州鸠深知景王铸钟给百姓带来的苦难,便回答说:"这哪里算得上是和谐呢。如果大王铸钟,天下的老百姓都为这件事高兴,那才算得上和谐。可是,您为了造钟,弄得民不聊生,老百姓人人怨恨,所以我不知道这钟好在什么地方。俗话说:'众志成城,众口铄金。'大家同心协力,什么事情都能办成;相反,如果大家都反对,其力量足以熔化金属。"

重蹈覆辙

【解释】

"重蹈覆辙"这则成语的意思是再走翻过车的老路。比喻不吸取失败的教训,重犯过去的错误。蹈:踏。覆:翻车。辙:车轮压过的痕迹。

【出处】

这个成语来源于《后汉书·窦武传》:今不虑前事之失,复循覆车之轨,臣恐二世之难,必将复及;赵高之变,不朝则夕。

【故事】

东汉初,外戚专权,严重威胁到皇帝的地位。皇帝为了打击外戚的势力,只能依靠身边的宦官。159年,汉桓帝与宦官单超等人合谋,将长期专揽朝政的外戚大将军梁冀一伙诛灭。但是,这些宦官和外戚一样,很快发展成政治集团,权力越来越大。他们广结党羽,把持朝政,残酷搜刮民脂民膏。这样,东汉便由外戚专权变为宦官专权,从而激起人民的强烈反抗,也引起世家豪族以及一些文人的不满。

在这种形势下,司隶校尉李膺等与太学生首领郭泰等联合起来,要推翻宦官专权。166年,宦官诬告李膺等结党诽谤朝廷,将他们逮捕下狱,受到株连的有数百人之多,这些人被称为"党人"。

桓帝皇后的父亲窦武,对宦官专权非常不满。他给桓帝上了一道奏章,痛斥宦官祸国殃民,为李膺等喊冤。窦武在奏章中写道:"今天再不吸取过去宦官专权祸国的教训,再走翻车的老路,恐怕秦二世覆灭的灾难会重新出现,像赵高发动的那种事变,早晚会出现。"这样,桓帝才释放了李膺等人,但他们被禁锢终身,永远不许做官。

专心致志

【解释】

"专心致志"这则成语形容一心一意,聚精会神,把心思全放在一件事上。

【出处】

这个成语来源于《孟子·告子上》:今夫弈之为数,小数也;不专心致志,则不得也。

【故事】

从前,有个叫秋的人棋艺很高,因此被人们称为"弈秋"。

有一次,弈秋收了两个学生,为他们两个同时上课。他一心想让这两个学生尽快掌握要诀,把自己的棋艺教给他们,于是非常仔细地给他们讲解。

一个学生听讲非常仔细认真,一心一意地注意弈秋的讲解和分析,对别的事全都不加理会。

而另一个学生呢,表面上看上去他也坐在那里,实际上却是心不在焉。他一会儿看看窗外的田野和树林,一会儿又听听天上的雁鸣,当他发现有好几只天鹅飞过,便想:"要是能有一张弓、几支箭,射下一只天鹅煮来吃,那该有多好啊!"可是,有弓有箭也没用,他正在上课呀。所以,他只好暗暗叹了口气,暂且打消了这个念头。

不一会儿,他禁不住又向窗外看了一眼,发现又有一只天鹅飞过,便再一次起了射天鹅吃的念头。直到弈秋全讲完了,他也没在意。

这时,弈秋叫两个学生对下一局,看看他们究竟学得怎样。起先,那个常常走神的学生凭着以前的基础还能勉强应付,可渐渐地就显出差距来了。那个专心致志的学生攻守从容有序,而老是三心二意的学生只有招架之功却无还手之力。

事后,弈秋语重心长地对两个学生说:"虽然下棋只是一种小小的技艺,算不得什么大本事,但不专心致志地学习,也是学不好的啊!"

捉襟见肘

【解释】

"捉襟见肘"这则成语的意思是一拉衣襟就露出臂肘，表示衣服破烂。比喻顾此失彼，穷于应付。见：露出。肘：臂肘。

【出处】

这个成语来源于《庄子·让王》：曾子居卫……十年不制衣，正冠而缨绝，捉衿而肘见。

【故事】

曾参

孔子的弟子曾参居住在卫国的时候，生活非常艰苦。他穿的是用乱麻絮做的袍子，破烂不堪，分不清表里。由于吃得很差，他脸上浮肿，带着病容，手掌脚底都长满了老茧。他经常一连三天不生火做饭，揭不开锅，十年之内没做过一件新衣服。他戴的帽子也很破旧，以至正一正帽子，上面的绳带就断了；一拉衣襟，就露出了臂肘；一穿鞋，鞋后跟就裂开。虽然如此穷困，但他并不因此而忧愁，时常拖着破鞋，高歌《商颂》。他的声音溢满天地之间，好像是从金石制作的乐器中发出的一样。

曾参的生活就是如此自由自在。天子不能使他为臣子，诸侯不能和他交朋友。所以庄子说，注意培养心志的人会忘掉形体，注意养身的人会忘记利禄，而致力于大道的人会忘掉心机。

纵虎归山

【解释】

"纵虎归山"这则成语又作"放虎归山",意思是把老虎放回山去。比喻把坏人放回老巢,留下祸根。

【出处】

这个成语来源于《三国演义》第二十一回:程昱曰:"昔刘备为豫州牧时,某等请杀之,丞相不听;今日又与之兵,此放龙入海,纵虎归山也。后欲治之,其可得乎?"

【故事】

曹操亲率大军战胜吕布后,刘备跟随曹操到都城许昌。曹操表面上对刘备非常尊重,实际上很不放心,常派人察看刘备的动静。当时,被曹操挟持到许昌的汉献帝,正下密诏组织一些人,准备诛杀曹操。刘备是汉朝的宗室,也参与了这一秘密活动。为了避免曹操的怀疑,他常常关着大门,躲在院子里种菜,装出胸无大志的样子。

谋士程昱看出刘备不是一般人,对曹操说:"我看刘备此人志向不小,颇有点英雄气概。如果现在不杀他,将来必成祸患。"犹豫不决的曹操向郭嘉请教。郭嘉认为,现在正是用人之时,刘备是英雄,失败了才投奔曹操,如果杀了他,会落得个害贤的坏名声,没有什么好处。曹操认为他说得对。

不久,袁术因被曹军打败,想去投奔袁绍。曹操不愿让袁术、袁绍两股势力联合,准备派兵去拦截袁术。一心想脱身的刘备见机会来了,趁机对曹操说:"袁术投奔袁绍必经徐州,请将军拨给我一些兵马,在半路上截杀,保证能捉住袁术。"曹操没有多想,奏明献帝,让刘备带领五万人马前往徐州。刘备立即率军匆忙出发。关羽、张飞看到他慌忙的样子,很不理解,问道:"哥哥此次出征,为何如此急急忙忙?"刘备解释说:"我在曹操手下好像是笼中的鸟、网中的鱼,既不安全,又无法施展自己的本事。这次出征,就好比鱼儿回到了大海,鸟儿飞上了天空,可以任意畅游翱翔,再也不会受他人限制了。"刘备刚走,郭嘉、程昱就从外地赶回了许昌。他们听说曹操放走了刘备,急忙去见曹操。程昱说:"从前刘备做豫州牧时,我等曾请求您把他杀掉，丞相没有听从；如今您又给了他许多兵马，这等于把蛟龙放回大海，把猛虎放归深山啊。以后再想制服他，还能够办得到吗？"郭嘉接着说："即使丞相不把他杀掉，也不该轻易放他离去。古人说得好，一旦放跑了敌人，就会带来无穷的后患。"

走马看花

【解释】

"走马看花"这则成语的意思是骑在跑着的马上看花。原本形容得意、愉快的心情。现在比喻匆忙地不深入细致地观察事物，或比喻不深入细致地调查参观，或比喻短时期地到基层体验生活。

【出处】

这个成语来源于唐·孟郊《登科后》：昔日龌龊不足夸，今朝旷荡思无涯。春风得意马蹄疾，一日看尽长安花。

【故事】

唐朝中期，有位著名的诗人孟郊。他出身贫苦，从小勤奋好学，很有才华。但是，他的仕途却一直很不顺利，从青年到壮年，好几次参加进士考试都落了榜。

穷困潦倒的孟郊甚至连自己的家人都养不起，但他性情耿直不肯走权贵之门。他决心刻苦攻读，用自己的真才实学，叩开仕途的大门。

唐德宗贞元十三年（797），孟郊又赴京参加了一次进士考试。这次，他进士及第了，而这时，他已经四十六岁了。几十年的拼搏，终于如愿以偿，孟郊高兴极了。他穿上崭新的衣服，扎上彩带红花，骑着高头大马，在长安城里尽情地游览。京城美丽的景色使他赞叹，高中进士的喜悦又使他万分得意，于是，他写下了这首著名的《登科后》：昔日龌龊不足夸，今朝旷荡思无涯。春风得意马蹄疾，一日看尽长安花。这首诗的意思

孟郊

是：过去那种穷困窘迫的生活是没有什么值得夸耀的，今天我高中了进士，才真正感到皇恩浩荡。我愉快地骑着马儿奔驰在春风里，一天的时间就把长安城的美景全看完了。

诗人中了进士后的喜悦心情在诗中表现得淋漓尽致，其中"春风得意马蹄疾，一日看尽长安花"成为千古名句。同时，人们又从这首诗中引申出"走马看花"和"春风得意"两个成语。